TRAVEL SEOUL

성격 유형별 맞춤 서울권 여행지

인피니티컨설팅　　　이영섭·전도근 지음

머 리 말

　인생에서 가장 큰 행복을 주는 여행을 하려는 현대인들이 증가하고 있다. 교통수단의 발달과 숙박 시설의 증가로 인해 국내 여행은 시간이 지날수록 증가하고 있다. 국내 여행 유경험자는 정확히 통계를 산출하기 어렵지만 2019년 기준 약 4,800만여 명이 국내 여행을 한 것으로 조사되었다. 이는 국민 중 92.4%에 이르는 수치로, 거의 모든 국민이 국내 여행을 했다는 것을 의미한다.

　15세 이상 인구는 연평균 7.6회 국내 여행 경험이 있으며, 여행 일수는 연간 12.9일로 나타났다. 2019년 1인 평균 국내 여행 횟수를 살펴보면 30대가 8.9회로 가장 많았으며, 40대가 8.5회, 20대가 8.3회, 50대가 8.2회, 60대가 6.6회로 나타났다. 또한 15~19세는 5.6회, 70대 이상은 4.8회의 순서였다. 국내 여행에 사용한 1인 평균 연간 지출액은 30대가 1,189,000원으로 가장 많았으며, 20대가 1,119,000원, 50대가 1,104,000원, 40대가 1,062,000원, 60대가 806,000원, 15~19세가 582,000원, 70대 이상이 535,000원 순으로 나타났다.

　현대인이 여행을 떠나는 이유는 단순한 현실 도피가 아니라 각박한 생활 속에서 자신들이 안고 있는 다양한 문제들을 치유하거나 회복하고자 하는 본능이며, 여행은 지친 삶에서 치료와 삶의 전환점을 제공해 준다. 그리고 나를 바꿀 그 무언가는 일상의 제약에서 자유롭게 벗어나 평소와는 다른 모습을 시험하면서 완전히 다른 무언가를 찾아볼 수 있는 곳에 가야만 찾을 수 있다. 어느 해변이나 낯선 도시, 아니면 어디론가 가는 길 위에서 새롭게 태어나는 경험을 하곤 한다. 그래서 버킷 리스트(죽기전에 하고 싶은 일)에는 여행이 최상단에 있다.

　여행지 선택 이유로는 볼거리가 목적인 경우가 23.1%로 가장 많았고, 여행지의 지명도가 21.4%, 여행이 가능한 일정에 맞춘 선택이 10.7%, 저렴한 여행경비가 원인인 경우는 10.6%였다. 그 뒤로는 여행 동반자의 유형에 따라 선택하는 경우로 9.0%를 차지했다.

　이제 일상이 되어 버린 여행을 떠나기 위해서 가장 고민하는 것이 바로 여행지 선택이라고 할 수 있다. 지금까지는 여행지를 선택하는 데 있어, 가격, 소요 시간, 비용, 편리성, 안전, 기후 등이 중요한 결정요인이었다. 그러나 그렇게 여행지를 선택하는 것은 매우 고달프고 복잡한 과정을 거쳐야 한다. 즐거운 여행을 떠나기 위해서 심한 고민은 여행의 질을 떨어뜨리는 요인이 되기도 한다. 또한 자신에게 맞지 않는 여행을 하게 되면 여행지에 가서도 괜히 왔다는 후회를 하지만, 돌아와서는 오히려 피로감과 스트레스로 더 힘들게 할 수도 있다.

따라서 어디로 여행을 가야 행복한 여행이 될까 고민이 된다면 성격에 맞는 여행지를 선택해 보기를 추천하고 싶다. 성격으로 여행지를 선택하는 것은 매우 재미있고, 쉽게 여행지를 선택하는 방법이며, 행복한 여행을 만드는 가장 기본이 된다.

일반적으로 사람들은 태어나서부터 성장하여 현재에 이르기까지 여러 가지 요인에 의해 성격을 가지게 되고, 일정한 방식으로 행동을 취하게 된다. 그것은 하나의 경향성을 이루게 되어 자신이 일하고 있거나 생활하고 있는 환경에서 아주 편안한 상태로 자연스럽게 그러한 행동을 하게 된다. 따라서 성격은 여행지를 선택하는 데 있어서도 매우 중요한 역할을 하게 된다. 지금까지 우리는 내면적인 성격에 맞는 여행지를 선택하기보다는 외형적인 조건에 맞추어 여행을 했다.

이 책은 성격 유형 검사로 가장 많이 사용하는 MBTI와 DISC 검사 결과를 가지고 서울에 있는 300여 개의 여행지를 성격검사 결과와 같이 매칭을 해 놓았다. 따라서 자신의 MBTI와 DISC 검사 결과를 바탕으로 자신의 성격에 적합한 여행지를 쉽게 찾을 수 있도록 구성하였다. 그리고 자신의 성격 유형을 정확히 분석할 수 있도록 DISC 검사 방법을 넣었다. 그리고 서울의 전체 여행지인 25개 구의 236개의 여행지와 175개 맛집을 세밀하게 분석하여 자신의 성격만 알면 쉽게 여행지를 선택할 수 있도록 하였다. 부디 이 책을 통하여 행복한 여행을 즐기는 데 도움이 되길 바란다.

지은이 이영섭·전도근

목 차

머리말 ··· 3
목 차 ··· 5

제1장 여행과 성격 ·· 11
   1. 여행이란? ··· 13
   2. 성격이란? ··· 15
   3. MBTI 검사를 통한 성격 유형 ··· 16
   4. DISC 디스크 검사를 통한 성격 유형 ·· 20
   5. 성격유형별 추천 여행지 ·· 23
   6. 여행의 장점 ·· 25
   7. 여행 경험의 성격 ··· 27

제2장 DISC 성격검사 ·· 29
   1. DISC 성격 유형 검사 방법 ··· 31
   2. D(Dominance) 주도형 ·· 34
   3. I(Influence) 사교형 ·· 37
   4. S(Steadiness) 안정형 ··· 39
   5. C(Conscientiousness) 신중형 ··· 41

제3장 종로구 여행 ·· 43
   1. 종로구의 특징(25) ·· 45

2. 북촌 ···················· 47	3. 국립민속박물관 ··········· 47	4. 국립현대미술관 ·········· 47
5. 부엉이박물관 ············ 48	6. 북촌동양문화박물관 ······ 48	7. 북촌박물관 ················ 49
8. 북촌생활사박물관 ······· 49	9. 서울교육박물관 ··········· 50	10. 세계장신구박물관 ······· 50
11. 숭례문 ··················· 50	12. 광화문 ···················· 51	13. 경복궁 ···················· 51
14. 동대문 ··················· 52	15. 인사동 문화의 거리 ···· 52	16. 청계천 ···················· 52
17. 대학로 문화지구 ······· 53	18. 청와대 ···················· 54	19. 청와대 사랑채 ·········· 54
20. 대한민국역사박물관 ··· 55	21. 서울역사박물관 ·········· 55	22. 경찰박물관 ··············· 55
23. 창덕궁 ··················· 56	24. 창경궁 ···················· 56	25. 종묘 ······················· 57
26. 운현궁 ··················· 57		

   종로구의 영화 드라마 촬영지 ·· 58
   종로구 맛집 ·· 59

제4장 중구 여행(21) ········· 61
1. 중구의 특징 ········· 63
2. 광희문 ········· 65
3. 구러시아공사관 ········· 65
4. 남대문시장 ········· 65
5. 남산골 한옥마을 ········· 66
6. 덕수궁 ········· 66
7. 명동성당 ········· 67
8. 문화역 서울284 ········· 67
9. 서울로 7017 ········· 68
10. 환구단 ········· 68
11. 황학동 벼룩시장 ········· 69
12. 남산공원 ········· 69
13. N서울타워 ········· 70
14. 돈의문 박물관마을 ········· 70
15. 백범광장공원 ········· 71
16. 동대문역사문화공원 ········· 71
17. 서소문역사공원 ········· 71
18. 서울글로벌문화체험센터 ········· 72
19. 서울남산국악당 ········· 72
20. 장충단공원 ········· 72
21. 케이스타일허브 ········· 73
22. 한국의집 ········· 73

중구 맛집 ········· 74

제5장 용산구 여행(8) ········· 75
1. 용산구의 특징 ········· 77
2. 국립중앙박물관 ········· 78
3. 전쟁기념관 ········· 78
4. 국립한글박물관 ········· 79
5. 이태원관광특구 ········· 79
6. 이슬람 성원 ········· 80
7. 백범김구기념관 ········· 80
8. 효창공원 ········· 81
9. 용산가족공원 ········· 81

용산구 맛집 ········· 82

제6장 마포구 여행(10) ········· 83
1. 마포구의 특징 ········· 85
2. 홍대거리 ········· 86
3. 연남동 세모길 ········· 86
4. 문화비축기지 ········· 87
5. 망원동길(망리단길) ········· 87
6. 난지한강공원 ········· 88
7. 하늘공원 ········· 88
8. 경의선 숲길공원 ········· 89
9. 평화의 공원 ········· 89
10. 서울함공원 ········· 89
11. 망원한강공원 ········· 90

마포구 맛집 ········· 91

제7장 성북구 여행(14) ········· 93
1. 성북구의 특징 ········· 95
2. 의릉 ········· 97
3. 정릉 ········· 97
4. 성북동 별서 ········· 98
5. 선잠단지 ········· 98
6. 북한산국립공원 ········· 99
7. 북악산국립공원 ········· 99
8. 한양도성 ········· 100
9. 길상사 ········· 100
10. 북한산 생태숲 ········· 101
11. 북악스카이웨이 ········· 101
12. 개운산근린공원 ········· 102
13. 성북근린공원 ········· 102
14. 청량근린공원 ········· 103
15. 심우장과 북정마을 ········· 103

성북구 맛집 ········· 104

제8장 서대문구 여행(8) ·············· 105

1. 서대문구의 특징 ··· 107
2. 서대문형무소역사관 ········ 108
3. 서대문독립공원 ··········· 108
4. 안산과 자락길 ············ 109
5. 연희숲속쉼터 ············ 109
6. 홍제천 ················ 109
7. 북한산자락길 ············ 110
8. 옥천암 ················ 110
9. 봉원사 ················ 111

서대문구 맛집 ··· 112

제9장 은평구 여행(10) ·············· 113

1. 은평구의 특징 ··· 115
2. 은평한옥마을 ············ 116
3. 진관사 ················ 116
4. 삼천사 ················ 117
5. 연신내물빛공원 ·········· 117
6. 서오능도시자연공원 ······ 117
7. 향림근린공원 ············ 118
8. 신사근린공원 ············ 118
9. 봉산도시자연공원 ········ 119
10. 불광근린공원 ··········· 119
11. 불광천 ················ 120

은평구 맛집 ··· 121

제10장 양천구 여행(6) ·············· 123

1. 양천구의 특징 ··· 125
2. 서서울호수공원 ·········· 126
3. 파리공원 ··············· 126
4. 양천공원 ··············· 127
5. 오솔길공원 ············· 127
6. 계남근린공원 ············ 127
7. 용왕산근린공원 ·········· 128

양천구 맛집 ··· 129

제11장 강서구 여행(9) ·············· 131

1. 강서구의 특징 ··· 133
2. 허준박물관 ············· 134
3. 겸재정선미술관 ·········· 134
4. 약사사 ················ 135
5. 개화산근린공원 ·········· 135
6. 양천향교 ··············· 136
7. 소악루 ················ 136
8. 양천고성지 ············· 137
9. 허준공원 ··············· 137
10. 궁산근린공원 ··········· 138

강서구 맛집 ··· 139

제12장 영등포구 여행(12) ·············· 141

1. 영등포구의 특징 ··· 143
2. 63스퀘어 ·············· 145
3. 서울국제금융센터 ········ 145
4. 국회의사당 ············· 146
5. KBS ·················· 146
6. 서울 마리나 클럽&요트 ··· 147
7. 이랜드크루즈 ············ 147
8. 타임스퀘어 ············· 148
9. 문래창작촌 ············· 148
10. 한강양화공원 ··········· 149
11. 선유도공원 ············· 149
12. 샛강생태공원 ··········· 150
13. 여의도한강공원 ········ 150

영등포구 맛집 ··· 151

제13장 동작구 여행(10) ·········· 153

1. 동작구의 특징 ·········· 155
2. 노량진수산시장 ·········· 156
3. 보라매공원 ·········· 156
4. 노량진근린공원 ·········· 157
5. 까치산근린공원 ·········· 157
6. 삼일공원 ·········· 157
7. 효사정 ·········· 158
8. 국사봉 ·········· 158
9. 용양봉저정 ·········· 159
10. 사육신묘 ·········· 160
11. 국립서울현충원 ·········· 160

동작구 맛집 ·········· 161

제14장 금천구 여행(7) ·········· 163

1. 금천구의 특징 ·········· 165
2. 호암산성 ·········· 166
3. 호압사 ·········· 166
4. 노동자생활체험관 ·········· 167
5. G밸리 패션지원센터 ·········· 167
6. 감로천생태공원 ·········· 168
7. 산기슭공원 ·········· 168
8. 금빛공원 ·········· 168

금천구 맛집 ·········· 169

제15장 구로구 여행(6) ·········· 171

1. 구로구의 특징 ·········· 173
2. 항동푸른수목원 ·········· 174
3. 궁동저수지생태공원 ·········· 174
4. 고척스카이돔 ·········· 175
5. 고척근린공원 ·········· 175
6. 천왕근린공원 ·········· 176
7. 이씨레물리노공원 ·········· 176

구로구 맛집 ·········· 177

제16장 관악구 여행(4) ·········· 179

1. 관악구의 특징 ·········· 181
2. 낙성대공원 ·········· 182
3. 관악산호수공원 ·········· 182
4. 관악산 ·········· 183
5. 삼성산성지 ·········· 183

관악구 맛집 ·········· 185

제17장 도봉구 여행(5) ·········· 187

1. 도봉구의 특징 ·········· 189
2. 도봉산 ·········· 190
3. 연산군묘 ·········· 190
4. 방학천 문화예술거리 ·········· 191
5. 창동역사문화공원 ·········· 191
6. 둘리뮤지엄 ·········· 192

도봉구 맛집 ·········· 193

제18장 강북구 여행(11) · 195

    1. 강북구의 특징 · 197
    2. 북서울 꿈의 숲 ····· 198   3. 솔밭공원 ····· 198   4. 오동근린공원 ····· 199
    5. 근현대사기념관 ····· 199   6. 박을복 자수박물관 ····· 200   7. 봉황각 ····· 200
    8. 국립4·19민주묘지 ····· 201   9. 통일의 집 ····· 201   10. 화계사 ····· 202
    11. 도선사 ····· 202   12. 보광사 ····· 202

    강북구 맛집 · 204

제19장 노원구 여행(6) · 205

    1. 노원구의 특징 · 207
    2. 수락산 ····· 208   3. 불암산 ····· 208   4. 태강릉 ····· 209
    5. 화랑대역사관 ····· 209   6. 노원 불빛정원 ····· 210   7. 마들 근린공원 ····· 210

    노원구 맛집 · 211

제20장 강남구 여행(10) · 213

    1. 강남구의 특징 · 215
    2. 구룡산 ····· 216   3. 강남 마이스 관광특구 ····· 216   4. 한류스타거리 ····· 217
    5. 가로수길 ····· 217   6. 필경재 ····· 218   7. 대모산 ····· 218
    8. 도산공원 ····· 219   9. 봉은사 ····· 219   10. 선정릉 ····· 220
    11. 양재천 ····· 220

    강남구 맛집 · 221

제21장 서초구 여행(7) · 223

    1. 서초구의 특징 · 225
    2. 양재시민의숲 ····· 226   3. 몽마르트공원 ····· 226   4. 서리풀공원 ····· 227
    5. 윤봉길의사 기념관 ····· 227   6. 세빛둥둥섬 ····· 228   7. 달빛무지개분수 ····· 228
    8. 헌릉 ····· 229

    서초구 맛집 · 230

제22장 송파구 여행(10) · 231

    1. 송파구의 특징 · 233
    2. 롯데월드 ····· 234   3. 서울스카이 ····· 234   4. 석촌호수 ····· 235
    5. 올림픽공원 ····· 235   6. 잠실야구장 ····· 236   7. 아시아공원 ····· 236
    8. 오금공원 ····· 237   9. 문정근린공원 ····· 237   10. 몽촌토성 ····· 238
    11. 풍납토성 ····· 238

    송파구 맛집 · 239

제23장 성동구 여행(4) ········· 241
1. 성동구의 특징 ········· 243
2. 서울숲 ········· 244
3. 응봉산 ········· 244
4. 수도박물관 ········· 245
5. 언더스탠드에비뉴 ········· 245

성동구 맛집 ········· 246

제24장 강동구 여행(4) ········· 247
1. 강동구의 특징 ········· 249
2. 강풀만화거리 ········· 250
3. 일자산 근린공원 ········· 250
4. 광나루한강시민공원 ········· 251
5. 천호근린공원 ········· 251

강동구 맛집 ········· 252

제25장 광진구 여행(6) ········· 253
1. 광진구의 특징 ········· 255
2. 아차산 ········· 256
3. 아차산성 ········· 256
4. 아차산 생태공원 ········· 257
5. 영화사 ········· 257
6. 서울어린이대공원 ········· 258
7. 뚝섬한강공원과 자벌레 ········· 258

광진구 맛집 ········· 260

제26장 중랑구 여행(6) ········· 261
1. 중랑구의 특징 ········· 263
2. 용마폭포공원 ········· 264
3. 용마산 ········· 264
4. 망우산 ········· 265
5. 봉화산 ········· 265
6. 사가정공원 ········· 266
7. 봉화산근린공원 ········· 266

중랑구 맛집 ········· 267

제27장 동대문구 여행(7) ········· 269
1. 동대문구의 특징 ········· 271
2. 서울 약령시 ········· 272
3. 선농단 ········· 272
4. 영휘원·숭인원 ········· 273
5. 세종대왕박물관 ········· 273
6. 배봉산근린공원 ········· 274
7. 홍릉숲 ········· 274
8. 용두근린공원 ········· 275

동대문구 맛집 ········· 276

참고 사이트 ········· 277

1. 여행이란?

여행이란 일이나 구경을 목적으로 다른 고장 및 외국에 방문하는 것을 뜻한다. 여행과 비슷한 관광(觀光)은 타 지방 및 타국에서 고유의 풍경, 풍습, 문물 따위를 구경하는 것을 의미한다. 여행은 일이나 구경을 목적으로 하지만, 관광은 구경만을 목적으로 한다는 데에 차이가 있다.

여행을 뜻하는 영어 단어는 'tour'와 'travel'이 일반적이다. 'tour'의 어원은 그리스어 'tornos(돌다, 순회하다)'이며, 어딘가에 갔다가 돌아오는 것이 여행이라는 데에서 유래했다. 'travel'은 'travail(고통, 고난)'에서 유래했는데, 도로와 교통이 발달하지 않은 시대에 여행을 떠난다는 것은 고행길에 오르는 것과 같다는 의미를 담고 있다. 여행과 관광을 의미하는 몇 개의 영어 단어가 있는데, 각각의 의미 차이를 분명히 할 필요가 있다.

'tour'는 일상 생활권을 떠나 다시 돌아올 목적으로 이동하는 여행을 의미하며, 'journey'는 한 지역에서 다른 지역으로 계속 이동하며 하는 여행을 뜻한다. 반면 'travel'은 여행의 포괄적인 의미를 담고 있으며, 'trip'은 1박 정도의 단기 여행을, 'sightseeing'은 단순한 시각적 여행을 강조할 때 쓰이며 'voyage'는 선박을 통한 항해 여행을 뜻한다.

서울대학교 행복연구소의 최인철 교수는 행복의 조건으로 여행을 꼽았다. 여행은 행복의 종합선물세트와 같은데, 좋은 것을 보고 좋은 음식을 먹으며 좋은 사람들과 대화를 나눌 수 있고 적당한 운동을 할 수 있기에 살면서 가질 수 있는 행복 중 가장 의미 있고 재미있는 행복이라는 것이다. 또한, 사람들은 무언가에 대해 신나게 이야기할 때 행복감을 느낀다. 갖고 싶었던 좋은 옷이나 물건에 대해 잠시 동안 이야기를 나눌 수는 있겠지만 몇 년 동안 같은 이야기를 하지는 못한다. 하지만 몇 년 전에 다녀온 여행에 대해서는 평생 이야기할 수 있다. 이처럼 재화는 잠시 즐거움을 주기만 할 뿐 인생을 바꾸지 못하지만, 여행은 인생 전반에 행복감을 부여하고 삶을 바꾸는 힘을 갖고 있다.

인생에서 가장 큰 행복을 주는 여행을 하려는 현대인들이 증가하고 있다. 교통수단의 발달과 숙박 시설의 증가로 인해 국내 여행은 시간이 지날수록 증가하고 있다. 국내 여행 유경험자는 정확히 통계를 산출하기 어렵지만 2019년 기준 약 4,800만여 명이 국내 여행을 한 것으로 조사되었다. 이는 국민 중 92.4%에 이르는 수치로, 거의 모든 국민이 국내 여행을 했다는 것을 의미한다.

15세 이상 인구는 연평균 7.6회 국내 여행 경험이 있으며, 여행 일수는 연간 12.9일로 나타났다. 2019년 1인 평균 국내 여행 횟수를 살펴보면 30대가 8.9회로 가장 많았으며, 40대가 8.5회, 20대가 8.3회, 50대가 8.2회, 60대가 6.6회로 나타났다. 또한 15~19세는 5.6회, 70대 이상은 4.8회의 순서였다. 국내 여행에 사용한 1인 평균 연간 지출액은 30대가 1,189,000원으로 가장 많았으며, 20대가 1,119,000원, 50대가 1,104,000원, 40대가 1,062,000원, 60대가 806,000원, 15~19세가 582,000원, 70대 이상이 535,000원 순으로 나타났다.

여행의 목적은 단순히 좋은 경치를 보거나 여가를 향유하는 것으로 그치지 않고 점차 힐링을 목적으로 하는 치유 여행으로 자리 잡아가는 추세를 보인다. 관광지를 보고 즐기는 단계에서 나아가 자연환경을 이용한 인간 본연의 회복력을 발휘해 정신적, 육체적 스트레스를 해소하고 심리적 안정감을 찾아 건강을 회복하고자 하는 현대인들이 증가하고 있는 것이다.

여행지 선택 이유로는 볼거리가 목적인 경우가 23.1%로 가장 많았고, 여행지의 지명도가 21.4%, 여행이 가능한 일정에 맞춘 선택이 10.7%, 저렴한 여행경비가 원인인 경우는 10.6%였다. 그 뒤로는 여행 동반자의 유형에 따라 선택하는 경우로 9.0%를 차지했다.

여행인구의 증가와 형태 변화의 원인으로는 크게 두 가지를 꼽을 수 있다. 첫째는 저비용 항공사의 증가와 더불어 신규 국제선 항공노선이 지속적으로 늘어나면서 공급량이 확대되었다는 점이다. 둘째로는 스마트폰 보급과 더불어 빠르고 쉽게 여행상품의 예약, 구매가 가능해졌으며, 현지에서도 스마트폰으로 통·번역 및 내비게이션 기능을 이용해 자유여행이 쉬워졌다는 점을 들 수 있다.

2. 성격이란?

일반적으로 사람들은 태어나서부터 성장하여 현재에 이르기까지 여러 가지 요인에 의해 성격을 가지게 되고, 일정한 방식으로 행동을 취하게 된다. 그것은 하나의 경향성을 이루게 되어 자신이 일하고 있거나 생활하고 있는 환경에서 아주 편안한 상태로 자연스럽게 그러한 행동을 하게 된다.

성격(性格)은 환경에 대하여 특정한 행동 형태를 나타내고, 그것을 유지하고 발전시킨 개인의 독특한 심리적 체계를 말한다. 즉, 일반적으로 성격이란 환경에 대해 개인이 취하는 행동과 관련된 것으로서, 사람마다 서로 다른 독특함을 특징으로 하고, 일시적인 것이 아닌 항상성을 지니는 심리적 체계를 의미한다고 할 수 있다.

인간의 성격을 표현하는 형용사와 동사도 정말 다양하다. 인간의 성격을 표현하는 단어만큼 인간의 성격은 다양한 측면과 종류들을 지니고 있다. 사람의 성격에 대한 분석과 연구는 심리학에서 가장 관심을 받고 있는 주제 중 하나이기도 하지만 그만큼 우리 인간이 지닌 성격의 특성과 구조가 복잡하기 때문이다.

성격은 개인마다 갖고 있는 개성과 연관된 것으로서 간략히 정의하기는 쉽지 않다. 그래서 인간의 복잡한 성격을 설명하는 심리학 이론과 연구, 인간의 성격의 유형을 검사하는 심리검사는 무수히 많다.

인간의 성격에 관해 연구한 심리학자들도 프로이트(Freud), 융(Jung), 그리고 아들러(Adler), 로저스(Rogers), 올포트(Allport) 등으로 다양하며, 앞으로도 심리학에서 중요하게 연구해야 할 분야이기도 하다. 사람의 성격 유형을 검사하는 검사도 가장 대표적인 MBTI, DISC, 에니어그램, TA 등이 있다.

3. MBTI 검사를 통한 성격 유형

MBTI(Myers-Briggs Type Indicator) 검사는 마이어스(Myers)와 브릭스(Briggs)가 스위스의 정신분석학자인 카를 융(Carl Jung)의 심리 유형론을 토대로 고안한 자기 보고식 성격 유형 검사 도구이다. 현재 MBTI는 검사가 쉽고 간편하여 학교, 직장, 군대 등에서 광범위하게 사용되고 있으며, 성격 유형에 관심이 있는 사람치고 해보지 않은 사람이 없을 정도다.

MBTI는 다음과 같은 4가지 성격 분류 기준에 따른 9개의 검사 문항을 체크한 결과에 의해 16가지 심리 유형 중에 하나로 분류한다. 성격 분류 기준을 보면 정신적 에너지의 방향성에 따라 외향(E)과 내향(I)으로 나누고, 정보 수집을 포함한 인식의 기능에 따라 감각(S)과 직관(N)으로 나누고, 수집한 정보를 토대로 합리적으로 판단하고 결정 내리는 사고(T)와 감정(F)으로 나누고, 인식 기능과 판단 기능이 실생활에서 적용되어 나타난 생활 양식에 따라 판단(J)과 인식(P)으로 나눈다. MBTI는 이 4가지 분류 기준으로 조합된 양식을 통해 〈표〉와 같이 16가지 성격 유형을 설명하여, 성격적 특성과 행동의 관계를 이해하도록 돕는다.

〈표〉 16가지 성격 유형

	유형	별칭	특징	성격유형
1	ISTJ	소금형	책임감, 현실적, 철저함, 보수적.	내향성 감각형
2	ISFJ	권력형	차분함, 헌신적, 인내심, 타인 배려	
3	INFJ	예언자형	통찰력, 리더십, 공동체의 이익 중시	내향성 직관형
4	INTJ	과학자형	의지력, 독립적, 분석력	
5	ISTP	백과사전형	과묵함, 분석적, 적응력	내향성 사고형
6	ISFP	성인군자형	온화함, 겸손함, 삶의 여유	내향성 감정형
7	INFP	잔다르크형	성실함, 이해심, 개방적. 내적 신념이 강함	
8	INTP	아이디어 뱅크형	지적 호기심, 잠재력, 가능성 중시	내향성 사고형

9	ESTP	활동가형	느긋함, 관용적, 타협과 문제 해결 능숙	외향성 감각형
10	ESFP	사교가형	호기심, 개방적, 구체적인 사실 중시	
11	ENFP	스파크형	상상력, 순발력, 일상적인 활동에 지루함	외향성 직관형
12	ENTP	발명가형	박학다식, 독창적, 항상 새로운 도전	
13	ESTJ	사업가형	체계적, 규칙 준수, 목표 설정을 잘함	외향성 사고형
14	ESFJ	친선도모형	사람에 대한 관심이 많으며, 친절, 동정심.	외향성 감정형
15	ENFJ	언변능숙형	사교적, 타인 의견 존중, 비판을 싫어함	외향성 감정형
16	ENTJ	지도자형	철저한 준비, 활동적, 통솔력, 단호함	외향성 사고형

1) 외향성과 내향성

　외향성은 주로 외부 세계를 지향하고, 인식과 판단에 있어서도 외부의 사람이나 사물에 초점을 맞춘다. 또한 바깥에 나가 활동을 해야 활력을 얻는다. 이들은 행동 지향적이고, 때로는 충동적으로 사람들을 만나며, 솔직하고 사교성이 많고 대화를 즐긴다.
　내향성의 사람들은 내적 세계를 지향하므로 바깥 세계보다는 자기 내부의 개념(concept)이나 생각 또는 이념(idea)에 더 관심을 둔다. 관념적 사고를 좋아하고, 자기 내면세계에서 일어나는 것에 의해 에너지를 얻으며 주로 생각하는 활동을 좋아한다.

2) 감각과 직관

　감각기능을 선호하는 사람들은 모든 정보를 자신의 오관에 의존하여 받아들이는 경향이 있다. 이들은 현재 상황에 주어지는 것을 수용하고 처리하는 경향이 있으며 실제적이고 현실적이다. 또한 자신이 직접 경험하고 있는 일을 중시하며, 관찰 능력이 뛰어나고 세세한 것까지 기억을 잘하며 구체적이다. 감각형의 사람은 순서에 입각해서 차근차근 업무를 수행에 나가는 성실근면형이나, 세부적이고 구체적인 사실을 중시하는 경향으로 인해 전체를 보지 못할 위험이 있다. 감각형의 사람은 사물, 사건, 사람을 눈에 보이는 그대로 시작하려는 경향이 있으며, 사실적 묘사에 뛰어나다.
　직관 기능을 선호하는 사람들은 오관보다는 통찰, 소위 말하는 육감이나 영감에 의존하여, 구체적인 사실이나 사건보다는 이면에 감추어져 있는 의미, 관계 가능성 또는 비전을 보고자 한다. 이들은 세부적이고 구체적인 사실보다는 전체를 파악하고 본질적인 패턴을 이해하려고 애쓰며 미래의 성취와 변화, 다양성을 즐긴다. 직관형의 사람은 상상력이 풍부하고, 이론적이고, 추상적이고, 미래지향적이며 창조적이다. 그러나 구체적인 것을 떠나 전체를 보려고 하기 때문에 세부적인 것은 간과하기 쉽고, 실제적, 현실적인 면을 고려하지 않고 새로운 일 또는 복잡한 일에 뛰어들기도 한다.

3) 사고형과 감정형

　사고형은 모든 것을 객관적인 기준을 가지고 정보를 비교 분석하고 논리적 결과를 바탕으로 판단을 한다. 사고형은 인정에 얽매이기보다 원칙에 입각하여 판단하며, 정의와 공정성, 무엇이 옳고 그른가에 따라 판단한다. 따라서 인간미가 적다는 얘기를 들을 수 있으며 객관적 기준을 중시하는 과정에서 타인의 마음이나 기분을 간과할 수 있다.

감정형은 친화적이고, 따뜻한 조화로운 인간관계를 중시한다. 객관적인 기준보다는 자기 자신과 다른 사람들이 부여하는 가치를 중시하여 판단을 한다. 즉, 논리 분석보다는 자기 자신이나 타인에게 어떤 영향을 줄 것인가 하는 점을 더 중시하며, 원리원칙보다는 사람의 마음을 다치지 않게 하는 데 더 신경을 쓴다. 이러한 성향으로 사람과 관계된 일을 결정해야 할 때 우유부단하게 되거나 어려움을 겪을 수 있다.

4) 판단과 인식

판단형은 선택을 결정하고 종결을 짓는 활동을 미리 계획하고, 어떤 일이든 조직적 체계적으로 진행시키기를 좋아한다. 판단형은 계획을 짜서 일을 추진하고 미리미리 준비하는 편이며, 정한 시간 내에 마무리해야 직성이 풀린다. 외부 행동을 보아도 빈틈없고 단호하며 목적의식이 뚜렷하다. 그리고 판단형은 조급한 성격이며, 시작한 일은 꼭 완수해야 하는 특성을 가지고 있다.

인식형은 삶을 통제하고 조절하기보다는 상황에 맞추어 자율적으로 살아가기를 원한다. 또한 자발적이고 호기심이 많고 적응력이 높으며, 새로운 사건이나 변화를 추구한다. 그리고 인식형은 여유가 넘치며, 한꺼번에 여러 가지 일을 벌이지만, 뒷마무리를 잘못한다.

4. DISC 디스크 검사를 통한 성격 유형

일반적으로 사람들은 태어나서부터 성장하여 현재에 이르기까지 여러 가지 요인에 의해 성격을 가지게 되고, 일정한 방식으로 행동을 취하게 된다. 그것은 하나의 경향성을 이루게 되어 자신이 일하고 있거나 생활하고 있는 환경에서 아주 편안한 상태로 자연스럽게 그러한 행동을 하게 된다.

DISC 검사는 콜럼비아대학교의 심리학과 교수인 윌리엄 몰튼 마스톤(William Moulton Marston)에 의해 처음으로 소개되었다. 그의 저서 『보통 사람들의 정서(Emotions of Normal People』에서 감정이 행동에 미치는 영향과 행동양식에 따른 유형화, 시간에 따른 행동의 변화에 대하여 기술하고, 정서의 표현방식에 따라 사람들을 4가지 유형으로 분류하였다. 마스톤 박사에 의하면 인간은 환경을 어떻게 인식하고 또한 그 환경 속에서 자기 개인의 힘을 어떻게 인식하느냐에 따라 4가지 형태로 행동하게 된다고 한다. 이러한 인식을 축으로 한 인간의 행동을 각각 주도형(Dominace), 사교형(influences), 안정형(Steadiness), 신중형(Conscientiousness) 즉 DISC 행동유형으로 부르고 있다.

1970년대에 이르러 존 가이어(John Geier)박사는 DISC검사를 최초로 출판하기 시작하였으며, 문항 수정 및 삭제 과정을 거쳐 검사의 신뢰도를 향상시켜 DISC 클래식 버전을 개발하였다. 2003년에는 더 풍부한 해석을 제공하는 DISC 클래식 2.0 버전이 출시되어 널리 사용되고 있다. 디스크는 24개 문항으로 구성되어 있으며, 4개의 유형으로 성격을 분류해서 간편하고 쉽게 사용할 때 많이 사용한다.

〈표〉 DISC 성격 유형

구분	특징	관찰되는 행동	타인으로부터 기대하는 것	자신의 일에 대한 태도
주도형 (D)	• 모험심이 강하다. • 독자적으로 개인적인 힘을 발휘한다. • 책임을 다른 사람에게 넘기	• 자기중심적 • 말하는 것을 좋아함 • 자기 주장이 강함 • 의지가 강함	• 직설적 소통 • 존경 • 리더십 인정 • 불간섭	• 권위와 권력 • 명성 • 위신 • 신망

	지 않는다. • 참신하거나 새로운 방법으로 문제를 해결한다. • 도전을 자주하기 때문에 성공 경험이 많다. • 자아 성취감이 높아서 한번 시작하면 중간에 포기하지 않고 끝까지 하려고 한다.	• 힘으로 밀어 붙임 • 결의가 굳다.		• 도전
사교형 (I)	• 융통성이 많아 유연하다. • 일에 대처하는 능력이 뛰어나다. • 재미있게 말하기를 좋아한다. • 사람을 좋아하기 때문에 모르는 사람에게도 쉽게 다가간다. • 쉽게 사람을 사귄다. • 다른 사람을 행복하고 즐겁게 해주고자 노력한다.	• 감정적 • 설득력 • 정치적인 감각 • 활기참 • 타인을 설득하려고 함	• 친근함 • 정직함 • 유머러스 • 솔직함	• 가시적인 인정과 보상 • 승인, 동조, 인기를 받는 것
안정형 (S)	• 따뜻한 성품에 어울리게 분위기를 좋아한다. • 조직에 속해 있는 것을 좋아한다. • 감수성이 예민하게 발달되어 있다. • 예술적인 부분을 표현하기를 좋아한다. • 도구를 사용하는 일에 탁월함을 가지고 있다.	• 규칙/ 규범을 준수 • 구조적 • 조직적 • 실수하지 않도록 주의를 기울임 • 자신에 대해 엄격	• 최소한의 사교적 행동 • 인내력 • 충성심	• 명확한 기대와 목표 • 자주성 • 전문성 인정 • 프로정신
신중형 (C)	• 모든 것을 분석하기를 좋아한다. • 모든 일을 신중하게 처리해서 실패할 일이 적다. • 신중하게 문제를 파악하고 방법을 제시한다. • 생각이 많아 결정이 어렵다.	• 질문을 많이 함 • 일관성 • 상담과 상의 선호 • 인내심	• 편안한 태도 • 상냥함 • 우호적 • 자신의 가치를 인정함 • 변화는 점진적으로 진행	• 변화 소극적 • 신중함 • 정확성 • 분석

DISC 검사에 의하면 주도형(Dominace)과 사교형(influences)의 특징은 외향적 성격으로 업무처리가 빠르며, 신중형(Conscientiousness)과 안정형(Steadiness)은 내향적 성격으로 업무처리가 늦은 편이다. 그리고 주도형(Dominace)과 신중형(Conscientiousness)은 일 중심인 반면에 사교형(influences)과 안정형(Steadiness)은 사람 중심이라고 할 수 있다.

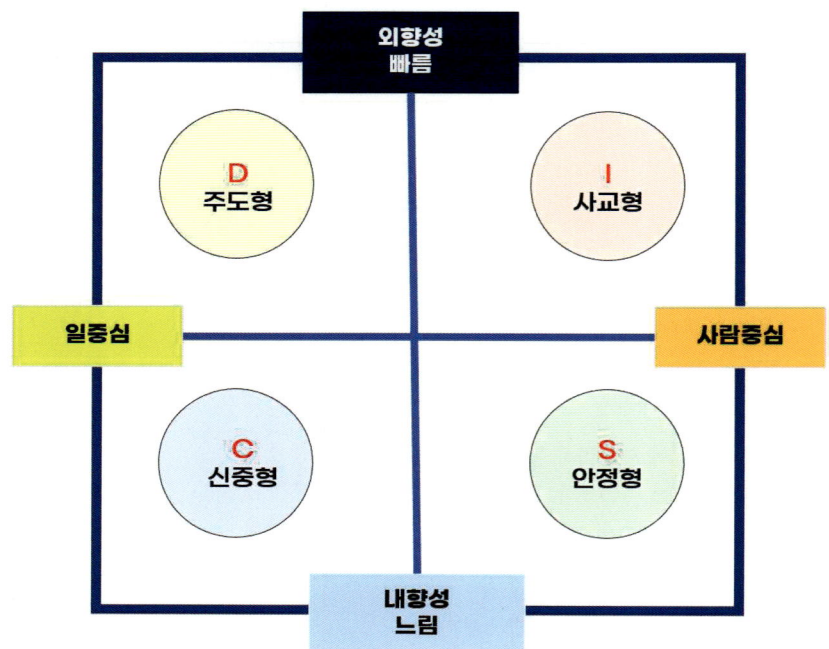

5. 성격유형별 추천 여행지

가끔 여행은 가고 싶은데 어디로 가면 좋을지를 몰라서 고민할 때가 있다. 이때는 자신의 성격에 맞는 여행지를 선택하는 것이 의미있는 여행이 된다. 자신에게 맞지 않는 여행을 하게 되면 여행지에 가서도 괜히 왔다는 후회를 하지만, 돌아와서는 오히려 피로감과 스트레스로 더 힘들게 할 수도 있다. 따라서 사람의 성격에 맞는 여행지를 선택하는 것은 행복한 여행을 만드는 가장 기본이 된다.

성격 유형은 가장 기본적으로 MBTI와 DISC를 가장 많이 하기 때문에 MBTI와 DISC의 관계를 비교 분석하여 성격이 같은 것끼리 묶어서 그에 맞는 여행지를 추천하면 다음과 같다.

〈표〉 성격 유형별 추천 여행지

DISC 유형	DISC 세부 유형	MBTI 유형	추천 여행지
D 주도형	DI 결과지향형	ENTP 발명가형	새로운 설렘을 주면서 모험과 도전을 할 수 있는 장소 예) 산, 섬, 동굴, 계곡, 폭포, 놀이 시설, 출렁다리, 폭포
		ISFJ 권력형	낭만을 느끼면서 감성을 채워줄 수 있는 장소 예) 테마파크, 휴양림, 다기능 공원, 미술관, 한옥마을, 벽화거리
	DS 성취자형	ENTJ 지도자형	역사를 통해 배울 수 있는 역사격으로 의미있는 장소 예) 박물관, 역사관, 궁궐, 향교, 서당, 기념관, 전쟁관
		ENFP 스파크형	여행 계획을 세우지 않고 즉흥적으로 갈 수 있는 장소 예) 호캉스, 바다, 호수, 강, 둘레길
	DC 전문가형	ISTP 백과사전형	새로운 것을 볼 수 있는 장소나 역사적인 장소 예) 섬, 박물관, 역사관, 과학관, 체험관, 전시관, 식물원, 역사거리, 유적지
I 사교형	ID 설득형	ENFJ 언변능숙형	감탄사가 나올 수 있는 아름다우면서 감성을 풍부하게 해주는 장소 예) 경치가 아름다운 바다, 휴양림, 공원, 계곡, 폭포, 산, 강, 전망대
		INFJ 예언자형	여러 사람과 같이 어울리면서도 혼자만의 시간을 가질 수 있는 장소 예) 풍광이 좋은 곳, 경치가 아름다운 곳

	IS 격려자형	ISFP 성인군자형	한적하면서 자신에게 휴식과 힐링할 수 있는 장소 예 공원, 휴양림, 둘레길, 산책로, 호수, 강변, 힐링센터, 슬로시티
		ESFJ 친선도모형	마음을 편하게 해주는 장소나 사람과 같이 할 수 있는 곳 예 넓은 바다와 휴양림 같은 장소
		ESFP 사교가형	여러 사람과 같이 여행하는 것을 좋아하며, 대화거리가 많은 장소 예 이야기 거리나 전설이 있는 곳, 박물관, 궁궐, 왕릉, 역사적인 유물
S 안정형	SI 조언자형	INFP 잔다르크형	신비하면서 사색과 명상을 할 수 있는 장소 예 신비한 경치를 가진 휴양림, 바다, 계곡
	SC 관리자형	ESTJ 사업가형	새로운 사업을 구상할 수 있는 아이디어가 떠 오르는 장소 예 시장, 과학관, 박물관, 체험관, 미술관, 전시관
		ESTP 활동가형	먹고 놀고 휴식하기 좋은 장소 예 테마파크, 맛집이 많은 장소, 휴식하기 좋은 장소, 휴양림, 관광단지
C 신중형	CD 설계자형	INTP 아이디어뱅크형	깊은 생각을 하거나, 아이디어를 구상하기 좋은 장소 예 휴양림, 둘레길, 계곡, 호수
		INTJ 과학자형	계획적으로 탐구가 가능하며, 체험이 가능한 장소 예 과학관, 박물관, 체험관, 종교적인 의미가 있는 곳
	CIS 중재자형	ISTJ 소금형	안전하고 편리하면서도 근거리에 있는 볼거리가 많은 장소 예 시장, 공원, 절, 교회, 성당

6. 여행의 장점

　일상을 벗어나 새로운 경험을 하는 여행에는 많은 장점이 있다. 여행의 장점은 아래와 같은 내용들이 있다.

- 여행을 가기 전에 설렌다.
- 여행하는 동안 기분이 좋다.
- 일을 떠나 휴식을 할 수 있다.
- 자유로운 삶을 살 수 있다.
- 색다른 경험을 할 수 있다.
- 현지에서 해보고 싶은 것을 체험할 수 있다
- 새로 준비한 예쁜 옷을 입을 수 있다.
- 맛있고 새로운 음식을 먹어볼 수 있다.
- 아름다운 풍경을 볼 수 있다.
- 역사적으로 유명한 건축물을 볼 수 있다
- 새로운 문화를 접할 수 있다.
- 새로운 상황에 적응하는 능력이 생긴다.
- 예상치 못한 일이 발생할 때 대처하는 능력이 생긴다.
- 낯선 사람들의 생활 모습을 엿볼 수 있다.
- 새로운 인연을 만날 수 있다.
- 사진이나 동영상을 찍을 수 있다.
- 추억이 생긴다.
- 삶을 되짚어 볼 수 있다.
- 앞으로의 삶을 계획하는 시간을 가질 수 있다.
- 특이한 것을 살 수 있다.
- 스트레스를 해소할 수 있다.
- 심리적 치유가 가능하다.
- 여행을 통해 성숙해질 수 있다.
- 여행으로 행복을 느낀다.

- 여행을 통해 삶의 만족을 느낀다.
- 사색을 할 수 있다.
- 잡다한 일에서 벗어나 마음의 여유를 즐길 수 있다.
- 우울증이 사라진다.
- 견문을 넓힐 수 있다.
- 자신을 돌아볼 수 있다.
- 정서적으로 안정된다.
- 신체가 건강해진다.

7. 여행 경험의 성격

미국의 경제학자 클로선과 네취(Clawson & Knetsch)는 여행의 과정을 여행 전 기대(Expectation) 단계, 여행을 떠나는 단계(Travel-to), 여행지에서의 단계(On-site), 여행지에서 돌아오는 단계(Travel-back), 회상 단계(Recollection)의 5단계로 나누었다. 각 단계에서는 여행에 대한 여러 경험이 만들어지며, 이러한 경험이 합쳐져 최종적인 여행 경험과 만족도에 영향을 미치게 된다.

가. 여행가기 전의 기대(Expectation) 단계

여행 전 기대 단계는 여행지와 방법을 선택하고 교통편고 숙박 시설을 예약하는 등 여행을 설계하고 준비하는 단계를 일컫는다. 준비가 철저할수록 즐거운 여행이 될 수 있으며, 현지에 대한 정보를 수집함으로써 본격적인 여행 시에 많은 경험을 쌓을 수 있다. 여행 전 기대 단계에서의 기대감과 준비는 최종적인 여행의 만족도에 영향을 미친다.

나. 여행을 가는 단계(Travel-to)

여행을 떠나는 단계는 사전에 계획한 교통편을 이용해 여행지로 이동하는 단계를 의미한다. 여행 전의 기대를 실현하는 단계로, 이 과정이 즐거우면 여행의 최종적 만족도를 높일 수 있다.

다. 여행지에서의 단계(On-site)

여행지에서의 단계는 목적지에 도착해 관광, 교육, 휴양, 여가, 견학, 취식, 치유 등 여행의 목적을 수행하는 단계로, 여행 과정에서 가장 중요하다. 여행의 목적을 달성하는 과정은 만족도에 가장 큰 영향을 미친다.

라. 여행지로부터 돌아오는 단계(Travel-back)

여행을 마치고 원래의 장소로 돌아오는 과정으로, 여행어서의 여운을 즐기는 단계다. 여행지에서의 만족감이 높을수록 돌아오는 단계도 즐겁지만, 만족감이 낮았다면 돌아오는 단계에서 후회와 불만이 많아진다.

마. 회상 단계(Recollection)

원래의 일상으로 돌아와 여행에서의 경험을 회상하는 단계이다. 여행 과정의 만족도가 높았다면 좋은 추억으로 남아 회상 단계에서도 더 자주 곱씹어 보게 되지만, 만족도가 낮았다면 나쁜 추억으로 자리를 잡아 회상을 거부하게 된다.

제2장
DISC 성격검사

1. DISC 성격 유형 검사 방법

개인 스타일 조사지에 자신을 가장 잘 설명한다고 생각하는 단어에 동그라미를 표시한다. 선택은 깊은 생각을 하지 말고 짧은 시간 안에 결정한다. 모든 문항에 체크를 하면 뒤에 나오는 응답지에 동그라미 친 것을 표기하고, 각 열에 해당하는 숫자를 맨 아래 칸에 적어준다. 마지막으로 본인이 제일 높은 점수를 차지한 두 가지 스타일을 다래에 적으면 된다.

DISC 검사지

당신을 가장 잘 설명한다고 생각되는 단어(표현)에 O 표시를 하세요.

	A	B	C	D
1	절제하는	강력한	꼼꼼한	표현력 있는
2	개척적인	정확한	흥미진진한	만족스러운
3	기꺼이 하는	활기 있는	다담한	정교한
4	논쟁을 좋아하는	회의적인	주저하는	예측할수 없는
5	공손한	사교적인	참을성 있는	무서움을 모르는
6	설득력 있는	독립심이 강한	논리적인	온화한
7	신중한	차분한	과단성 있는	파티를 좋아하는
8	인기 있는	고집 있는	완벽주의자	인심 좋은
9	변화가 많은	수줍음을 타는	느긋한	완고한
10	체계적인	낙관적인	의지가 강한	친절한
11	엄격한	겸손한	상냥한	말주변이 좋은
12	호의적인	빈틈없는	놀기 좋아하는	의지가 강한

13	참신한	모험적인	절제된	신중한
14	참는	성실한	공격적인	매력 있는
15	열정적인	분석적인	동정심이 많은	단호한
16	지도력 있는	충동적인	느린	비판적인
17	일관성 있는	영향력 있는	생기 있는	느긋한
18	유력한	친절한	독립적인	정돈된
19	이상주의적인	평판이 좋은	쾌활한	솔직한
20	참을성 있는	진지한	미루는	감성적인
21	경쟁심이 있는	자발적인	충성스러운	사려 깊은
22	희생적인	이해심 많은	설득력 있는	용기 있는
23	의존적인	변덕스러운	절제력 있는	밀어붙이는
24	포용력 있는	전통적인	사람을 부추기는	이끌어 가는

응답지

	D	I	S	C
1	B	D	A	C
2	A	C	D	B
3	C	B	A	D
4	A	D	C	B
5	D	B	C	A
6	B	A	D	C
7	C	D	B	A
8	B	A	D	C
9	D	A	C	B
10	C	B	D	A
11	A	D	C	B
12	D	C	A	B
13	B	A	D	C
14	C	D	B	A
15	D	A	C	B
16	A	B	C	D
17	B	C	D	A
18	C	A	B	D
19	D	B	C	A
20	A	D	C	B
21	A	B	C	D
22	D	C	B	A
23	D	B	A	C
24	D	C	A	B
계	(　)개	(　)개	(　)개	(　)개

2. D(Dominance) 주도형

일반적으로 약 10%의 사람이 D유형에 해당하며, 이 성향의 사람은 독단적이고(Dogmatic), 거만하며(Domineering), 지배적이고(Directive), 요구가 지나치며(Demanding), 단호하며(Decisive), 결단력이 있어 생각하는 것을 실천에 옮기기를 잘하며(Determined doer), 독재적이고(Dictatorial) 도전적(Defiant)인 사람이다.

일 중심적인 성향으로서 리더쉽이 탁월하며 자신이 생각하고 있는 것을 설명하여 상대방의 마음을 움직이는 것에 매우 탁월하다.

주도형은 일에 대한 집중도가 높으며, 일의 진행 속도가 빠르고, 즉시 성과를 내려고 하는 경향이 있다. 자아의식과 자신감이 강하고, 맡은 일에 대하여 책임감이 높으며, 새로운 일에 대한 도전 의식이 높다.

1) **성격** : 독자적으로 자신의 욕구를 충족하려 하고, 개인의 능력으로 남의 도움을 받지 않고 문제의 해결책을 찾으려고 한다.

2) **성향** : 새로운 도전을 좋아한다.

3) **판단 기준** : 자신의 기준을 충족시키는 정도

4) **장점**
   - 모험심이 강하다.
   - 독자적으로 개인적인 힘을 발휘한다.
   - 책임을 다른 사람에게 넘기지 않는다.
   - 참신하거나 새로운 방법으로 문제를 해결한다.
   - 도전을 자주 하기 때문에 성공 경험이 많다.
   - 자아 성취감이 높아서 한번 시작하면 중간에 포기하지 않고 끝까지 하려고 한다.

5) **단점**
   - 고집이 세고 쉽게 화를 내는 편이다.
   - 일을 진행함에 있어서 독선적이 되기 쉽다.
   - 도전의 문이 막혀버리면 공격적으로 된다.
   - 지루함을 잘 못 참는다.

- 영향력을 상실하면 좌절한다.
- 심한 경우에는 통제력을 상실한다.

6) **관련 직업** : 도전가, 탐험가, 여행가, 선교사, 스턴트맨, 군인, 발명가, 운동선수, 인솔자, 지도자, 정치인, 강사

가. DI 결과지향형

1) **성격** : 모든 일에 자신감이 강해서 개인주의적 성향으로 보인다.

2) **성향** : 영향력을 발휘하려고 하며, 결과를 도출하려고 한다. 자신감이 넘치나, 개인주의적 성향이 강하다. 자기가 하는 일을 독자적으로 결정하고 독자적으로 처리하려고 한다. 자신을 좋아하는 사람들과는 잘 어울리나, 자신을 싫어하는 사람들과는 관계를 잘 못 갖는다.

3) **장점**
- 남들에게 성과를 보여주고 싶어 한다.
- 인간관계를 중요하게 생각한다.
- 강한 승부욕이 있다.
- 경쟁심이 많다.

4) **단점**
- 너무 결과를 중시한다.
- 다른 사람 밑에서는 일하지 않으려 한다.
- 자신의 성공을 위해서 타인의 권한을 침해한다.

나. DS 성취자형

1) **성격** : 매사에 의욕적이고 근면하다. 계획한 일을 완수하지 못하면 좌절감을 나타낸다.

2) **성향** : 개인적 목표가 뚜렷하며, 구체적인 성과를 내기를 원한다. 조직의 목표가 개인적 목표와 일치하지 않을 때는 개인적 목표를 위해 조직을 떠나기도 한다. 자신의 일에 책임을 지며, 일에 대한 집중력이 높다.

3) **장점**
- 구체적인 성과를 내려고 한다.

- 자신의 일에 책임을 진다.
- 목표를 설정하여 달성한다.
- 남의 도움을 바라지 않는다.
- 옳고 그름의 판단이 뚜렷하다.

4) 단점
- 다른 사람 밑에서 일을 하게 되면 비판적으로 되고, 남의 흠을 잡는다
- 남이 도움을 받으려 하지 않는다.
- 일이 뜻대로 되지 않으면, 욕구불만이 되기도 하고, 참을성이 없어진다.

다. DC 전문가형

1) **성격** : 온화하고, 협조적이다.

2) **성향** : 현상을 유지하면서 질서 있는 환경을 만들려고 한다. 사람과의 관계에서 우정을 먼저 생각하고 다음으로 능력을 고려한다.

3) 장점
- 업무수행에 일관성이 있다.
- 단기 계획에 능하다.
- 예측이 가능하다.

4) 단점
- 위험을 회피하려고 한다.
- 혁신에 소극적으로 저항한다.
- 권력자나 그룹의 생각에 따른다.
- 혼란한 상황이 오면 당황해한다.
- 남의 눈을 매우 의식하며 과시하기를 좋아한다.

3. I(Influence) 사교형

일반적으로 약 20%의 사람이 I유형에 해당하며, 이 성향의 사람은 사람과의 인간관계를 중요시하며, 남들의 시선을 받는 것을 좋아해서 사람들 앞에 서는 것을 즐겨 한다. 그리고 감동을 주는 일을 잘하며(Influencing), 언변에 재주가 있어 설득력 있으며(Inducing), 흥미롭고 재미있는 일을 좋아하며(Interested), 즉흥적(impromptu)이다.

1) **성격** : 매우 밝은 성격을 가지고 있어 낙천적이며 열정적이다.

2) **성향** : 사람을 도우려는 성향이 강하며, 새로운 도전을 좋아한다.

3) **판단 기준** : 좋은 인간관계

4) **장점**
   - 융통성이 많아 유연하다.
   - 일에 대처하는 능력이 뛰어나다.
   - 재미있게 말하기를 좋아한다.
   - 사람을 좋아하기 때문에 모르는 사람에게도 쉽게 다가간다.
   - 쉽게 사람을 사귄다.
   - 다른 사람을 행복하고 즐겁게 해주고자 노력한다.

5) **단점**
   - 사람에게 거부당하는 것을 참기 어렵다.
   - 즉흥적이라 실수를 할 수 있다.

6) **관련 직업** : 외교관, 상품 기획자, 호텔 지배인, 경영 컨설턴트, 항공기 승무원, 파티 기획자, 마케팅 책임자, 보험 설계사, 번역 통역가, 여행 컨설턴트, 의사, 간호사, 수의사, 약사, 물리 치료사, 놀이 치료사, 헬스 트레이너, 피트니스 강사

가. ID 설득형

1) **성격** : 사람을 신뢰하며, 열정적이다.

2) **성향** : 권위를 가지려고 하고 명성을 높이려고 한다.

3) 장점
- 사람에게 우호적이고 솔직하다.
- 개방적으로 받아들인다.
- 뛰어난 언변 능력이 있다.
- 설득을 잘한다.
- 책임을 위임한다.
- 침착하고 자신감이 있다.

4) 단점
- 지나치게 열정적이고 낙관적이다.
- 지나치게 설득하려 한다.
- 쉽게 설득당한다.

나. IS 격려자형

1) **성격** : 사교적이며, 사람을 도와주려고 한다.

2) **성향** : 따뜻하고 사교적이며 다정하다.

3) 장점
- 사람과 쉽게 사귄다.
- 사람들과 좋은 관계를 유지한다.
- 남과 공감을 잘한다.
- 주저하지 않고 어려움에 처한 사람들 편에 선다.
- 다른 사람을 배려한다.

4) 단점
- 지나치게 남을 포용하고 배려한다.
- 사람의 좋은 면만을 보려는 성향이 강하다.

4. S(Steadiness) 안정형

일반적으로 30%의 사람이 S유형에 해당하며, 이 유형은 감미로운 분위기를 좋아하며(Sweet), 한결같은 마음을 가지고 있으며(Steady), 안정적인 것을 좋아하고 불안한 상황을 싫어한다(Stable). 그리고 수줍음을 많이 타고(Shy), 예민하면서(Sensitive) 마음이 부드럽다.

1) **성격** : 현재 상황을 유지하면서 안정적인 것을 좋아한다.

2) **성향** : 예술적인 감성이 발달된 성향이다.

3) **판단 기준** : 안정적인 생활

4) **장점**
   - 따뜻한 성품에 어울리게 분위기를 좋아한다.
   - 조직에 속해 있는 것을 좋아한다.
   - 감수성이 예민하게 발달되어 있다.
   - 예술적인 부분을 표현하기를 좋아한다.
   - 도구를 사용하는 일에 탁월함을 가지고 있다.

5) **단점**
   - 조직을 떠나서 살기가 어렵다.
   - 환경의 변화를 원치 않는다.
   - 자신이 해 오던 일을 바꾸지 않는다.
   - 한 우물만 파려고 한다.

6) **관련 직업** : 공무원, 공기업, 회사원, 세무사, 법무사, 행정사, 전문직, 교사, 심리상담사, 자원봉사자, 멘토

가. SI 조언자형

1) **성격** : 태평스럽고 느긋하며 대세를 따라간다.

2) **성향** : 조화로운 관계를 유지하려고 애쓴다.

3) 장점
- 팀을 구성해 일하기를 좋아한다,
- 상대방을 존중한다.
- 어려움에 처한 사람들의 이야기를 끈기 있게 들어준다.
- 상대를 판단하지 않고 그 사람의 심정을 이해해 준다.
- 갈등을 만들지 않으려고 한다.

4) 단점
- 타인을 우선시하여 손해를 보는 경우가 있다.
- 지나치게 수동적이 될 수 있다.

나. SC 관리자형

1) **성격** : 자신 관리를 잘한다.

2) **성향** : 자신을 관리하면서 심리적인 안정감을 가지려 한다.

3) 장점
- 일을 일관성 있게 처리한다.
- 겸손해서 자신의 능력을 자랑하지 않는다.
- 모든 일을 합리적으로 해결하려고 한다.
- 내적으로 풍요로운 삶을 영위하려고 한다.

4) 단점
- 빠르게 변하는 환경보다는 차분한 환경을 선호한다.
- 고정관념을 가질 수 있다.
- 대립하는 것을 싫어해서 쉽게 포기하기 쉽다.

5. C(Conscientiousness) 신중형

일반적으로 가장 많은 40%의 사람이 C유형에 해당하며, 이 유형은 모든 일에 신중하며(Cautious), 논리적이고 계산적인 사람이며(Calculation), 유능한 사람이다. 예의 바르고 원리 원칙주의자로 명확한 기준을 가지고 있다. 그러나 예민하고 감정 표현이 서툴고 심문하는 느낌을 주는 단점을 가지고 있다.

1) **성격** : 모든 일에 조심성을 가지고 신중하게 처리한다.

2) **성향** : 모든 일에 대해서 분석적, 계획적으로 처리한다.

3) **판단 기준** : 정확한 자료나 정보

4) **장점**
   - 모든 것을 분석하기를 좋아한다.
   - 모든 일을 신중하게 처리해서 실패할 일이 적다.
   - 신중하게 문제를 파악하고 방법을 제시한다.
   - 자기 성찰을 잘한다.

5) **단점**
   - 생각이 많아 결정이 어렵다.
   - 결정하는데 시간이 많이 걸린다.

6) **관련 직업** : 리더, 지도자, 의사, 법관, 회계사, 세무사, 학자, 교수

가. CD 설계자형
1) **성격** : 매사에 정확성을 기한다.

2) **성향** : 눈에 보이는 결과를 도출하는 데 초점을 맞춘다.

3) **장점**
   - 기획을 잘한다.
   - 좋은 결과를 내려고 노력한다.
   - 모든 것을 객관적으로 설명하려고 한다.

4) 단점

- 중대한 결정을 내리는 데 어려움이 있다.
- 냉정하고 불친절하게 보인다.
- 자신의 감정 표현을 꺼린다.
- 자신의 성격으로 스트레스를 받기도 한다.

나. CIS 중재자형

1) **성격** : 관대함과 포용력을 가지고 있다.

2) **성향** : 타인의 호의를 잘 받아들이며, 타인에게 좋은 사람으로 인식되기를 원한다.

3) 장점

- 타인에 대해 이해를 잘한다.
- 동료나 부하에게 도움이 되는 환경을 조성한다.
- 업무환경을 조화롭게 만든다.
- 봉사 정신이 투철하다.

4) 단점

- 타인의 적대적 행위를 거부한다.
- 타인과 의견 차이가 생기면 힘들어한다.
- 갈등이 생기면 고통스러워한다.

제3장
종로구 여행

1. 종로구의 특징

　종로는 조선의 건국 이후 한양 천도와 함께 오늘날까지 약 600여 년 동안 서울의 중심부로 행정의 심장부로서 중요한 역할을 담당해 오고 있다. 1394년 10월에 조선왕조가 한양에 천도한 이후 600여 년 동안 우리 민족과 함께 영고성쇠를 말없이 지켜온 북악산, 인왕산이 있고, 조선 왕조를 대표하는 경복궁, 창덕궁, 창경궁, 종묘, 사직단, 동대문 등 수없이 많은 문화유산과 요즘 핫플레이스로 떠오른 북촌은 우리 고유의 전통 한옥이 잘 보존되어 전통미와 현대미가 조화를 이루며 공존하고 있는 자랑스러운 곳이다.
　종로라는 명칭은 지금의 종로1가에 도성문(都成門)의 개폐(開閉)시각을 알려주는 큰 종을 매달았던 종루(鐘樓)에서부터 비롯되었으며 1943년 4월 1일 종루가 있는 거리라는 뜻으로 종로구가 되었다.
　종로구는 수도 서울특별시의 중심인 정치 1번지로 청와대와 정부서울청사와 광화문광장이 있어 정치적 상징성과 중요성이 있는 곳이다. 행정안전부의 행정구역 코드상으로 대한민국의 모든 기초자치단체 중 선두에 서 있는 곳이다. 중앙선거관리위원회에서 선거 결과를 발표할 때도 이 순서에 맞춰서 부른다.
　종로구에는 청와대, 국무총리 관저, 헌법재판소, 정부서울청사, 감사원 등을 비롯해 외교부, 통일부, 서울경찰청 등 정부 기관들, 각 국가들의 대사관이 밀집해 있다는 것만으로도 이미 대한민국의 정치, 사회적 중심지인 것은 틀림없다.
　종로구에는 젊음의 열기가 가득한 대학로에서 예술, 공연, 치유를 즐길 수 있다. 그리고 갤러리이앙, 갤러리정미소, 동숭갤러리, 목금토갤러리, 샘터갤러리, 아르코미술관 등에서 예술가들의 정취를 흠뻑 느껴볼 수 있다.
　또한 서울의 명소인 청계천 길을 걸으면서 고즈넉한 모습과 세련된 서울이 섞여 있어 매력적인 곳이라 색다른 데이트를 즐길 수 있다. 또한, 광장시장, 동대문 시장, 동문시장, 충신시장, 흥인시장에서 서민의 삶을 체험하면서 지역을 대표하는 음식들을 만날 수 있다.
　종로구에서 성격 유형별로 여행지를 추천하면 다음과 같다.

〈표〉 성격 유형별 종로구 여행지(25)

여행지	DISC 유형	MBTI 유형
북촌	주도형(D), 신중형(C)	ENTJ, ENFP, ISTP, ISTJ, INFJ
국립민속박물관	주도형(D), 신중형(C)	ENTJ, ENFP, ISTP, ISTJ
국립현대미술관(서울관)	주도형(D), 신중형(C)	ENTJ, ENFP, ISTP, ISTJ
부엉이박물관	주도형(D), 신중형(C)	ENTJ, ENFP, ISTP, ISTJ
북촌동양문화박물관	주도형(D), 신중형(C)	ENTJ, ENFP, ISTP, ISTJ
북촌박물관	주도형(D), 신중형(C)	ENTJ, ENFP, ISTP, ISTJ
북촌생활사박물관	주도형(D), 신중형(C)	ENTJ, ENFP, ISTP, ISTJ
서울교육박물관	주도형(D), 신중형(C)	ENTJ, ENFP, ISTP, ISTJ
세계장신구박물관	주도형(D), 신중형(C)	ENTJ, ENFP, ISTP, ISTJ
숭례문	주도형(D), 신중형(C)	ENTJ, ENFP, ISTP, ISTJ , ESFP
광화문	주도형(D), 신중형(C)	ENTJ, ENFP, ISTP, ISTJ , ESFP
경복궁	주도형(D), 신중형(C), 사교형(I)	ENTJ, ENFP, ISTP, ISTJ, ESFP
동대문	주도형(D), 신중형(C)	ENTJ, ENFP, ISTP, ISTJ, ESFP
인사동 문화의 거리	주도형(D), 신중형(C)	ENTJ, ENFP, ISTP, ISTJ, ESTP
청계천	주도형(D), 안정형(S)	ENTJ, ENFP, ISTP, ISTJ, INFP, ISFP
대학로 문화지구	주도형(D), 신중형(C)	ENTJ, ENFP, ISTP, ISTJ, ESTP
청와대	주도형(D), 안정형(S)	ENTJ, ENFP, ISTP, ISTJ, INFP, ISFP
청와대 사랑채	주도형(D), 안정형(S)	ENTJ, ENFP, ISTP, ISTJ, INFP, ISFP
대한민국역사박물관	주도형(D), 신중형(C)	ENTJ, ENFP, ISTP, ISTJ, ESFP
서울역사박물관	주도형(D), 안정형(S)	ENTJ, ENFP, ISTP, ISTJ, ESFP
경찰박물관	주도형(D), 안정형(S)	ENTJ, ENFP, ISTP, ISTJ, ESFP
창덕궁	주도형(D), 신중형(C), 사교형(I)	ENTJ, ENFP, ISTP, ISTJ, ESFP
창경궁	주도형(D), 신중형(C), 사교형(I)	ENTJ, ENFP, ISTP, ISTJ, ESFP
종묘	주도형(D), 신중형(C), 사교형(I)	ENTJ, ENFP, ISTP, ISTJ, ESFP
운현궁	주도형(D), 신중형(C)	ENTJ, ENFP, ISTP, ISTJ, ESFP

북촌
역사가 살아 숨쉬는 핫플레이스

북촌은 조선시대의 수도 한양의 중심에 자리 잡은 곳이다. 한양의 도성은 동서남북이 낙타, 인왕, 북악과 목멱의 네 개의 산으로 둘러싸여 이 능선을 따라 성곽이 둘러싸여 있다.

북촌에서 꼭 가봐야 할 길은 삼청동길, 계동길, 창덕궁길, 감고당길 등이 있다. 마치 조선시대로 여행하는 것 같은 느낌을 주는 한옥들로 구성된 훌륭한 경관을 자랑하는 종로의 대표적인 한옥마을이 되었다. 역사적인 가치와 함께 다양한 체험이 준비되어 가족과 함께 가면 행복한 시간을 경험할 수 있다.

- 입장료 : 무료
- 관람 시간 : 연중무휴
- 주소 : 서울 종로구 계동길 37
- 지하철 : 안국역 2번 출구에서 486m
- DISC 유형 : 주도형(D), 신중형(C)
- MBTI 유형 : ENTJ, ENFP, ISTP, ISTJ, INFJ

국립민속박물관
역사가 살아 숨쉬는 살아 있는 교육의 터전

국립민속박물관은 종로구 삼청로 경복궁 내에 위치한 민속 박물관으로 우리 민족 고유의 생활양식·풍속 및 관습을 조사·연구하며, 생활 민속 유물을 수집·보존하며 더 나아가 이를 전시하고 있다. 한국인의 하루, 한국인의 일년, 한국인의 일생 등 3개의 상설전시실과 야외전시장을 운영하고 있다.

이와 함께 연 4회 이상의 기획·특별전을 개최하여 한국인 생활문화의 폭넓은 이해에 이바지하고 있다. 어린이 박물관이 있어서 가족과 함께 관람할 수 있으며, 특히 어린이를 위한 다양한 프로그램이 개설되어 가족과 함께 가면 유익하면서 교육적인 여행을 할 수 있다.

- 입장료 : 무료
- 관람 시간 : 3월~10월 : 09:00~18:00
  11월~2월 : 09:00~17:00
  주말·공휴일 : 09:00~17:00
- 입장 시간: 관람 종료 1시간 전까지
- 주소 : 서울 종로구 삼청로 37
- 지하철 : 안국역 2번 출구에서 784m
- DISC 유형 : 주도형(D), 신중형(C)
- MBTI 유형 : ENTJ, ENFP, ISTP, ISTJ

국립현대미술관(서울관)
생동하는 예술적 감흥을 깨워주는 미술관

국립현대미술관 서울관은 민현준 건축가에 의해 설계되어 문화의 거리 삼청로에 2013년 11월 개관하였다. 서울관 부지는 조선시대 소격서, 종친부, 규장각, 사간원이 있던 자리다.

많은 미술작품을 전시하고 있으며 미술 관련 강좌 프로그램 등이 운영되기도 한다. 기존 과천관의 부족한 접근성과 규모가 너무 작은 덕수궁관으로 인해 지적받은 문제점을 고려하여 서울 도심 한복판에 야심차게 준비하여 많은 미술작품과 수시로 특별전으로 보기 어려운 작품들을 볼 수 있다.

- 입장료 : 4,000원
※ 24세 이하 또는 65세 이상, 장애인 등 무료
- 관람 시간 : 오전 10시~오후 6시
  수, 토요일 : 오전 10시~저녁 9시
  (야간 개장 오후 6시~ 9시 무료)
◆ 주소 : 서울 종로구 삼청로 30
◆ 지하철 : 안국역 1번 출구에서 759m
- DISC 유형 : 주도형(D), 신중형(C)
- MBTI 유형 : ENTJ, ENFP, ISTP, ISTJ

부엉이박물관
지혜의 상징 부엉이를 주제로 한 엔틱 박물관

부엉이 미술&공예 박물관은 부엉이를 주 주제로 하여 서울의 북촌에서 수집한 미술품, 공예품으로 꾸며놓은 개인이 만든 박물관으로서 우리 근대 생활 물건들을 볼 수 있는 박물관이다.
조금은 촌스럽고 유치하고 그러면서도 한없이 정겨운 우리네 옛 생활 물건들을 가정집 같은 전시관 안에 아무런 칸막이 없이 아기자기하게 모아 놓았다.

- 입장료 : 대인 5,000원/ 중. 고등학생 4,000원/ 3세 이상~초등학생 3,000원
- 관람 시간 : 10~3월 : 10:00~18:00
  4~9월 휴일 : 10:00~19:00
  매주 월요일 (단, 공휴일인 경우 개관)
◆ 주소 : 서울 종로구 북촌로 143
◆ 지하철 : 안국역 2번출구에서 02번 마을버스 이용 감사원 앞에서 하차
- DISC 유형 : 주도형(D), 신중형(C)
- MBTI 유형 :ENTJ, ENFP, ISTP, ISTJ

북촌동양문화박물관
세종시대 효자이며 청백 맹사성 대감

북촌한옥마을에 있는 사설 박물관이다. 설립자 권영두 관장이 30년 동안 각별한 애정을 가지고 수집, 소장한 한국 및 아시아 문화 예술품을 기반으로 설립되었다.
북촌동양문화박물관은 조선 세종 시대 효자이며 청백리요 대학자였던 고불 맹사성 대감이 사시던 집터에 위치하고 있어 역사적 의미가 남다르며, 또한 북촌한옥마을 내 제일 높은 곳에 위치하고 있어 서울의 내사산과 서울 도성, 경복궁을 한눈에 내려다 볼 수 있는 명소다.
전시 공간으로는 고불서당, 차문화관, 3전시실이 있으며 북촌 최고의 전망대, 전통 정원이 있다.

- 입장료 : 5,000원(음료 한잔 제공)
- 개관 시간: 오전 10:30~오후 7:00
- 입장 시간: 관람 종료 1시간 전까지
- 주소 : 서울 종로구 북촌로11길 76
- 지하철 : 안국역 2번 출구에서 904m
- DISC 유형 : 주도형(D), 신중형(C)
- MBTI 유형 : ENTJ, ENFP, ISTP, ISTJ

북촌박물관
조선시대 목가구의 격조와 문방 문화

북촌박물관은 우리의 문화자산을 인문학적 접근을 통해 과거와 소통하고, 바람직한 미래를 열어가는데 이바지 하고자 시작되었다. 북촌박물관은 역사의 흐름 속에서 알게 모르게 우리의 생활 속에 이어져 온, 유. 무형의 문화자산을 전시하고 옛것이 지닌 미의식의 가치를 보여주고 있다.

- 입장료 : 3,000원
- 관람 시간 : 10:00~18:00
                    4~9월 휴일 : 10:00~19:00
- 휴무 : 매주 일요일
- 주소 : 서울 종로구 북촌로 39
- 지하철 : 안국역 2번 출구에서 398m
- DISC 유형 : 주도형(D), 신중형(C)
- MBTI 유형 : ENTJ, ENFP, ISTP, ISTJ

북촌생활사박물관
근대의 생활상을 체험할 수 있는 박물관

서울의 북촌에서 수집한 우리 근대 생활물건들을 전시하고 있는 박물관이다. 박물관은 고물들이 있는 전시관과 체험학습관의 두 공간으로 나뉘어져 새로운 개념의 열린 박물관을 표방하고 있다.

전시관에는 미련 없이 내다 버리는 산업화의 시류 속에서 용케 살아남은, 궁핍한 시절 조악하게 만들어졌을지언정 우리네 지나온 삶의 진솔한 증거이자 오롯한 추억인 우리 옛 생활물건 8천여점을 소장하고 있는데, 전시된 모든 물건들을 관람자가 직접 손으로 만져 볼 수 있다.

- 입장료 · 일반/ 학생: 3,000원
- 관람 시간 : 오전 10시~오후 7시 (3월~10월)
            오전 11시~오후 6시 (11월~2월)
- 주소 : 서울시 종로구 삼청동 35-177
- 지하철 : 광화문역 2번출구 교보빌딩 앞 버스정류장에서 11번 마을버스 이용 10분 거리(삼청동사무소 앞 하차 후 돌 계단길 이용)
- DISC 유형 : 주도형(D), 신중형(C)
- MBTI 유형 : ENTJ, ENFP, ISTP, ISTJ

서울교육박물관
서울교육의 역사와 문화를 볼 수 있는 박물관

서울교육박물관은 우리나라 교육을 선도하는 서울교육의 역사와 문화에 관련된 교육유물을 전시하기 위해 1995년 교육박물관으로 개관하였다. 상설전시실과 특별전시실로 구성되어 있다. 특히 상설전시실에는 삼국시대. 고려시대, 조선시대. 개화기. 일제강점기의 교육받는 모습을 통해 요즘의 학생들에게는 우리 조상들의 교육에 대한 열정과 삶의 지혜, 의지를 느낄 수 있는 색다른 경험을 할 수 있다.

- 입장료 : 무료
- 관람 시간 : 09:00~18:00 (토/ 일 09:00~17:00)
- 주소 : 서울 종로구 북촌로5길 48 정독도서관
- 지하철 : 안국역 2번 출구에서 398m
- DISC 유형 : 주도형(D), 신중형(C)
- MBTI 유형 : ENTJ, ENFP, ISTP, ISTJ

세계장신구박물관
장신구를 통해 민족 역사와 예술을 보여주는 곳

북촌 심장부에 위치한 세계장신구 박물관은 시인이자 수필가인 이강원 관장이 외교관의 아내로 브라질, 에티오피아, 독일, 콜롬비아 등 9개국에서 살았던 삶의 기록이자 다양한 민족의 역사와 세월의 힘이 배어있는 전통 장신구 1000여 점이 소장되어 있다.

세계 어디에서도 찾아보기 힘든 전통 장신구의 집결지라는 의미가 있으며, 소장품은 아홉 개의 테마별로 나누어 전시, 북촌의 오밀조밀한 골목길을 건물 안으로 끌어들여 또 다른 재미를 연출하고 있다. 장신구 여행을 끝낸 뒤의 뿌듯함은 세계 곳곳의 앤티크 장신구와 박물관 소장품 복

제품이 기다리고 있다.

- 입장료 : 일반: 10,000원/ 학생: 5,000원/ 7세 미만 어린이: 5,000원/ 단체(20인 이상): 5,000원
- 관람 시간 : 오전 10시~오후 6시
- 주소 : 서울 종로구 북촌로 5나길2
- 지하철 : 안국역 1번 출구, 도보로 10분
- DISC 유형 : 주도형(D), 신중형(C)
- MBTI 유형 : ENTJ, ENFP, ISTP, ISTJ

숭례문
국보 1호

숭례문은 조선시대 도성을 둘러싸고 있던 성곽의 정문으로, 일명 남대문(南大門)이라고도 하는데, 서울 도성의 사대문 가운데 남쪽에 있기 때문에 붙여진 이름이다.

1962년 12월 20일에 국보 제1호로 지정되었고, 문화재청 숭례문 관리소에서 관리하고 있다. 그러나 아쉽게도 2008년 2월 10일 오후 8시 40분쯤에 방화로 인해 발생한 화재로 2층 누각의

90%, 1층 누각의 10% 정도가 소실되었다. 이후 2010년 2월에 숭례문복구공사를 시작한 이래 2013년에 완공되어 시민에게 공개되었다.
- 입장료 : 무료
- 관람 시간 : 연중무휴
- 주소 : 서울 중구 세종대로 40
- 지하철 : 서울역 4번 출구에서 256m
- DISC 유형 : 주도형(D), 신중형(C)
- MBTI 유형 : ENTJ, ENFP, ISTP, ISTJ, ESFP

광화문
서울의 상징이자 경북궁의 정문

1395년(태조 4년) 9월에 창건되어 정도전에 의해 사정문(四正門)으로 명명되었고 오문(午門)으로 불리기도 하였다. 그러다가 1425년(세종 7년) 집현전 학사들이 광화문이라고 바꾸었다.

광화문은 석축기단에 3개의 홍예문를 만들고 그 위에 정면 3칸의 중층우진각 지붕으로 된 목조 문루를 세웠다. 경복궁은 명실상부한 서울특별시, 더 나아가 대한민국의 중심지라 할 수 있다. 바로 앞에는 500년 동안 조선왕조의 정궁이었던 경복궁이 있고, 그 뒤에는 청와대, 그리고 광화문광장과 광화문 앞에는 정부서울청사가 위치해 있다.

- 입장료 : 무료
- 관람 시간 : 연중무휴
- 주소 : 서울 종로구 효자로 12
- 지하철 : 경복궁역 4번 출구에서 366m

- DISC 유형 : 주도형(D), 신중형(C)
- MBTI 유형 : ENTJ, ENFP, ISTP, ISTJ, ESFP

경복궁
조선의 법궁이자 가장 대표적인 궁궐

조선시대의 궁궐 중 하나이자 조선의 정궁, 법궁이다. 사적 제117호로 지정받았다. 태조가 조선을 건국하그 한양 천도를 단행하면서 조선 시대에 가장 먼저 지은 궁궐이다.

임진왜란 때 소실된 이후 그 자리만 출입이 금지된 채 200여년 동안 재건되지 못하다가 흥선대원군이 재건해 지금까지 전해오고 있다. 당대에도 국가의 중심 거리였기 때문에 육조 거리는 지금의 세종대로의 폭과 거의 같은 크기로 조성되었다. 현재 세종대로 중앙에는 광화문광장이 있다. 주변에는 청와대, 헌법재판소, 정부서울청사, 주한미국대사관, 세종문화회관 등이 있으며, 인사동 거리도 경복궁에서 꽤 가깝다.

- 입장료 : 대인(만25세~만64세) 3,000원
- 관람 시간 : 매일 09:00~18:00 화요일 휴무
  야간개장 : 19:00~21:20(20:30입장마감)
- 주소 : 서울 종로구 사직로 161 경복궁
- 지하철 : 경복궁역 4번 출구에서 224m
- DISC 우형 : 주도형(D), 신중형(C), 사교형(I)
- MBTI 유형 : ENTJ, ENFP, ISTP, ISTJ, ESFP

동대문
한양 동쪽의 정문

동아시아 유교식 도성제에 따라 지은 나성의 동쪽 대문을 이른다. 동대문, 서대문, 남대문, 북대문 중 하나이다. 서울 도성에 딸린 8문 중의 하나로서 서울 도성 정동(正東)쪽에 있으며 원래의 이름은 흥인지문(興仁之門)이다. 하지만 일반적으로 동대문이라고 부른다. 1963년 1월 21일에 보물로 지정되었다.

- 입장료 : 무료
- 관람 시간 : 연중무휴
- 주소 : 서울 종로구 종로 288 흥인지문
- 지하철 : 동대문역 9번 출구에서 74m
- DISC 유형 : 주도형(D), 신중형(C)
- MBTI 유형 : ENTJ, ENFP, ISTP, ISTJ, ESFP

인사동 문화의 거리
현대와 과거가 교차되는 예술 지역

인사동은 도심 속에서 낡지만 귀중한 전통의 물건들이 교류되는 소중한 공간이다. 인사동에는 큰 대로를 중심으로 사이사이 골목들이 미로처럼 얽혀 있다. 이 미로 속에는 화랑, 전통공예점, 고미술점, 전통찻집, 전통음식점, 카페 등이 밀집되어 있다.

특히 인사동의 가게들은 저마다의 독특한 멋으로 젊은이들은 물론 중년층에게까지 매우 인기가 많다. 그중에서도 화랑은 인사동의 맥을 이어온 중심이다. 이곳에는 100여 개의 화랑이 밀집되어 있는데 한국화에서 판화, 조각전까지 다양한 전시회를 감상할 수 있다. 대표적인 화랑으로는 민중미술의 중심 역할을 했던 학고재, 재능있는 작가들의 터전이 되었던 가나화랑, 가나아트센터 등이 있다. 만약 인사동의 유명한 화랑만을 골라서 편하게 구경하고 싶다면 미술관 순환버스를 이용해보자. 저렴한 가격으로 유명 화랑 10여 곳을 둘러볼 수 있다.

- 입장료 : 무료
- 관람 시간 : 연중무휴
- 주소 : 서울 종로구 인사동
- 지하철 : 안국역 6번 출구에서 329m
- DISC 유형 : 주도형(D), 신중형(C)
- MBTI 유형 : ENTJ, ENFP, ISTP, ISTJ, ESTP

청계천
서울의 랜드마크가 된 청계천

길이 10. 84km, 유역면적 59. 83㎢이다. 북악산·인왕산·남산 등으로 둘러싸인 서울 분지의 모든 물이 여기에 모여 동쪽으로 흐르다가 왕십리 밖 살곶이다리 근처에서 중랑천(中浪川)과 합쳐 서쪽으로 흐름을 바꾸어 한강으로 빠진다. 본래의 명칭은 개천이었다.

2003년 7월 1일 3,800억을 들여 청계천 복원 사업을 실시하여 약 5. 84km의 구간을 2005년 9월 30일에 완공하였다. 청계천 복원사업은 애물단지였던 청계 고가를 허물고 복원을 통해 시민들에게 도심 내의 휴식 공간을 제공하고 새로운 관광 명소를 만들었다는 데서 긍정적인 측면이 있다. 청계천 복원 사업에 대해 해외에서는 상당히 좋은 평을 받고 있으며, 내셔널 지오그래픽에서도 성공적인 도시 공원의 예로 등장했다. 서울에는 한강이 있지만, 서울 구도심에는 다른 나라의 수도에는 있는 고만고만한 하천이 보이지 않다가 생긴 셈이니 랜드마크가 되었다. 실제로 청계천 개장 후 2005년부터 2015년까지 10년간 약 1억 9천만명의 내외국인이 방문하였다.

- 입장료 : 무료
- 관람 시간 : 연중무휴
- 주소 : 서울 종로구 창신동
- 지하철 : 동대문역 9번 출구에서 74m
- DISC 유형 : 주도형(D), 안정형(S)
- MBTI 유형 : ENTJ, ENFP, ISTP, ISTJ, INFP, ISFP

대학로 문화지구
빛나는 청춘을 더욱 뜨겁게 만드는 곳

'대학로'라는 이름에서부터 느껴지는 것처럼 젊음의 열기가 가득한 이곳은 대한민국의 예술, 공연, 자유 등을 대표하는 문화 집결지라 할 수 있다. 대학로가 젊은이들에게 이처럼 아낌없는 사랑을 받았던 것은 서울대학교 문리대와 법대가 자리한 시절부터이다. 서울대학교 학생들을 중심으로 주변 대학 학생들과 젊은이들이 모여들었고, 자연스럽게 다른 어떤 장소와도 비교 불가한 대학로만의 개성을 만들어갔다.

1975년 서울대학교는 관악산 아래로 캠퍼스를 이전했다. 그러나 그 자리에는 아름드리 마로니에 나무가 있어 '마로니에공원'이라 이름 붙은 공원이 조성되었다. 이후 젊은이들과 방문자들을 위한 연극, 뮤지컬 등의 문화시설들이 하나둘 들어서게 되면서 비로소 오늘날의 대학로가 완성된다. 지금도 대학로에는 젊음과 낭만이 넘쳐흐른다.

서울시는 1985년 5월 대학로를 '문화예술의 거리'로, 인사동에 이어 두 번째로 2004년에 '문화지구'에 지정했다. 문화지구는 문화자원이 밀집된 장소를 선별해 시장뿐 아니라 정부 차원에서도 보호하고 관리할 필요성을 느껴 선정한다. 대학로의 공연 예술을 활성화시키고 방문객을 늘리면서도 상업 관련 시설이 주가 되는 것은 지양하고 소극장 및 문화 시설을 보호하기 위함이다.

- 입장료 : 무료
- 관람 시간 : 연중무휴
- 주소 : 서울 종로구 동숭동
- 지하철 : 혜화역 1번 출구에서 204m
- DISC 유형 : 주도형(D), 신중형(C)
- MBTI 유형 : ENTJ, ENFP, ISTP, ISTJ, ESTP

청와대
역대 대통령들이 거주하면서 업무를 보던 곳

2022년 5월 10일부터 청와대가 완전 개방되었다. 1948년 8월 15일 대한민국 정부가 수립된 뒤 이승만 대통령 내외는 이화장에서 일제 총독 관저였던 경무대로 거처를 옮겼다. 경무대는 제4대 윤보선 전 대통령 시절부터 '청와대' 라는 지금의 이름을 가지게 되었고 오늘날까지 푸른 기와의 청와대로 불리고 있다. 청와대 관람은 역대 대통령이 거주하면서 업무를 보았던 청와대 본관과 영빈관을 비롯해, 사계절 아름다운 풍경을 자랑하는 녹지원과 상춘재까지 모두 개방되었다.

- 입장료 : 무료
- 관람 시간 : 오전 7시~오후 19시
- 주소 : 서울 종로구 청와대로 1
- 지하철 : 경복궁역 3번 출구에서 986m
- DISC 유형 : 주도형(D), 안정형(S)
- MBTI 유형 : ENTJ, ENFP, ISTP, ISTJ, INFP, ISFP

청와대 사랑채
역대 대통령의 발자취

2022년 5월 10일부터 청와대가 완전 개방되었다. 이전까지는 역대 대통령이 거주하면서 업무를 보았던 청와대 본관과 영빈관을 비롯해, 사계절 아름다운 풍경을 자랑하는 녹지원과 상춘재까지 모두 개방되었다. 청와대 및 역대 대통령의 발자취를 이해할 수 있는 종합 관광 홍보관이다. 1층은 한국관광전시관·기념품점·쉼터로, 2층은 청와대관·국민소통체험관으로 구성되어 있다.

- 입장료 : 무료
- 관람 시간 : 오전 9시~오후 6시 (입장은 5시 30분까지)/ 1월 1일과 매주 월요일은 휴관
- 주소 : 서울 종로구 효자로13길 45
- 지하철 : 경복궁역 3번 출구에서 975m
- DISC 유형 : 주도형(D), 안정형(S)
- MBTI 유형 : ENTJ, ENFP, ISTP, ISTJ, INFP, ISFP

대한민국역사박물관
한국 근현대사를 담은 대한민국역사박물관

19세기 말 개항기부터 오늘날까지의 대한민국의 행보를 기록한 박물관으로, 2012년 12월 26일에 개관한 최초의 국립 근현대사박물관이다. 박물관은 고난과 역경을 딛고 발전한 대한민국의 역사를 전시, 교육, 조사,연구, 자료의 수집을 통해 국민과 공유하고자 설립되었다.

박물관은 대한민국의 역사를 시대별로 4개의 전시실로 나누어 설명하고 있다. 제1전시실에서는 '대한민국의 태동', 제2전시실에서는 '대한민국의 기초 확립', 제3전시실에서는 '대한민국의 성장과 발전', 그리고 제4전시실에서는 '대한민국의 선진화, 세계로의 도약' 을 주제로 전시가 구성되어 있다.

1층에 위치한 어린이 체험전시실 '우리역사 보물창고'에서는 어린이가 직접 체험하면서 근현대사를 배울 수 있다. 또한 3층 기획전시실에서는 근현대사 전반에 걸친 다양한 주제의 특별전시를 통해 대한민국 근현대사에 대한 심층적인 내용을 살펴볼 수 있다. 이 밖에도 다양한 교육프로그램과 문화행사도 운영하고 있다.

람을 목적으로 하지 않더라도 관람객이 자유롭게 박물관에서 휴식할 수 있는 열린 박물관으로서의 역할을 톡톡히 하고 있다.

- 입장료 : 무료
- 관람 시간 : 연중무휴
- 주소 : 서울특별시 종로구 세종대로 198
- 지하철 : 광화문역 2번출구 (약250m)
- DISC 유형 : 주도형(D), 신중형(C)
- MBTI 유형 : ENTJ, ENFP, ISTP, ISTJ, ESFP

- 입장료 : 무료
- 관람 시간 : 오전 9시~오후 6시 (입장은 5시 30분까지)/ 1월 1일과 매주 월요일은 휴관
- 주소 : 서울시 종로구 새문안로 55
- 지하철 : 광화문역 8번출구(400m)
- DISC 유형 : 주도형(D), 안정형(S)
- MBTI 유형 : ENTJ, ENFP, ISTP, ISTJ, ESFP

서울역사박물관
서울의 역사를 여행하는 곳

조선시대를 중심으로 선사시대부터 현재까지 서울의 역사와 문화를 보여주는 흔치 않은 도시 역사박물관이다. 6,100평 부지에 지상 3층으로 건립된 이 곳에 있는 2만여 점의 유물 중 절반에 가까운 9천8백여 점은 시민들로부터 기증받은 것이다.

시민이 만들어 가는 박물관이라는 모토 아래 유물기증운동을 펼친 결과 서울토박이회 등 시민들의 기증 기탁이 이어져 시민들의 기증유물이 전체 소장유물의 절반에 가깝다.

뮤지엄샵, 카페 등의 무료존을 설치하여 전시관

경찰박물관
우리나라 경찰의 역사를 볼 수 있는 곳

2005년에 개관한 경찰박물관은 경찰의 역사를 살펴볼 수 있도록, 각종 관련 유물과 역사적 자료를 수집하여 보존·관리·전시하고 있다.
1995년 8월 11일 경찰창립 50주년을 맞은 경찰이 경찰 관련 사료를 모아 임시 사료관을 열고 자료전시를 시작한 것이 그 기원이다. 같은 해 9

월 1일에는 사료관 시설공사를 시작하고, 경찰청 보관 사료인 유품 180점, 문서 101점, 무기 57점 등 총 436점을 인수하였다.
전시관은 1층 환영의장, 2층 체험의장, 3층 사무공간 및 수장고, 4층 이해의장, 5층 역사의장, 6층 영상관의 테마별로 구성되어 있으며, 5층 역사의장에는 조선시대부터 1980년대 경찰의 복식과 장비가 시대별로 전시되어 있다.

- 입장료 : 무료
- 관람 시간 : 오전 9시~오후 6시
               1월 1일과 매주 월요일은 휴관
◆ 주소 : 서울시 종로구 새문안로 55
◆ 지하철 : 광화문역 8번출구(400m)
- DISC 유형 : 주도형(D), 안정형(S)
- MBTI 유형 : ENTJ, ENFP, ISTP, ISTJ, ESFP

창덕궁
유네스코 문화유산으로 등록된 조선의 궁궐

창덕궁은 북악산 왼쪽 봉우리인 응봉 자락에 자리 잡고 있는 조선의 궁궐이다.
1405년(태종5) 경복궁의 이궁으로 동쪽에 지어진 창덕궁은 이웃한 창경궁과 서로 다른 별개의 용도로 사용되었으나 하나의 궁역을 이루고 있어 조선 시대에는 이 두 궁궐을 형제궁궐이라 하여 동궐이라 불렀다.
1592년(선조25) 임진왜란으로 모든 궁궐이 소실되어 광해군 때에 재건된 창덕궁은 1867년 흥선대원군에 의해 경복궁이 중건되기 전까지 조선의 가장 중심이 되는 법궁(法宮) 역할을 하였다. 또한 조선의 궁궐 중 가장 오랜 기간 동안 임금들이 거처했던 궁궐이다.
경복궁의 주요 건물들이 좌우대칭의 일직선상으로 왕의 권위를 상징한다면 창덕궁은 응봉자락의 지형에 따라 건물을 배치하여 한국 궁궐건축의 비정형적 조형미를 대표하고 있다. 더불어 비원으로 잘 알려진 후원은 각 권역마다 정자, 연못, 괴석이 어우러진 왕실의 후원이다. 현재 남아 있는 조선의 궁궐 중 그 원형이 가장 잘 보존되어 있는 창덕궁은 자연과의 조화로운 배치와 한국의 정서가 담겨있다는 점에서 1997년 유네스코 세계유산으로 등록되었다.

- 입장료 : 3,000원
- 관람 시간 : 2~5월 09:00~18:00(입장마감 17:00)
             6~8월 09:00~18:30(입장마감은 17:30)
             9~10월 09:00~18:00(입장마감은 17:00)
             11~1월 09:00~17:30(입장마감은 16:30)
◆ 주소 : 서울 종로구 율곡로 99
◆ 지하철 : 안국역 3번 출구에서 379m
- DISC 유형 : 주도형(D), 신중형(C), 사교형(I)
- MBTI 유형 : ENTJ, ENFP, ISTP, ISTJ, ESFP

창경궁
여성을 위한 아름다운 궁궐

창경궁은 성종 14년(1483)에 세조비 정희왕후, 예종비 안순왕후, 덕종비(추존왕) 소혜왕후 세분의 대비를 모시기 위해 옛 수강 궁터에 새롭게 창건한 궁이다. 수강궁이란 세종 즉위년 1418년, 세종이 상왕으로 물러난 태종의 거처를 위해서 마련한 궁이다.
창경궁은 창덕궁과 연결되어 동궐이라는 하나의 궁역을 형성하면서, 독립적인 궁궐의 역할을 함과 동시에 창덕궁의 모자란 주거공간을 보충해 주는 역할을 하였다. 성종대 창건된 창경궁은 대화재로 인하여 내전이 소실되었다. 화재에서 살아남은 명정전, 명정문, 홍화문은 17세기 조선시대 건축양식을 보여주며, 정전인 명정전은 조선 왕궁 법전 중에서 가장 오래된 건물이다.

- 입장료 : 1,000원
- 관람 시간 : 09:00 ~21:00/ 월요일은 휴궁일
- 주소 : 서울 종로구 창경궁로 185 창경궁
- 지하철 : 안국역 3번 출구에서 847m
- DISC 유형 : 주도형(D), 신중형(C), 사교형(I)
- MBTI 유형 : ENTJ, ENFP, ISTP, ISTJ, ESFP

종묘
왕과 왕후의 신주를 모신 사당

종묘는 왕과 왕후의 신주를 모신 사당으로 태조 3년(1394) 10월에 조선 왕조가 한양으로 도읍을 옮긴 그해 12월에 착공하여 이듬해(1395) 9월에 완공하였다.
현재 정전에는 19실에 49위, 영녕전에는 16실에 34위의 신주가 모셔져 있고, 정전 뜰앞에 있는 공신당에는 정전에 계신 왕들의 공신 83위가 모셔져 있다.
- 입장료 : 1,000원
- 관람 시간 : 시간제 관람 10:30 11:30 13:30 14:30 15:30
- 주소 : 서울 종로구 종로 157
- 지하철 : 종로3가 하차.
- DISC 유형 : 주도형(D), 신중형(C), 사교형(I)
- MBTI 유형 : ENTJ, ENFP, ISTP, ISTJ, ESFP

운현궁
대원군이 거주했던 궁궐

서울특별시 사적 제257호로서 서울특별시 종로구 삼일대로에 있는 운현궁은 조선조 제26대 임금인 고종의 잠저(潛邸)이며 흥선대원군의 사저이며, 한국 근대사의 유적 중에서 대원군의 정치 활동의 근거지로서 유서 깊은 곳이다. 현재 운현궁 영역에 남아 있는 주요 건물들은 노안당, 노락당, 이로당이 있다.
- 입장료 : 무료
- 관람 시간 : 9:00~19:00/ 입장마감 18:30
- 주소 : 서울특별시 종로구 삼일대로 464
- 지하철 : 안국역 4번 출구
- DISC 유형 : 주도형(D), 신중형(C),
- MBTI 유형 : ENTJ, ENFP, ISTP, ISTJ , ESFP

종로구의 영화 드라마 촬영지

중앙고등학교 [SBS 드라마 그 해 우리는(2022)]
드라마에서는 주인공 최웅과 국연수의 학창 시절 학교로 나오는 장소이다.

세운상가 [TvN 드라마 빈센조(2021)]
드라마 속에서는 지하에 금이 보관된 밀실 촬영지와 금가사람들이 파티를 여는 곳으로 나오는 장소다.

자하문터널 [영화 기생충(2019)]
영화에서는 기택(송강호)가족이 비로 인해 캠핑을 취소하고 돌아오는 길에 비를 피해 집으로 가는길에 지나가는 장소로 표현된다.

감고당길 [TvN 드라마 도깨비(2016)]
드라마 도깨비에서는 김신(공유)과 지은탁(김고은)이 처음 운명처럼 만났던 장소이다.

백인제가옥 [영화 암살(2015)]
가회동 일대의 한옥 12채를 합쳐 널따란 대지에 압록강 흑송을 재료로 지은 당시 최고급 가옥으로 영화 '암살'의 강인국의 집으로 나오는 장소다.

북촌 [MBC 드라마 그녀는 예뻤다(2015)]

운경재단 [MBC 드라마 왔다! 장보리(2014)]
MBC 드라마 왔다! 장보리 속 비술채 건물로 등장하며, MBC 드라마 스캔들 : 매우 충격적이고 부도덕한 사건 속 장태하(박상민 역)의 집으로도 등장한다.

윤동주 시인의 언덕 [MBC 드라마 운명처럼 널 사랑해(2014)]

종로구 맛집

부촌육회
육회가 맛있기로 유명한 한식당
서울특별시 종로구 종로 200-12 02-2267-1831
영업 시간 09:00~23:00/ 쉬는 시간 16:00~17:00
육회/ 산낙지탕탕이/ 육회물회/ 육사시미/ 육회낙지탕탕이

우육면관
우육탕면이 국물이 끝내주는 중식당
서울특별시 종로구 청계천로 75-2 070-4213-5678
영업 시간 11:00~20:00/ 쉬는 시간 14:30~17:30
우육면

스시소라
차원이 다른 스시를 파는 일식당
서울특별시 종로구 종로 19 르메이에르종로타운 B동 B116 B-1호
전화번호 02-733-8400
스시 오마카세

오죽이네
서울특별시 종로구 수표로28길 45 02-741-8874
영업 시간 11:30~22:00/ 수는 시간 월~금: 15:00~16:00
닭매운탕/ 닭매운탕/ 닭매운탕/ 옻매운탕

뚝배기집
서울특별시 종로구 종로13길 12 02-2265-5744
영업 시간 07:00~21:30
우렁된장/ 된장찌개/ 순두부찌개

제4장
중구 여행

1. 중구의 특징

중구는 서울의 심장부로서 경제, 문화, 언론 및 유통의 중추 기능이 집중되어 있고 퇴계로, 을지로, 청계천로, 남대문로, 왕십리길 등의 간선도로가 관통하면서 지하철 1~6호선이 통과하는 교통의 요충지로 주·야간 활동 인구가 가장 많은 지역이다.

620년 역사 도시답게 재래식 가옥과 현대식 고층 빌딩이 혼재하는 독특한 매력이 있으나 도시의 기반 시설이 점차 노후되어 도심 재개발사업 등 지속적인 정비사업이 추진되고 있다. 신당동 및 중림동 일대는 주택재개발사업이 완료되면서 아파트지구가 형성되었다.

또한 남대문 중부 평화시장 등 대형 전통시장과 롯데 신세계 등 대형 백화점과 명동 충무로의 현대식 쇼핑가, 대형 쇼핑몰인 두산타워 밀리오레 등 신·구 유통 시장이 복합적으로 형성되어 서울의 대표적인 상업지역으로 발전하였다.

소공동 북창동 등 중구의 핵심지대는 대기업, 은행 본점 등의 중추 관리기능이 밀집됨으로서 중심 업무 지구의 특성을 나타내고 있고 핵심지역의 외곽도 보험 및 증권회사 등 전문 서비스 지구를 형성하고 있으며 도서 출판과 보도 기능과 같은 서비스 기능도 입지하고 있다. 이와 같이 중구의 중심 지대에는 중추 관리기능이, 간선도로변에는 도심성 소매 활동이 간선도로 후면에는 서비스 활동이 을지로와 청계천에는 기계, 기구, 부속품 등의 판매지역이 서로 연계하여 분포되어 있다.

한편 명동 남산 남대문시장 동대문 패션타운 등 관광 명소가 많아 서울방문 외래관광객의 81%가 찾는 우리나라 대표 관광지로 자리매김하고 있고 이에 따른 숙박 문제 해결을 위해 관광호텔 신설이 활발하게 진행되고 있다.
중구에서 성격 유형별로 여행지를 추천하면 다음과 같다.

⟨표⟩ 성격 유형별 중구 여행지(21)

여행지	DISC 유형	MBTI 유형
광희문	주도형(D), 신중형(C)	ENTJ, ENFP, ISTP, ISTJ
구러시아공사관	주도형(D), 신중형(C)	ENTJ, ENFP, ISTP, ISTJ
남대문시장	신중형(C)	ISTP, ISTJ
남산골 한옥마을	주도형(D)	ENTJ, ENFP
덕수궁	주도형(D), 신중형(C), 사교형(I)	ENTJ, ENFP, ISTP, ISTJ, ESFP
명동성당	신중형(C)	ISTP, ISTJ
문화역 서울284	주도형(D), 신중형(C)	ENTJ, ENFP, ISTP, ESFP
서울로 7017	주도형(D), 안정형(S)	ENFP, ESTJ, INFP
환구단	주도형(D), 신중형(C)	ENTJ, ENFP, ISTP, ESFP
황학동 벼룩시장	안정형(S), 신중형(C)	ISTP, ESTJ, ISTJ
남산공원	주도형(D), 안정형(S)	ENFP, ESTJ, INFP
N서울타워	신중형(C)	ISTP, ISTJ
돈의문 박물관마을	주도형(D), 신중형(C	ENTJ, ENFP, ISTP, ISTJ
백범광장공원	주도형(D), 신중형(C), 사교형(I)	ENTJ, ENFP, ISTP, ISTJ, ISFP, ESFJ
동대문역사문화공원(DDP)	주도형(D), 신중형(C)	ENTJ, ENFP, ISTP, ISTJ
서소문역사공원	주도형(D), 신중형(C)	ENTJ, ENFP, ISTP, ISTJ
서울글로벌문화체험센터	신중형(C)	INTJ, ISTJ
서울남산국악당	신중형(C)	INTJ, ISTJ
장충단공원	주도형(D), 신중형(C)	ENTJ, ENFP, ISTP ,ISTJ
케이스타일허브	신중형(C)	INTJ, ISTJ
한국의집	신중형(C)	INTJ, ISTJ

광희문
소박한 미가 살아 있는 문

국가지정문화재 사적 제10호인 광희문은 서울을 둘러싼 한양도성의 사소문 중에 동남 방향에 있는 성문이다.

광명의 문이라는 뜻의 광희문은 1396년(태조 5) 도성을 건설할 때 도성 사소문 중 하나로 세워졌다. 광희문은 소의문, 혜화문, 창의문과 함께 한양도성의 4소문 중 하나로, 한양도성 땅 중 지대가 낮아 남산의 물이 이 부근을 통과하면서 수구문(水口門)이라 불리기도 하고, 또 다른 이유로 시구문(屍口門)이라고도 하였다.

광희문은 조선시대 한양에서 남쪽 지방으로 내려가는 주요 도로 중 하나로 이용되었고 일본 사신의 도성 출입문이기도 했으며, 당시 외국 사신들은 한양도성 사대문과 사소문 가운데 조선 정부에서 지정해 준 문으로만 출입하도록 제한받았다.

- 입장료 : 무료
- 관람 시간 : 연중무휴
- 주소 : 서울특별시 중구 광희동2가 105
- 지하철 : 동대문역사문화공원역 3번 출구에서 144m
- DISC 유형 : 주도형(D), 신중형(C)
- MBTI 유형 : ENTJ, ENFP, ISTP, ISTJ

구러시아공사관
구한말 역사적 의미가 있는 곳

1890년(고종 27)에 러시아인 사바틴(A. I. Sabatin)이 설계한 르네상스 양식의 건물이다. 본관은 6·25전쟁 대 파괴되었고, 현재는 3층 규모의 탑만이 남아 있다. 고종이 일본의 무력 압박을 피한 아관파천의 현장으로 유명하다.

- 입장료 : 무료
- 관람 시간 : 화~일요일 9:00~17:30/ 휴무 월 동절기(09:00~17:30)/ ()
- 주소 : 서울특별시 중구 정동길 21-18 (정동)
- 지하철 : 서대문역 5번 출구에서 643m
- DISC 유형 : 주도형(D), 신중형(C)
- MBTI 유형 : ENTJ, ENFP, ISTP, ISTJ

남대문시장
생동감이 넘치는 국내 대표 시장

남대문시장은 서울뿐만 아니라 한국을 대표하는 중심 시장이다. 서울 시내 중심가에 위치해서 외국 관광객을 비롯해 하루 40만 명의 사람들이 찾고 있다. 1,700여 종의 물건을 구비하고, 다양한 먹을거리와 함께 판매하고 있다. 남대문시장이라는 이름은 대한민국 국보1호인 남대문(숭례문) 근처에 위치했다고 하여 불려지게 되었다. 남대문시장의 전신은 18세기에 생겨났던 칠패시장으로 당시 서울 상업의 중심지였다. 그때부터 지금까지 남대문시장은 서울의 중심에서 서민들의 희노애락과 함께하고 있다.

- 입장료 : 무료
- 관람 시간 : 연중무휴
- 주소 : 서울특별시 중구 남대문시장4길 21
- 지하철 : 회현역 5번 출구에서 17m
- DISC 유형 : 신중형(C)
- MBTI 유형 : ISTP, ISTJ

남산골 한옥마을
도심 속의 한옥마을

필동 주변은 조선시대만 해도 경관이 뛰어나고 아름다워 삼청동·인왕동·백운동과 함께 한양에서 가장 경치가 좋기로 손꼽히던 곳이다. 1998년 조성된 남산골 한옥마을은 남산 북측 옛 수도방위사령부 부지 총 7만 9,934m² (2만 4,180평)에 서울 각처에 있던 한옥 다섯 가구를 옮겨놓았으며, 전통공예관, 천우각, 전통 정원, 서울남산국악당, 서울천년 타임캡슐광장으로 구성되어 시민과 관광객을 맞이하고 있다.

번화한 도심 한가운데에서 한국 전통문화를 소재로 한 다양한 체험거리를 만나볼 수 있으며, 남산 자락을 따라 전통조경 양식으로 조성된 계곡과 정자, 각종 화초가 만들어 내는 아름다운 풍경을 만나볼 수 있다.

- 입장료 : 무료
- 관람 시간 : 09:00~21:00
- 주소 : 서울특별시 중구 퇴계로 34길 28
- 지하철 : 충무로역 4번 출구에서 122m
- DISC 유형 : 주도형(D)
- MBTI 유형 : ENTJ, ENFP

덕수궁
건축 양식이 독특한 궁궐

덕수궁은 1592년 임진왜란이 일어나자 의주로 피난 갔던 선조가 다시 한양으로 돌아왔을 때, 월산대군 저택과 그 주변 민가를 여러 채 합하여 행궁으로 삼았다. 이후 광해군이 즉위한 후 창덕궁으로 거처를 옮기면서 '경운궁'이란 이름을 사용하다가 인목대비 유폐와 인조반정을 겪으면서 규모가 축소되었고, 특히 인조가 즉위한 이후 즉조당과 석어당을 제외한 나머지는 원래 주인에게 돌려주었다.

을미사변으로 신변의 위협을 느낀 고종이 러시아공사관으로 거처를 옮긴 후, 1897년 2월에 덕수궁으로 환궁하게 되었다. 또한 대한제국이라는 황제국을 선포한 후 황궁으로서의 규모와 격식을 갖추게 되었다. 하지만 1904년 덕수궁 대화재와 1907년 고종의 강제 퇴위 이후 덕수궁은 그 규모가 대폭 축소되었다. 이때 경운궁에서 덕수궁으로 이름 또한 바뀌게 되었다.

6만 1500m²의 면적에 현재는 대한문, 중화문, 광명문과 중화전, 준명당, 석어당, 석조전, 함녕전, 즉조당 등의 전각이 남아 있다.

- 입장료 : 1,000원
- 관람 시간 : 09:00~21:00
- 주소 : 서울특별시 중구 세종대로 99 (정동)
- 지하철 : 시청역 12번 출구에서 482m
- DISC 유형 : 주도형(D), 신중형(C), 사교형(I)
- MBTI 유형 : ENTJ, ENFP, ISTP, ISTJ, ESFP

명동성당
한국 천주교의 발상지

명동성당은 한국 천주교회의 발상지인 명동에 있는 천주교 서울대교구주교좌 성당으로 한국천주교회의 상징적인 건물이다. 프랑스인 코스트 신부가 설계하고 1898년에 완공됐으며 1,000여 명에 가까운 신도들의 자원봉사로 지어졌다.

명동성당은 우리나라 최초로 지어진 대규모 고딕 양식의 천주교 성당이자 한국 최초의 본당이라 부른다. 또한 명동성당은 민주화 운동의 성지라고도 불린다. 80년대 우리나라 근현대사와 함께했다고 해도 과언이 아니다.

붉은 벽돌과 먹빛 벽돌의 대조가 조화를 이루고 아치형의 창문이 정겹게 이어진다. 이 성당은 전주 전동성당, 대구 계산성당 등 우리나라를 대표하는 성당을 설계한 프와넬 신부가 1898년에 설계한 성당이다. 유서 깊은 유적지로 문화적 가치를 인정받아 1977년 사적 제258호에 지정되기도 했다.

- 입장료 : 무료
- 관람 시간 : 연중무휴
- 주소 : 서울특별시 중구 명동길 74
- 지하철 : 2호선 을지로입구역 5번 출구, 3호선 을지로3가역 12번 출구
- DISC 유형 : 신중형(C)
- MBTI 유형 : ISTP, ISTJ

문화역 서울284
우리나라 철도 역사를 한눈에 볼 수 있는 곳

문화역서울284는 한국 근·현대사의 주요 무대이자 교통과 교류의 관문이었던 구 서울역사의 원형을 복원하여 2011년 복합문화공간으로 개관했다. 문화·예술의 창작과 교류가 이루어지는 플랫폼으로서 전시, 공연, 워크숍 등 다채로운 프로그램을 진행하고 있다.

1900년 남대문 정차장을 시작으로 경성역, 서울역을 거쳐 지금의 문화역서울284가 있기까지 시간을 따라 100여년 역사를 만날 수 있다. 2004년에 구역사가 폐쇄되고 2009년부터 2011년까지 2년동안 경성역 원형복원 공사를 진행했다.

경성역의 건립 당시의 사진자료를 바탕으로 100년전 역사 내부의 모습을 그대로 재현했다. 2011년에 완공된 과거의 서울역은 현재 복합문화공간인 문화역서울284로 활용하고 있다. 여기서 284는 옛 서울역의 사적 번호로, 역사와 예술 경험이 한데 거우러지는 문화역서울284의 특징을 잘 보여준다. 문화역서울284는 역사적인 공간이

면서 새로운 예술을 만나면서 변모하는 공간으로 르네상스 장식들과 현대적인 작품을 감상할 수 있다. 과거와 현재, 미래가 공존한다는 특이점은 기존에 알려진 미술관과는 색다른 전시를 보여준다는 점에서 많은 사랑을 받고 있다.

- 입장료 : 무료
- 관람 시간 : 10:00~19:00/ 매주 월요일 휴관
- 주소 : 서울특별시 중구 통일로 1
- 지하철 : 1• 4호선/ 2번 출구
- DISC 유형 : 주도형(D), 신중형(C)
- MBTI 유형 : ENTJ, ENFP, ISTP, ESFP

서울로 7017
도심 속의 산책로

서울로7017은 70년에 만들어진 서울역고가가 안전에 문제점이 도출되면서 철거가 될 상황에 놓여지게 되었는데 이를 서울의 관문이자 지역재생의 촉매제 역할을 담당하는 17개의 사람길로 재탄생시킨 도시재생 사업이다. 6개 구역을 잇는 공중보행로의 기능과 녹지광장을 결합하는 살아있는 식물도감이자 1km 도심 전망대가 있고, 찻길에서 사람길로 재탄생했다.

- 입장료 : 무료
- 관람 시간 : 연중무휴
- 주소 : 서울특별시 중구 청파로 432
- 지하철 : 서울역 1번 출구에서 180m
- DISC 유형 : 주도형(D), 안정형(S)
- MBTI 유형 : ENFP, ESTJ, INFP

환구단
하늘에 제사를 지내던 제단

환구단은 하늘에 천자가 제사를 드리는 제천단이다. 서울특별시 중구에 있는 조선시대 제단으로 1967년 사적 제157호로 지정된 바 있다. 조선시대 고종 광무 원년에 조성된 환구단은 다른 이름으로 환단이라고도 불렸으며, 최근 환구단의 명칭을 원구단으로 통일하였다. 대한민국의 사적 157호로 지정된 환구단은 고종 대에 있던 환구단 터로, 현재 조선호텔 자리이다.

- 입장료 : 무료
- 관람 시간 : 연중무휴
- 주소 : 서울특별시 중구 소공로 106
- 지하철 : 시청역 6번 출구에서 169m
- DISC 유형 : 주도형(D), 신중형(C)
- MBTI 유형 : ENTJ, ENFP, ISTP, ESFP

황학동 벼룩시장
골동품을 살 수 있는 도깨비시장

1983년 6월 장한평에 고미술품 집단 상가가 조성되면서 많은 점포가 그곳으로 옮겨가자, 이 자리에 중고품 만물상들이 자연스럽게 모여들면서 현재에 이르고 있다. 황학동 벼룩은 청계천7가에서 8가 사이에 형성된 중고물품 전문시장이다. 전국 구석구석의 희귀한 물건들을 벼룩이 뛰듯이 돌아다니며 모아온다는 의미에서 붙여진 이름이다. 또 중고물품을 판매하고 있어서 '황학동 중고시장', 없는 물건이 없다는 의미에서 '황학동 만물시장' 이라고 부르기도 한다.

취급하는 상품은 골동품을 비롯하여 중고 가구, 가전제품, 시계, 보석, 피아노, 카메라 및 각종 기계, 고서(古書), 레코드 판, 공구류에 이르기까지 다양하고 점포 수만도 1천여 개에 달한다. 특히 2003년~2005년 추진된 청계천 복원 공사로 장사할 터를 잃은 황학동 벼룩시장 상인들이 몰리면서 현재의 모습을 갖추었다. 신기한 물건을 내 마음대로 골라 저렴하게 구입할 수 있는 재미있는 시장이다.

남산공원
도심 속에서 여가를 즐길 수 있는 공원

남산은 서울의 중심부에 위치한 서울의 상징으로서 높이는 해발 265m로서 본래 이름은 인경산이었으나 조선조 태조가 1394년 풍수지리에 의해 도읍지를 개성에서 서울로 옮겨 온 뒤에 남쪽에 있는 산이므로 남산으로 지칭되었고 풍수지리상 안산으로 중요한 산이다. 나라의 평안을 비는 제사를 지내기 위하여 산신령을 모시는 신당을 세웠다.

1940년 3월 12일 공원으로 지정하여 야외식물원을 조성하는 등 중구 예장동, 회현동, 용산구 한남동 일대를 대대적으로 복원, 정비하여 시민들에게 휴식과 맑은 공기를 제공하며 여가생활의 중심지로 거듭난 공원이다.

남산공원은 서울에 있는 공원 중에서 가장 넓은 시민공원이다. 크게 장충지구와 예장지구, 회현지구, 한남지구로 나눌 수 있다. 여러 가지 체육행사가 열리며 백일장과 음악회 등의 문화행사도 열린다. 약수터가 많으며 공원 내에 김유신, 김구, 유관순 등의 동상이 있다.

- 입장료 : 무료
- 관람 시간 : 연중무휴
- 주소 : 서울특별시 중구 황학동 161
- 지하철 : 신당역 11번 출구에서 390m
- DISC 유형 : 안정형(S), 신중형(C)
- MBTI 유형 : ISTP, ESTJ, ISTJ

- 입장료 : 무료
- 관람 시간 : 연중무휴
- 주소 : 서울특별시 중구 삼일대로 231
- DISC 유형 : 주도형(D), 안정형(S)
- MBTI 유형 : ENFP, ESTJ, INFP

N서울타워
서울을 대표하는 랜드마크

남산에 있는 송신탑이자 서울을 대표하는 랜드마크이다. 정식 명칭은 남산서울타워이며 보통은 남산타워로 불리는 편이다. CJ푸드빌에서 일부 층을 임대하여 운영하는 전망대 및 복합문화공간의 이름인 N서울타워로 불리기도 한다.

서울타워는 1975년 완공된 한국 최초 타워형태의 관광명소이다. 해발 243m인 남산의 높이와 타워 높이 236.7m를 합하면 실제 높이가 480m에 달하는 높은 타워로 서울을 한눈에 볼 수 있는 전망대와 영원한 사랑을 약속하는 자물쇠 테라스와 회전전망레스토랑이 있다.

서울타워에 올라가는 방법은 환경보호를 위하여 승용차의 출입이 제한되어 있어서 걸어서 올라가거나, 충무로역이나 동대입구역에서 01번 남산순환버스를 타고 올라가거나, 케이블카를 타고 올라가는 방법이 있다. 버스비는 1,100원이며, 케이블카는 편도 10,000원이며, 왕복 13,000원이다. 차를 가져가면 주차해야 하는데 주차비는 공영은 10분당 500원이나 10분당 1,000원을 내야 한다.

- 입장료 : 무료
- 관람 시간 : 10:00~23:00/ 토 10:00~24:00
- 주소 : 서울특별시 용산구 남산공원길 105
- DISC 유형 : 신중형(C)
- MBTI 유형 : ISTP, ISTJ

돈의문 박물관마을
한옥을 박물관으로 만든 곳

한양도성의 서쪽 큰 문, 서대문이라는 이름으로 더 친숙한 돈의문은 1396년 처음 세워졌으며 돈의문에는 새문이라는 별칭이 붙었고, 돈의문 안쪽 동네는 새문안골·새문안 동네로 불렸다. 1915년 일제는 도시계획이라는 명목 아래 도로 확장을 이유로 돈의문을 철거하였고, 돈의문은 서울 사대문 가운데 유일하게 이야기로만 전해지는 문으로 남았다.

돈의문 박물관마을은 기존 가옥 63채 가운데 총 40채를 유지·보수했고, 일부 집을 허문 자리에 넓은 마당을 조성했다. 근현대 건축물과 조선시대 골목길, 언덕 등이 어우러져 전체가 박물관마을이 되는 새로운 문화의 장으로 재탄생했다. 건물 내부는 물론 마당, 골목길, 담벼락 등 마을 곳곳이 전시관이자 놀이터이다. '마을마당'에서는 공연, 플리마켓, 푸드트럭 등 연중 문화행사가 열리고, '마을 골목'은 철거민의 애환 등 옛 새문안 동네의 이야기를 말하고 있다.

- 입장료 : 무료
- 관람 시간 : 연중무휴
- 주소 : 서울 종로구 송월길 14-3
- 지하철 : 서대문역 4번 출구에서 362m
- DISC 유형 : 주도형(D), 신중형(C)
- MBTI 유형 : ENTJ, ENFP, ISTP, ISTJ

백범광장공원
역사가 살아 숨쉬는 공원

백범광장공원은 서울 중구 회현동남산공원을 올라가는 도중 산 중턱에 위치한다. 한국 독립운동가이자 교육자이자 정치가인 김구의 항일구국운동과 통일국가수립을 위해 노력한 애국정신을 기리기 위해 동상이 설립되어 있다. 동상 앞으로 넓은 잔디밭이 조성되어 있고 남산으로 오르는 길이 나있다. 이외에도 공원 내에는 삼국을 통일한 김유신 장군의 기마상과 이시영 선생 동상이 있다.

- 입장료 : 무료
- 관람 시간 : 연중무휴
- 주소 : 서울특별시 중구 남산공원길 649
- 지하철 : 회현역 4번 출구에서 255m
- DISC 유형 : 주도형(D), 신중형(C), 사교형(I)
- MBTI 유형 : ENTJ, ENFP, ISTP, ISTJ, ISFP, ESFJ

동대문역사문화공원(DDP)
도시재생으로 새로 태어난 공원

동대문역사문화공원은 동대문디자인플라자(DDP)의 일부로, 동대문운동장을 철거한 자리에 2009년 개장한 역사문화 테마공원이다. 한양도성과 이간수문 등의 조선시대 유물과 현대디자인문화가 조화를 이루는 공간으로 시민들의 사랑을 받고 있다.

공원 내에는 서울성곽과 이간수문(265m 8,030㎡) 외에도 동대문역사관(1,313㎡), 동대문유구전시장(4,460㎡), 동대문운동장기념관(339㎡), 이벤트홀(2,058㎡), 디자인갤러리(400㎡) 등이 들어섰다. 특히 동대문운동장을 기념하기 위해 남긴 야간경기용 조명탑 2기와 성화대도 자리한다.

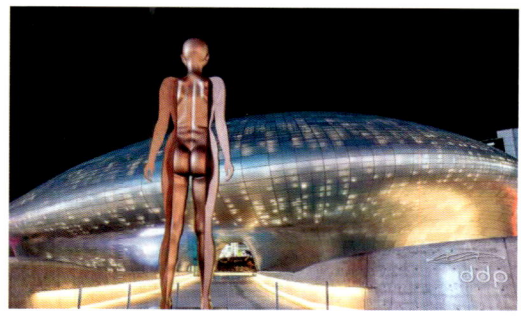

- 입장료 : 무료
- 관람 시간 : 연중무휴
- 주소 : 서울 중구 신당동 853
- 지하철 : 동대문역사문화공원역 1번 출구에서 25m
- DISC 유형 : 주도형(D), 신중형(C)
- MBTI 유형 : ENTJ, ENFP, ISTP, ISTJ

서소문역사공원
도심 속의 공원

서소문역사공원은 현재 공원으로 조성되어 있으나 원래는 서소문 밖 네거리 처형지로 동학농민운동의 지도자, 구한말 서소문 전투의 군인들 등 사회개혁 세력들 뿐만 아니라 1801년 신유박해

부터 1866년 병인박해까지 많은 천주교인이 이 곳에서 처형되었다. 처형된 천주교인 중 44명이 성인이 되어 국내 최대의 천주교 성지로도 자리 잡았다.

- 입장료 : 무료
- 관람 시간 : 연중무휴
- 주소 : 서울특별시 중구 칠패로 5
- 지하철 : 충정로역 4번 출구에서 477m
- DISC 유형 : 주도형(D), 신중형(C)
- MBTI 유형 : ENTJ, ENFP, ISTP, ISTJ

서울글로벌문화체험센터
국제문화를 체험할 수 있는 곳

명동에 위치한 서울글로벌문화체험센터는 서울 관련 모든 정보를 제공하는 곳으로 서울을 방문하는 외국인들에게 영어, 일본어, 중국어 등으로 전문 상담이 가능하다. 한국의 전통문화체험인 전통의상체험관 등을 운영하며 한류 포토존도 이용 가능하다.

- 입장료 : 무료
- 관람 시간 : 10:00~19:00 (설날, 추석당일 휴무)
- 주소 : 서울특별시 중구 명동8길 27
- 지하철 : 명동역 6번 출구에서 160m
- DISC 유형 : 신중형(C)
- MBTI 유형 : INTJ, ISTJ

서울남산국악당
국악 공연을 볼 수 있는 곳

서울남산국악당은 국악예술의 진흥과 전통문화 체험을 위한 공간으로 2007년 11월 남산골 한옥마을에 조성되었다.

개관 이래 남산골 한옥마을을 방문하는 서울시민들 및 국내외 관광객들에게 한국의 전통음악을 만끽할 수 있는 문화공간으로 이용되어 왔다. 음향과 조명, 무대설비 등에서 국악공연에 적합한 최적의 시설을 갖추었으며, 전기음향을 사용하지 않은 전통국악의 자연음향을 감상할 수 있는 국내 유일의 공연장이다.

- 입장료 : 무료
- 관람 시간 : 강좌, 공연에 따라 차이가 있음
- 주소 : 서울특별시 중구 퇴계로34길 28
- 지하철 : 4충무로역 4번 출구에서 122m
- DISC 유형 : 신중형(C)
- MBTI 유형 : INTJ, ISTJ

장충단공원
역사가 살아 있는 공원

을미사변과 임오군란, 갑신정변에서 목숨을 잃은 군인과 충신들을 위해 제사를 지내던 곳이었으나 일제강점기에 공원으로 조성되어, 1984년에 근린공원이 되어 남산공원의 일부로 흡수되었다. 장충단공원 곳곳에는 문화재와 충절과 애국심을 느낄 수 있는 기념물이 많다.

 서울특별시 유형문화재 제1호인 장충단비와 수표교를 비롯하여 한국유림독립운동파리장서비, 유관순열사 동상, 이준열사 동상, 만해 한용운 시비, 사명대사 동상 등이 있어 민족공원이라 불리기에 손색이 없는 곳이다.
장충단공원에서 일상에 지친 몸과 마음에 휴식을 주면서 애국선열의 정신과 민족의 정기를 되새길 수 있다.
- 입장료 : 무료
- 관람 시간 :10:00~19:00 (설날, 추석당일 휴무)
- 주소 : 서울특별시 중구 동호로 257-10
- 지하철 : 동대입구역 6번 출구에서 31m
- DISC 유형 : 주도형(D), 신중형(C)
- MBTI 유형 : ENTJ, ENFP, ISTP, ISTJ

케이스타일허브
한류 교류 창고

K-Style Hub는 한국 관광의 신규 거점으로, 기존의 여행 정보 제공 위주의 관광 안내에서 확장된 한국 문화를 체험하는 곳이다. K-Pop 등의 한류와 의료관광, 전통문화 및 ICT기술을 한자리에 모은 K-Style Hub는 방문객들에게 다양한 정보, 체험, 휴스, 교류를 제공함으로써 한국의 문화와 정서를 세계인들과 공유하고 있다.
- 입장료　무료
- 관람 시간 : 09:00~20:00 (연중무휴)
- 주소 : 서울특별시 중구 청계천로 40
- 지하철 : 종각역 5번 출구에서 191m
- DISC 유형 : 신중형(C)
- MBTI 유형 : INTJ, ISTJ

한국의집
생동하는 예술적 감흥을 깨워주는 미술관

한국의집은 전통적인 우리 문화를 해외 방문객에 선보일 목적으로 만들어졌다. 정부 산하의 한국문화재보호재단에서 관리하는데, 전통적인 궁중 요리와 예술 공연, 문화체험 프로그램을 즐길 수 있는 기회를 제공한다.

- 입장료 : 무료
- 관람 시간 : 09:00~10:30/ 09:30~11:00, 14:00~15:30/ 14:30~16:00
- 주소 : 서울 중구 퇴계로36길 10
- 지하철 : 충무로역 3번 출구에서 54m
- DISC 유형 : 신중형(C)
- MBTI 유형 : INTJ, ISTJ

중구 맛집

장충동 족발 골목
대를 이어 내려오는 특별한 간장 양념으로 잘 손질한 신선한 돼지 앞다리를 푹 삶아낸 족발에 야들야들한 윤기가 감도는 서울에서 유명한 족발 골목

신당동 떡볶이 골목
1953년 떡볶이 원조집인 '마복림 할머니' 집이 신당동에서 장사를 시작하면서 일대에 떡볶이 촌이 형성. 원하는 사리를 넣어 즉석에서 끓여먹는 방식으로 매콤, 달콤, 쫄깃함이 일품

남산 돈가스 거리
1970년대부터 남산 소월길 데이트 코스에 생겨난 돈가스 식당들은 청춘남녀라면 반드시 들려야 하는 명소

오장동 냉면 골목
1952년 개업한 흥남집을 시작으로 1970년 대에는 여섯 집까지 늘어났으나 현재는 흥남집과 오장냉면, 신창면옥이 손님을 맞고있다.

황학동 곱창 골목
황학동 곱창 골목은 마장동 축산시장과 가까워 매일 소와 돼지곱창을 가져오기 때문에 맛과 신선도가 최고 수준이다. 황학동 곱창집들은 모두 돼지의 내장 부위를 사용하는 것이 특징이다.

골뱅이 골목
골뱅이에 파채와 고춧가루, 마늘을 수북하게 얹어서 먹는 스타일로 골뱅이부터 건져 먹다 보면 파 채가 숨죽어서 적당히 연해지고 입 안이 매울즈음 함께 나오는 계란말이는 환상 짝궁이다.

갈치 조림 골목
1988년 남대문시장 상인들이 당시 가격이 저렴했던 갈치를 매콤하고 얼큰하게 조려 내놓으면서 시작돼 매스컴과 입소문을 타면서 맛거리로 유명해졌다.

제5장
용산구 여행

1. 용산구의 특징

용산이 역사 속에서 처음 등장하는 것은 고려 충숙왕의 아들 중에서 용산원자라는 이름을 가진 왕자가 있는데 이는 용산에서 낳았다 하여 용산원자라고 불렀다고 한다. 이것을 보면 적어도 고려시대 후기부터 용산이란 지명이 있었던 것이 확실하다. 『증보문헌비고』에서는 이 지역의 언덕을 가리켜 용이 나타났고 해서 용산(龍山)이라 했다.

용산은 지형적으로 자리가 워낙 좋아서 임진왜란 때에는 왜군의 주둔지로 사용하였으며, 임오군란 때는 청나라 군사들도 용산에 거주하였다. 일제강점기에는 조선군 사령부 및 주요 병력의 주둔지가 현대 용산구에 있었다. 대한민국 정부가 수립된 이후 대한민국 국방부 및 합동참모본부가 용산에 자리잡았으며, 용산(龍山)은 영어로는 드래곤 마운틴(Dragon Mountain)이라 부르는데, 주한미군이 용산에 있을 적의 용산기지를 드래곤힐(Dragon Hill)이라고 하였으며, 주한미군 전용 호텔 이름도 드래곤 힐 로지((Dragon Hill Lodge)라고 하였다. 그리고 현재는 용산역에 가면 특급호텔이 4개가 함께 있는 드래곤시티에서도 잘 드러난다.

용산구에서 성격 유형별로 여행지를 추천하면 다음과 같다.

〈표〉 성격 유형별 용산구 여행지(8)

여행지	DISC 유형	MBTI 유형
국립중앙박물관	주도형(D), 신중형(C)	ENTJ, ENFP, ISTP, ISTJ, ESFP
전쟁기념관	주도형(D), 신중형(C)	ENTJ, ENFP, ISTP, ISTJ
국립한글박물관	주도형(D), 신중형(C)	ENTJ, ENFP, ISTP, ISTJ, ESFP
이태원관광특구	신중형(C)	ISTP, ISTJ
이슬람 성원	신중형(C)	ISTP, ISTJ
백범김구기념관	주도형(D), 신중형(C), 사교형(I)	ENTJ, ENFP, ISTP, ESFJ, ESFP
효창공원	주도형(D), 신중형(C), 사교형(I)	ENTJ, ENFP, ISTP, ISFP, ESFJ
용산가족공원	주도형(D), 안정형(S)	ENFP, ESTJ, INFP

국립중앙박물관
역사와 문화가 살아 숨 쉬고 공존하는 공간

국립박물관은 1945년 광복과 함께 경복궁 건물 내에 정식으로 개관 했으나 1950년 한국전쟁 발발로 중요유물 2만 점을 부산으로 소산하여 부산대학교 박물관, 경주박물관, 경복궁, 덕수궁 석조전, 경복궁 안 새건물로 이전하여 6차례나 이전하는 시련을 겪다가 국립중앙박물관이 용산에서 새롭게 태어나게 되었다.

2005년 10월 28일 개관한 국립중앙박물관은 향후 통일 한민족 시대 민족문화의 전당으로서 그 역할을 수행해 나가고 있다.

고고관에는 10개의 전시실에 4,500여 점의 유물이 전시되어 있으며, 역사관에 다양한 기록물과 역사 문헌자료 등 총 2,800여 점의 유물을 전시하고 있다. 미술관에는 4개 전시실에서 890여 점의 작품이 전시되어 있다.

- 입장료 : 무료
- 주차요금 : 소형차 2,000원
- 관람 시간
  월, 화, 목, 금 ,일요일/ 오전 10시~오후 6시
  수요일, 토요일/ 오전 10시~오후 9시
  일요일, 공휴일/ 오전 10시~오후 7시
  휴관일(연 3일)/ 1월 1일, 설날, 추석
- 주소 : 서울특별시 용산구 서빙고로 137
- 지하철 : 이촌역 2번 출구에서 308m
- DISC 유형 : 주도형(D), 신중형(C)
- MBTI 유형 : ENTJ, ENFP, ISTP, ISTJ, ESFP

전쟁기념관
전쟁 역사를 한 눈으로 볼 수 있는 곳

옛 육군본부 자리에 세워진 전쟁기념관은 단일 기념관으로는 세계에서 가장 큰 규모를 자랑하며, 실내 전시실에는 삼국시대부터 최근까지의 전쟁과 군사에 관한 1만3천6백여 점의 자료들을 실증적이고 역동적으로 전시하고 있고 옥외전시장에는 세계 각국의 대형무기와 광개토대왕릉비, 한국전쟁기념 조형물인 "형제의 상" 등이 전시되어 있고 기념관 양측에는 한국전쟁과 월남전에서 전사한 장병들의 명비가 새겨져 있다.

또한 매년 4월~6월, 10월~11월 금요일 오후 2시에는 전쟁기념관 평화의 광장에서 국군의장대의 군악 연주, 전통 검법, 의장대시범 행사를 개최하여 전쟁기념관을 찾는 국내외 관광객에게 멋지고 흥미로운 볼거리를 제공하고 있으며, 용산구민이 참여한 가운데 펼쳐진 2007~2008 '새용산 건설 희망 축제' 화려하게 개최된 뜻깊은 장소이기도 하다.

- 입장료 : 무료
- 관람 시간 : 9:30~18:00/ 월요일 휴관
- 주소 : 서울특별시 용산구 이태원로 29
- 지하철 : 삼각지역 12번 출구에서 262m
- DISC 유형 : 주도형(D), 신중형(C)
- MBTI 유형 : ENTJ, ENFP, ISTP, ISTJ

국립한글박물관
한글의 가치와 역사를 볼 수 있는 곳

2014년 개관하였으며, 2021년 4월 5일부터 상설 전시관 개편공사를 진행하였고, 2022년 1월 21부로 재개장되었다. 한글의 독창성과 과학성을 직접 느끼고 온몸으로 체험할 수 있는 공간이다. 그리고 한글의 문자·문화적 가치를 알리고, 학문·예술, 산업 등 여러 분야와의 융합과 소통을 통해 한글의 새로운 가치를 창조하는 데에 중심 역할을 담당하고 있다.

상설 전시에서는 혁신적이고 창의적인 한글의 창제 원리를 설명하고, 1446년(세종 28년)에 반포된 한글의 확산 과정을 교육·종교·생활·예술·인쇄 등의 주제로 보여준다. 또한 다양한 한글 자료와 영상·체험 자료를 제공하여 한글의 과거와 현재를 돌아보고 미래의 모습을 예견하도록 한다.

- 입장료 : 무료
- 관람 시간 : 화/ 목/ 금요일 : 09:00~18:00
  수/ 토요일(야간 개장) : 09:00~21:00
  일/ 공휴일 : 09:00~19:00
- 주소 : 서울특별시 용산구 서빙고로 139
- 지하철 : 이촌역 2번 출구에서 430m
- DISC 유형 : 주도형(D), 신중형(C)
- MBTI 유형 : ENTJ, ENFP, ISTP, ISTJ, ESFP

이태원관광특구
세계 문화를 체험할 수 있는 곳

이태원은 조선시대 공무 여행객이 머물던 서근교의 숙소 중 한 곳으로 현재는 40여 개국의 외국공관과 외국인 거주지가 형성되어 다양한 문화가 어우러진 독특한 공간이 되었다.

1970년대 후반 섬유산업의 호황과 더불어 이태원은 값싸고 특색있는 보세물품을 살 수 있는 쇼핑가로 발달하기 시작했다. 1980년대 들어 각종 국제회의를 비롯해 86 아시안게임과 88 올림픽이 서울에서 개최되면서 세계적으로 그 이름이 알려지게 되어 관광객들의 명소가 되었다. 특히 가죽 제품과 독특한 디자인의 보세 의류, 소품들이 유명하며 외국인들의 쇼핑 투어에 꼭 포함되는 쇼핑과 유흥의 거리다. 구두, 의류, 가방 등을 파는 쇼핑 상가는 물론 호텔을 비롯한 숙박 시설, 각종 음식점, 유흥 오락 시설과 여행사 등의 상가 2,000여 개가 골목골목에 밀집해 있다. 2000년대 후반 이국적이고 특색있는 레스토랑과 카페가 들어서면서 활기차고 매혹적인 관광명소로 자리잡고 있다.

- 입장료 : 무료
- 주차시설 : 한남동 공영주차장, 용산구청 주차장
- 관람 시간 : 연중무휴
- 주소 : 서울특별시 용산구 이태원로54길 16-4
- 지하철 : 한강진역 3번 출구에서 350m
- DISC 유형 : 신중형(C)
- MBTI 유형 : ISTP, ISTJ

이슬람 성원
이슬람교의 진면목을 볼 수 있는 곳

한남동에 위치한 이슬람서울중앙성원은 우리나라 최초이자 최대 이슬람 성원이다. 1976년 5월 21일 설립되었다. 1960년대 말부터 석유값 폭등과 중동 건설붐이 일어나자 수교가 없던 이슬람권 국가들과의 우호 증진을 위해 세운 것이다. 한국 정부에서 토지를 기부하고 이슬람국가가 건립 비용을 지원하여 1976년에 개원했다. 중앙의 둥근 지붕과 양끝의 높은 첨탑은 모스크 양식의 전형을 보여주고 있으며 하얀 외벽에 푸른 타일이 아름답다.

주로 국내에 거주하는 서남아시아나 북아프리카 이슬람교 신자들이 찾아와 예배하고 정보를 교환한다. 또한 한국인 이슬람교도와 대학생들의 발길도 잦은 곳이다. 이슬람사원과 한국이슬람문화연구소·한국무슬림학생회·아랍어연수원 등의 시설이 있다.

- 입장료 : 무료
- 관람 시간 : 연중무휴
- 주소 : 서울특별시 용산구 우사단로 10길 39
- 지하철 : 이태원역 3번 출구에서 482m
- DISC 유형 : 신중형(C)
- MBTI 유형 : ISTP, ISTJ

백범김구기념관
겨레의 스승 백범 김구 선생을 기리는 곳

백범김구기념관은 세계에서 가장 아름답고 높은 문화를 가진 자주·민주·통일 조국을 건설하기 위하여 일생을 분투하신 겨레의 큰 스승 백범 김구 선생(1876~1949)의 삶과 사상을 널리 알리고 계승, 발전시키기 위해 건립되어 2002년 10월 22일 개관하였다.

격동의 한국 근·현대사와 함께한 백범선생의 삶과 사상을 통해 대한민국임시정부의 역사와 한국 근·현대사를 이해하고, 분단된 조국의 자주·민주·평화적 통일을 지향하며, 민족의 아름다운 문화를 발전시켜 나가는 겨레의 문화적 삶의 공간이다.

전시관에는 한국 근·현대사(동학, 의병, 애국계몽운동, 대한민국임시정부, 의열투쟁, 한국광복군, 통일운동, 교육운동 등)와 함께한 백범선생의 일대기에 관련한 각종 기록과 전시되어 있다.

- 입장료 : 무료
- 관람 시간 : 11월~2월 10:00~17:00
            3월~10월 10:00~18:00
- 주소 : 서울시 용산구 임정로 26
- 지하철 : 효창공원앞역 1번 출구에서 677m
- DISC 유형 : 주도형(D), 신중형(C), 사교형(I)
- MBTI 유형 : ENTJ, ENFP, ISTP, ESFJ, ESFP

효창공원
독립운동가의 유해가 안치되어 있는 곳

효창동과 청파2동에 자리한 총 면적 3만6천979평의 효창공원은 1989년에 사적 제330호로 지정된 유서 깊은 장소로 예전에는 효창원 경내였다. 효창원은 조선 정조의 장자로 세자책봉까지 받았으나 5세의 어린 나이로 죽은 문효세자의 묘원이다. 묘역이 넓고 송림이 울창했던 이곳에는 정조의 후궁이며 문효세자의 생모이기도 한 의빈 성씨의 묘, 순조의 후궁인 숙의 박씨의 묘와 그의 딸인 영온옹주의 묘가 같이 있었으나 묘들은 해방을 전후해 서오능으로 이장되었다.

현재 효창공원에는 일제 때 항일투쟁을 하다 목숨을 바친 윤봉길, 이봉창, 백정기 등 삼의사와 백범 김구, 그리고 임시정부 요인인 이동녕, 조성환, 차이석 선생의 유해가 안치되어 있다.

- 입장료 : 무료
- 관람 시간 : 연중무휴
- 주소 : 서울특별시 용산구 효창원로177-18
- 지하철 : 효창공원앞역 1번 출구에서 664m
- DISC 유형 : 주도형(D), 신중형(C), 사교형(I)
- MBTI 유형 : ENTJ, ENFP, ISTP, ISFP, ESFJ

용산가족공원
가족과 함께 가면 좋은 곳

시원스럽게 탁 트인 잔디밭, 주변과 잘 어울리는 연못, 산뜻하게 닦여진 산책로가 시민들의 나들이를 즐겁게 만든다.

용산가족공원은 미8군 골프장 부지 9만 평에 가족공원으로 개방하다 1997년 11월 15일 국립박물관 건립에 따라 공원이 축소되어 현재 27,000평을 사용하고 있으며, 골프장의 잔디, 숲, 연못 등은 그대로 유지한 채 2.0km의 산책로, 자연학습장, 태극기 공원 및 잔디광장이 있고, 공원 곳곳엔 비둘기, 호로새, 야생꿩 등이 서식하고 있다.

- 입장료 : 무료
- 관람 시간 : 연중무휴
- 주소 : 서울특별시 용산구 서빙고로 137
- 지하철 : 서빙고역 1번 출구에서 675m
- DISC 유형 : 주도형(D), 안정형(S)
- MBTI 유형 : ENFP, ESTJ, INFP

용산구 맛집

북천
돈가스가 맛있기로 유명한 식당
서울특별시 용산구 한강대로38가길 7-2 02-796-2461
영업 시간 월~금: 11:30~20:00/ 토: 11:30~15:00/ 쉬는 시간 13:30~17:00
브라운돈가스/ 로스가스/ 화이트돈가스

서울케밥
케밥이 끝내주는 터키식당
서울특별시 용산구 새창로 181 선인상가 1F 11호 02-702-0606
영업 시간 11:00~19:00/ 휴일 토, 일, 월
치킨케밥/ 양고기케밥/ 치즈소고기케밥

남영돈
질 좋은 삼겹살을 파는 식당
서울특별시 용산구 한강대로80길 17 전화번호 02-793-3598
영업 시간 월~금 : 16:00~22:00/ 토~일: 15:00~22:00/ 휴일 일
삼겹살/ 목살/ 가브리살

남박
쌀국수가 맛있기로 유명한 식당
서울특별시 용산구 한강대로76길 11-31
영업 시간 08:00~15:30/ 휴일 월
한우 쌀국수-/ 얼큰 한우 쌀국수/ 한우 수육 반접시

효뜨
서울특별시 용산구 한강대로40가길 6 1F 02-794-0526
영업 시간 11:30~21:30/ 쉬는 시간 15:30~17:00
닭고기쌀국수/ 쌀국수/ 돼지고기덮밥

오근내2닭구이
서울특별시 용산구 한강대로11길 13 용일빌딩 02-798-0131
영업 시간 11:30~22:30/ 쉬는 시간 15:30~16:30
닭갈비/ 메밀비빔막국수-/ 메밀물막국수

제6장
마포구 여행

1. 마포구의 특징

서울의 중서부 한강 연안에 위치한 마포지역은 안산에서 갈라진 와우산 구릉산맥과 노고산 구릉 산맥, 용산 구릉 산맥이 강으로 뻗어 세 산맥 연안에 호수처럼 발달한 서호, 마포, 용호가 있었는데, 이 3호를 삼포(三浦-3개의 포구)라고 불렀고 이 삼개 중 지금의 마포를 마포강, 마포항 등으로 불려 마포라는 명칭이 여기서 유래되었다. 마포는 예로부터 한강의 대표적인 나루터로, 경기의 농산물과 황해의 수산물 집산지로서도 유명하였으나 하운(河運)의 쇠퇴와 함께 점차 그 기능을 상실하였다. 마포구에서 성격 유형별로 여행지를 추천하면 다음과 같다.

<표> 성격 유형별 마포구 여행지(10)

여행지	DISC 유형	MBTI 유형
홍대거리	주도형(D), 신중형(C)	ENTJ, ENFP, ISTP, ISTJ, ESTP
연남동 세모길	안정형(S), 신중형(C)	ISTP, ESTJ, ISTJ, ESTP
문화비축기지	주도형(D), 신중형(C)	ENTJ, ENFP, ISTP, ISTJ
망원동길(망리단길)	안정형(S), 신중형(C)	ISTP, ESTJ, ISTJ
난지한강공원	주도형(D), 사교형(I)	ENTP, ISFJ, ISFP, ESTJ
하늘공원	주도형(D), 사교형(I)	ENTP, ISFJ, ISFP, ESTJ
경의선 숲길공원	주도형(D), 사교형(I)	ENTP, ISFJ, ISFP, ESTJ
평화의 공원	주도형(D), 사교형(I)	ENTP, ISFJ, ISFP, ESTJ
서울함공원	주도형(D), 신중형(C)	ENTJ, ENFP, ISTP, ISTJ
망원한강공원	주도형(D), 사교형(I)	ENTP, ISFJ, ISFP, ESTJ

홍대거리
젊은이들의 대표 공간

홍대 앞을 대표하는 젊음의 거리인 걷고 싶은 거리는 전국에서 모이는 각양각색의 버스커들로 매일 밤이면 떠들썩해진다. 또한 광장 무대와 여행 무대 부근에는 직장인들이 많이 찾는 주점과 고깃집들이 밀집해있어 중장년층도 거리낌 없이 홍대 앞을 찾게끔 해준다.

홍대 걷고 싶은거리는 지역 예술가들의 도움으로 거리 곳곳에 다양한 공간들을 품으며 보행자뿐만 아니라 예술가를 위한 거리로도 탄생했다. 지역주민의 휴식처를 위한 윗잔다리공원, 무대공연을 꿈꾸는 시민 예술가들을 위한 버스킹존, 여행무대, 거리공연의 모든 것이 가능한 광장무대 등 다양한 공간들이 있다..

홍대 정문에서 왼쪽 골목으로 들어서면 마치 갤러리에 들어선 듯한 착각을 일으킬 만큼 대담하고 예술적인 벽화들이 길 양쪽을 장식하고 있다. 홍대 벽화거리는 예술적인 분위기를 자아낼 뿐만 아니라 주변 아기자기한 카페들이 많아 조용한 데이트를 즐기려는 사람들로 가득하다.

연남동 세모길
마포의 명소로 떠오른 곳

연남동 세모길은 경의선 숲길공원 연남 구간의 끝자락과 가좌역이 있는 경의중앙선 철도가 만나는 삼각형 지대다. 골목길 재생 사업으로 선정되기 이전에도 가죽공방, 와인숍, 테일러숍, 악세사리숍 등 개성 있는 가게와 스튜디오들이 작은 골목길에 속속 들어오며 활기를 띄기 시작했다. 그리고 맛집들이 생겨나고 있어 미식가들의 입을 즐겁게 하고 있다.

최근에는 커뮤니티 아트 플랫폼을 표방하는 다이브인이 들어서면서 다이브인의 갤러리, 아트숍, 작업실 등과 개성있는 가게들이 어울려 고즈넉한 골목길과 홍대의 개성을 함께 느낄 수 있는 마포의 명소로 떠오르고 있다.

연남동에는 연남동 동진 재래시장이 있다. 불과 몇 년 전에는 쇠락한 재래시장이었던 이곳이 지금은 수공예 생산자들의 거점 공간으로 재탄생되었다.

- 입장료 : 무료
- 관람 시간 : 연중무휴
- 주소 : 서울 마포구 서교동
- 지하철 : 홍대입구역 9번 출구에서 415m
- DISC 유형 : 주도형(D), 신중형(C)
- MBTI 유형 : ENTJ, ENFP, ISTP, ISTJ, ESTP

- 입장료 : 무료
- 관람 시간 : 연중무휴
- 주소 : 서울 마포구 연남동
- 지하철 : 홍대입구역 3번 출구에서 457m
- DISC 유형 : 안정형(S), 신중형(C)
- MBTI 유형 : ISTP, ESTJ, ISTJ, ESTP

문화비축기지
석유비축기지를 문화공간으로 재생한 곳

문화비축기지는 41년간 일반인의 접근과 이용이 철저히 통제됐던 산업화시대 유산인 마포 석유비축기지가 도시재생을 통해 시민 품으로 돌아오게 된 문화공원이다.

축구장 22개 크기인 14만㎡ 부지 가운데에 개방된 문화마당이 자리하고 6개의 탱크가 이를 둘러싸고 있는 형태로 하나부터 열까지 모두 기존 자원들을 재활용한 재생을 통해 만들어졌다는 점에서 서울의 대표적인 대형 도시재생 랜드마크라 할 수 있다.

높이 15m, 지름 15~38m의 기존 유류 보관 탱크 5개 중 4개는 시민을 위한 공연장과 강의실, 문화비축기지의 과거와 미래를 기록하는 이야기관 등으로 변신했다. 한 개의 탱크는 카페테리아와 원형회의실, 다목적강의실이 있는 커뮤니티센터로 조성했다.

단순한 문화시설을 넘어 석유와 건설로 대표되는 산업화 시대에서 친환경과 재생을 아이콘으로 한 미래로의 도약, 그 상징적 공간이 되어가고 있다.

- 입장료 : 무료
- 관람 시간 : 10:00~18:00
- 주소 : 서울 마포구 증산로 87
- 지하철 : 월드컵경기장역 1번 출구에서 691m
- DISC 유형 : 주도형(D), 신중형(C)
- MBTI 유형 : ENTJ, ENFP, ISTP, ISTJ

망원동길(망리단길)
새롭게 활성화된 명소

망리단길은 망원동과 경리단길을 합성한 신조어다. 망원시장 옆 오래된 동네에 이태원 경리단길을 연상시키는 개성 있는 공방, 식당, 카페들이 생기고, SNS를 통해 이 거리가 젊은 관광객들에게 인기를 끌게 되면서 새롭게 활성화된 관광명소다.

지하철 6호선 망원역 2번 출구로 나와 망원시장 쪽으로 걸어가면 재래시장 과일가게와 1970~80년대식 옷가게들이 양옆으로 늘어서 있다. 망원시장을 지나 왼편으로 양화 공원 쪽으로 걸어가면 낡은 간판의 세탁소, 철물점 사이로 독특한 디자인을 한 이색적인 점포 20여 곳이 군데군데 자리를 차지하고 있다. 이곳이 제2의 경리단길로 불리는 망리단길이다.

망원동 재래시장은 방송에 자주 소개되어 아주 유명한 시장으로 볼거리가 다양하며, 특히 저렴한 맛집들이 많다.

- 입장료 : 무료
- 관람 시간 : 연중무휴
- 주소 : 서울특별시 마포구 포은로6길 10
- 지하철 : 망원역 2번 출구에서 353m
- DISC 유형 : 안정형(S), 신중형(C)
- MBTI 유형 : ISTP, ESTJ, ISTJ

난지한강공원
자연속 힐링 공간

한강르네상스 사업으로 새롭게 조성된 난지한강공원은 노을공원, 하늘공원과 연결되는 중앙 연결 브릿지, 평화의 공원 연결 브릿지, 복합 연결 통로가 완공되어 공원 이용 시민들의 접근성을 개선시켰다.

난지한강공원에는 어린이놀이터와 다목적운동장 및 인조잔디축구장, 잔디광장 등 지역주민과 장애인, 노인, 청소년을 위한 시설이 마련되어있다. 자연적으로 복원된 하천을 끼고 인라인스케이트, 자전거 등을 타며 즐길 수 있는 공간도 있다. 뿐만 아니라 물가의 산책로에는 연못, 징검다리 등 산책하기 좋은 아기자기한 시설들이 들어섰다.

난지한강공원에는 자신의 취향에 맞는 여행을 선택할 수 있도록 난지유아숲체험장, 노을공원, 난지캠프장과 노을캠프장을 비롯하여 인조잔디축구장, 다목적구장 등 체육시설도 갖추고 있다.

하늘공원
쓰레기산을 갈대밭으로 만들어 유명한 곳

2002년 제17회 월드컵축구대회를 기념해 도시의 생활폐기물로 오염된 난지도 쓰레기매립장을 자연생태계로 복원하기 위해 2002년 5월 1일 개원하였다. 하늘공원은 쓰레기 매립지 안정화 공사의 결과로 형성된 인공적인 공원이다. 난지도에서 가장 높은 이곳에 서면 서울의 풍광이 한눈에 펼쳐진다.

화장실은 탐방객 안내소와 주요 지점에 간이 화장실이 배치되어 있다. 5개의 거대한 바람개비를 이용한 30m 높이의 발전타워에서 100kW의 전력을 생산해 자체 시설의 에너지원으로 사용하고, 또 쓰레기 더미에서 발생하는 풍부한 메탄가스를 정제 처리해 월드컵경기장과 주변 지역에 천연가스 연료를 공급하고 있다.

정상으로 가는 맹꽁이 열차는 난지 주차장에서 탑승하실 수 있다. 왕복 3,000원이다.

- 입장료 : 무료
- 관람 시간 : 연중무휴
- 주차비 : 30분 1,000원, 초과 10분당 200원
- 주소 : 서울 마포구 한강난지로 162
- 지하철 : 이태원역 3번 출구에서 482m
- DISC 유형 : 주도형(D), 사교형(I)
- MBTI 유형 : ENTP, ISFJ, ISFP, ESTJ

- 입장료 : 무료
- 관람 시간 : 하계 05:30~20:00/ 동계 07~18시
- 주차비 : 10분 소형 300원
- 주소 : 서울특별시 마포구 하늘공원로 95
- 지하철 : 효창공원앞역 1번 출구에서 677m
- DISC 유형 : 주도형(D), 사교형(I)
- MBTI 유형 : ENTP, ISFJ, ISFP, ESTJ

경의선 숲길공원
도심속 정원같은 곳

경의선숲길은 지상으로 운행되던 경의선이 2005년부터 지하화하면서 용산문화센터~마포구 수색역 구간 총 8.5km의 지상부 폐철로를 녹색의 선형공원으로 탈바꿈하여 녹색의 숲길로 바꾼 곳이다. 경의선 지하화에 따라 생긴 8만여㎢의 부지를 한국철도시설공단으로부터 50년간 무상임대하여 조성되었다.

녹지가 부족했던 마포구, 용산구에 활력을 불어넣어주고 있다. 또한 공원을 따라 새로운 상권이 형성되면서 지역 사회에도 큰 기여를 하고 있다. 특히 연트럴파크로 불리는 연남동 구간은 외국인들의 방문이 급격히 증가하여 새로운 관광지로서의 역할도 하고 있다. 주변의 연남동길과 연계되어 많은 사람이 찾고 있다.

- 입장료 : 무료
- 관람 시간 : 연중무휴
- 주소 : 서울 마포구 연남동
- 지하철 : 홍대입구역 3번 출구에서 457m
- DISC 유형 : 주도형(D), 사교형(I)
- MBTI 유형 : ENTP, ISFJ, ISFP, ESTJ

평화의 공원
월드컵 공원을 대표하는 곳

평화의 공원은 월드컵공원 전체를 대표하는 공간으로 월드컵경기장과 강북강변로 사이의 평지 약 44만㎡에 조성되었다.

공원 주제인 평화는 월드컵공원 전체를 아우르는 개념이기도 한 상호 공존 및 공생을 뜻한다. 이는 자연과 인간 문화의 상생, 세계 적대 세력과의 화합 기념비적 스케일의 거대 공간과 인근 주민이 체험하는 일상적인 공원의 조화 등 여러 의미를 포함하고 있다.

평화의 공원은 21세기 최초로 개최되는 월드컵경기를 기념하고 세계인의 화합과 평화를 상징하는 이미지를 나타내도록 미래지향적인 열린 광장으로 꾸몄으며, 지역주민들의 환경교육 및 휴식과 운동 공간으로 이용되고 있다. 이곳 평화의 공원에는 유니세프 광장과 난지연못을 비롯해 평화의 정원, 피크닉장, 난지도 전시관 등이 있다.

- 입장료 : 무료
- 관람 시간 : 연중무휴
- 주소 : 서울 마포구 증산로 32
- 지하철 : 월드컵경기장역 1번 출구에서 528m
- DISC 유형 : 주도형(D), 사교형(I)
- MBTI 유형 : ENTP, ISFJ, ISFP, ESTJ

서울함공원
군함과 잠수함을 볼 수 있는 곳

1,900톤급 호위함인 서울함을 비롯해 30년간 해양영토 수호의 임무를 마치고 퇴역한 참수리호와 잠수함이 망원한강공원에 닻을 내리고 시민

을 위한 수상체험 전시관으로 변신한다.
평소 쉽게 접할 수 없었던 군함 내부 곳곳을 둘러보며 해군들의 근무 상황부터 생활 모습까지 실감나게 만날 수 있다.
원형 그대로를 보존한 3척의 군함은 평소에 볼 수 없었던 이색적인 전시, 체험의 공간을 선사하며, 서울 한강 공원을 찾는 시민들에게 새로운 볼거리, 즐길 거리를 제공하고 있다.

잠재력을 지니고 있다. 수영장은 넓고 쾌적한 공간으로 개방형 샤워장과 세족장 등이 설치되어 있으며, 풀장 주변을 점토 블럭으로 깔아 깨끗하고 편안한 촉감을 느낄 수 있는 웰빙 공간으로 조성되어 있다. 여름이면 연인들의 데이트 공간은 물론 가족 단위의 물놀이 공간으로 많이 찾는 장소다.

- 입장료 : 무료
- 관람 시간
    3월~10월 10:00~19:00/ 주말10:00~20:00
    11월~2월 10:00~17:00/ 주말 10:00~18:00
- 주차비는 기본요금 30분 1,000원, 초과 10분당 200원
- 주소 : 서울특별시 마포구 마포나루길 407
- DISC 유형 : 주도형(D), 신중형(C)
- MBTI 유형 : ENTJ, ENFP, ISTP, ISTJ

- 입장료 : 무료
- 관람 시간 : 연중무휴
- 주차비는 기본요금 30분 1,000원, 초과 10분당 200원
- 주소 : 서울특별시 마포구 마포나루길 407
- DISC 유형 : 주도형(D), 사교형(I)
- MBTI 유형 : ENTP, ISFJ, ISFP, ESTJ

망원한강공원
가족 단위로 즐기기 좋은 곳

원효대교와 성산대교 사이 강변 북단에 위치해 있고, 마포구와 인접해 있다. 둔치에는 잔디밭이 조성되어 시야가 넓고 산책로 등 휴식 공간이 짜임새 있게 잘 조성되어 있다. 또한 수상에서는 윈드서핑, 수상스키, 모터보트 등 수상레저활동이 이루어지고 있고, 주변에 망원정, 절두산 성지 등 문화유적지가 있으며, 월드컵경기장, 인천국제공항 등과 연계되어 있다.
서울 서북부지역의 전략적 요충지역으로 무한한

마포구 맛집

우주옥
냉면이 맛있기로 유명한 식당
서울특별시 마포구 동교로50길 11 B02호 070-4168-4812
영업 시간 17:30~24:00/ 휴일 화
냉면/ 제육-/ 내장/ 우설

우동이요이요
우동이 끝내주는 터키식당
서울특별시 마포구 토정로35길 29 010-3900-5675
영업 시간 11:30~20:00/ 쉬는 시간 15:00~17:30
붓가케우동-/ 굴우동-/ 가케우동-

옥정
만둣국이 유명한 식당
서울특별시 마포구 신수로 106 02-704-8920
영업 시간 11:30~14:30
만둣국/ 떡만두국(보통)/ 칼만두국

합정순대국
쌀국수가 맛있기로 유명한 식당
서울특별시 마포구 양화로6길 14 02-325-3939
영업 시간 10:00~23:00
순대국/ 순대탕/ 육개장/ 머릿고기

하카타나카
서울특별시 마포구 와우산로23길 50 02-332-3207
영업 시간 11:30~22:00/ 쉬는 시간 15:30~17:0
Mr다나카정식/ 치킨난반정식/ 미소가지정식

김광석 신촌칼국수
서울특별시 마포구 신촌로 124 02-717-0592
영업 시간 10:00~22:00
버섯얼큰소고기샤브칼국수/ 버섯얼큰칼국수-

제7장
성북구 여행

1. 성북구의 특징

서울특별시의 북동부에 위치하고 있으며, 동쪽으로 서울특별시 노원구, 중랑구와 접하고, 서쪽으로 한양도성을 경계로 서울특별시 종로구와 접하며, 북한산을 경계로 서쪽으로 경기도 고양시 덕양구와도 접하며, 남쪽으로 서울특별시 동대문구와 접하고, 북쪽으로 서울특별시 강북구, 도봉구와 접하고 있다.

성북이라는 지명은 한양도성의 성곽 북쪽 지역에서 유래되었으며, 같은 서울의 성동구 역시 한양도성의 성곽 동쪽 지역에서 유래되었다. 이들 지역은 실제로 한양도성의 북쪽과 동쪽 성곽 지역에 속한 지역들이라 지명 역시 성곽의 북쪽을 뜻하는 성북과 동쪽을 뜻하는 성동으로 지어졌다. 1949년 경기도 고양군의 동북방 일부 지역을 서울시로 편입시키면서 이 지역이 한양도성의 성곽 북쪽에 있는 지역이라고 하여서 이때부터 성북이라는 지명이 사용되었다.

성북구는 북한산, 북악산 같은 서울에서는 높은 산 외에도 여러 산을 끼고 있으며, 국립공원으로 지정되어 북한산국립공원과 북악산국립공원을 가지고 있다. 이 때문에 전체적으로 보면 다른 서울의 다른 지역보다 녹지가 많다. 하지만 성북구는 구의 서쪽 지역은 심한 언덕과 산이 많아 한때는 달동네가 산재해 있었다. 성북구는 정릉천과 성북천이 흐르고 있으며 서울성곽, 정릉, 간송미술관 등의 다양한 유적지와 문화재가 있는 수려한 자연환경 속에 역사와 문화가 살아 숨쉬는 도시이다.

또한 고려대학교를 포함한 8개의 대학교와 좋은 고등학교가 자리하여 교육도시인 동시에 40개의 외국 대사관저가 있어 글로벌한 문화가 섞여 있는 흥미로운 지역이기도 하다.
서울 최고의 드라이브 코스인 북악스카이웨이와 함께 한양도성은 산책하기 좋아 연인들의 데이트 코스로 손꼽힌다. 성북구에서 성격 유형별로 여행지를 추천하면 다음과 같다.

⟨표⟩ 성격 유형별 성북구 여행지(14)

여행지	DISC 유형	MBTI 유형
의릉	주도형(D), 신중형(C)	ISTP, ESTJ, ESFP
정릉	안정형(S), 신중형(C)	ISTP, ESTJ, ESFP
성북동 별서	주도형(D), 신중형(C)	ENFP, ESTJ, INFP
선잠단지	안정형(S), 신중형(C)	ISTP, ESTJ, ISTJ
북한산국립공원	주도형(D), 사교형(I)	ENTP, ISFJ, ISFP, ESTJ, INTP
북악산국립공원	주도형(D), 사교형(I)	ENTP, ISFJ, ISFP, ESTJ, INTP
한양도성	주도형(D), 신중형(C), 사교형(I)	ENTJ, ENFP, ISTP, ISFP, INTP
길상사	신중형(C)	ISTP, ISTJ
북한산 생태숲	신중형(C), 안정형(S)	ESFJ, ISFP, ESTJ, INFP
북악스카이웨이	신중형(C), 안정형(S)	ESFJ, ISFP, ESTJ, INFP
개운산근린공원	주도형(D), 사교형(I)	ENTP, ISFJ, ISFP, ESTJ
성북근린공원	주도형(D), 사교형(I)	ENTP, ISFJ, ISFP, ESTJ
청량근린공원	주도형(D), 사교형(I)	ENTP, ISFJ, ISFP, ESTJ, INFJ
심우장과 북정마을	신중형(C), 안정형(S)	ESFJ, ISFP, ESTJ, INFP

의릉
경종과 그의 계비 선의왕후 어씨의 능

사적 제204호로 조선 20대 경종(재위 1720~1724년)과 그의 비(妃)인 선의왕후의 무덤이다. 경종은 희빈장씨의 소생으로 어렸을 때부터 몸이 약하여 왕위에 오른지 4년만에 세상을 떠났다.

일반적으로 쌍릉은 좌·우로 조성하지만 이 무덤은 앞·뒤로 무덤을 조성한 상하이봉릉(上下異封陵)이다. 이처럼 앞·뒤로 만든 것은 풍수지리설에 의한 것으로 효종과 인선왕후의 무덤인 영릉에서 처음 나타났다.

왕릉에는 무덤 둘레에 병풍석을 세우지 않고 대신 무덤 주위에 12칸의 난간석을 설치했는데, 난간석의 기둥에는 십이간지가 방위에 따라 문자로 새겨져 있다. 난간석 밖으로 망주석·장명등·문무석과 말·양·호랑이가 있다. 무덤의 석물 배치와 양식은 명릉과 같이 규모가 작고 간소한 후릉 제도를 택하였다. 왕비릉의 석물 배치는 왕릉과 같으나 무덤 뒤에 담을 두르지 않았다.

- 입장료 : 1,000원
- 관람 시간 : 화~일 09:00~18:00
- 주소 : 성북구 화랑로32길 146-37
- 지하철 : 상월곡역 3번 출구에서 337m
- DISC 유형 : 주도형(D), 신중형(C)
- MBTI 유형 : ISTP, ESTJ, ESFP

정릉
조선 태조의 계비 신덕왕후 강씨의 능

사적 제208호로 조선 태조 이성계의 두 번째 부인인 신덕왕후 강씨의 무덤이다. 원래의 자리는 정동에 있었으나 의정부(행정부의 최고기관)에서 왕의 무덤이 모두 도성 밖에 있는데 정릉만이 도성 안에 있고, 무덤이 크고 넓다고 하여 태종 9년(1409년)에 도성 밖 현재의 자리로 옮겼다.

태종은 무덤을 옮긴 후 정자각을 없애고, 홍수로 없어진 광통교를 다시 짓는데 정릉의 병풍석 등 석물을 실어다 만들게 하였다. 무덤을 옮긴 후 수백 년간 정릉은 왕후의 무덤이라기보다는 주인 없는 무덤에 불과하였는데, 현종 10년(1669)에 송시열의 상소에 의해 회복되었다.

정릉은 병풍석과 난간석을 세우지 않고, 호석과 양석이 각 1쌍으로 줄어 다른 왕후의 무덤에 비하여 초라하지만, 조선왕조 최초로 만들어진 왕비의 무덤이다. 정릉의 사각장명 등이 고려 공민왕과 노국공주의 무덤인 현릉·정릉의 것을 따르고 있는 것을 보면, 조선의 왕릉은 고려의 왕릉을 규범으로 삼았다는 것을 알 수 있다.

- 입장료 : 1,000원
- 관람 시간 : 화~일 09:00~18:00
- 주소 : 성북구 아리랑로 19길 116
- 지하철 : 정릉역 2번 출구에서 582m
- DISC 유형 : 안정형(S), 신중형(C)
- MBTI 유형 : ISTP, ESTJ, ESFP

성북동 별서
한국 전통 정원의 아름다움이 살아있는 명소

별서란 농장이나 들이 있는 부근에 한적하게 따로 지은 집을 말한다. 성북동 별서는 서울 지역에 드물게 남아있는 조선시대 정원으로서, 전통 정원 요소의 원형이 비교적 잘 남아 있고 경관적으로도 보존할 가치가 있는 명승이다.

시냇물을 따라 앞뜰, 안뜰, 바깥뜰로 나눌 수 있는데, 앞뜰에는 두 골짜기에서 흘러내린 물줄기가 하나로 모인다. 안뜰에는 200~300년 되는 엄나무를 비롯하여 느티나무, 소나무, 참나무, 단풍나무, 다래나무, 말채나무 등이 울창한 숲을 이루고 있다. 안뜰에는 글씨가 바위에 새겨져 있고 바깥뜰의 고엽 약수 등과 함께 자연과 인공이 어우러진 경관을 보이고 있다.

별서를 만들기 전부터 오랫동안 경승지로 이용되어왔던 곳이며, 조선 고종 때 내관이자 문인인 황윤명이 조성한 별서이다. 시회(詩會)가 열리기도 했으며, 갑신정변 당시 명성황후의 피난처가 되었고, 의친왕 이강이 별궁으로 사용한 역사적 가치도 있다.

- 입장료 : 무료
- 관람 시간 : 화~일 09:00~18:00
- 주소 : 서울특별시 성북구 선잠로2길 47
- 지하철 : 한성대입구역 5번 출구에서 1,107m
- DISC 유형 : 주도형(D), 신중형(C)
- MBTI 유형 : ENFP, ESTJ, INFP

선잠단지
누에 농사의 풍년을 기원한 제단 터

사적 제83호로 지정된 서울 선잠단지는 누에치기를 처음 했다는 중국 고대 황제의 황비 서릉씨를 누에신(잠신 蠶神)으로 모시고 제사를 지내던 곳이다. 이 단은 고려 성종 2년(983년)에 처음 쌓은 것으로, 단의 앞쪽 끝에 뽕나무를 심고 궁중의 잠실(蠶室)에서 누에를 키우게 하였다.

세종대왕은 누에를 키우는 일을 크게 장려했는데, 각도마다 좋은 장소를 골라 뽕나무를 심도록 하였으며, 한 곳 이상의 잠실을 지어 누에를 키우도록 하였다. 그러다가 중종 원년(1506년)에는 여러 도에 있는 잠실을 서울 근처로 모이도록 하였는데 지금의 송파구 잠실이 바로 옛 잠실들이 모여 있던 곳이다.

선잠단의 설치 이후 매년 3월에 제사를 지내다가 1908년에 잠신이 의지할 자리인 신위를 사직단으로 옮기면서 지금은 그 터만이 남게 되었다. 현재 원형을 복원하는 공사가 진행되고 있다.

- 입장료 : 무료
- 관람 시간 : 연중무휴
- 주소 : 성북동 64-1
- 지하철 : 한성대입구역 5번 출구에서 827m
- DISC 유형 : 안정형(S), 신중형(C)
- MBTI 유형 : ISTP, ESTJ, ISTJ

북한산국립공원
도심 속의 자연 공원

북한산국립공원은 세계적으로 드문 도심 속의 자연 공원으로, 수려한 자연경관과 문화자원을 온전히 보전하고 쾌적한 탐방 서비스 제공을 위하여 우리나라의 15번째 국립공원으로 지정되었다. 면적은 서울특별시와 경기도에 걸쳐 약 79.916k㎡, 평수로 환산하면 약 2,373만평이고, 우이령을 중심으로 남쪽의 북한산 지역과 북쪽의 도봉산 지역으로 구분된다.

공원 전체가 도시 지역으로 둘러싸여 생태적으로는 고립되었지만, 도시 지역에 대한 녹색 허파로서의 역할을 수행하고 있다. 수도권 이천만 주민들의 자연 휴식처로 크게 애용되고 있다.

북한산국립공원은 거대한 화강암으로 이루어진 주요 암봉 사이로 수십 개의 맑고 깨끗한 계곡이 형성되어 산과 물의 아름다운 조화를 빚어내고 있으며, 그 속에 1,300여 종의 동식물이 서식하고 있다. 또한 2,000년의 역사가 담겨진 북한산성을 비롯한 수많은 역사, 문화유적과 100여 개의 사찰, 암자가 곳곳에 산재되어 있어 다양한 볼거리와 생태, 역사 학습장소를 제공하고 있다.

- 입장료 : 무료
- 관람 시간 : 화~일 09:00~18:00
- 주소 : 서울특별시 성북구 정릉동 산1-1
- 지하철 : 북한산보국문역 1번 출구에서 1.8.km
- DISC 유형 : 주도형(D), 사교형(I)
- MBTI 유형 : ENTP, ISFJ, ISFP, ESTJ, INTP

북악산국립공원
낙락한 소나무와 암릉이 있는 산

수려한 자연과 문화적 요소의 결합 경복궁의 진산(鎭山)인 북악은 높이 342km에 이르며 화강암이 주를 이룬 돌산으로, 산능선을 따라 조성된 성곽 주위르 수목이 가꾸어져 있다. 특별히 소나무는 조선 개국 초부터 특별 보호 대책을 세워 관리되었다.

조선조 내내 잘 보존되어 온 소나무 숲은 일제 강점기 이후 숲이 방치되면서 능선 주위에만 주로 살아남아 오늘에 이른다. 북악산은 근 40년간 인간의 간섭을 받지 않은 덕분에 식물들이 잘 보존된 천연의 공간이 되었다. 지금 자라고 있는 식물은 208종류이고 그중 나무는 81종이 있는 것으로 조사되었다. 팥배나무를 비롯한 새 먹이가 될 수종이 많기 때문에 다양한 종류의 새가 매우 많다.

- 입장료 : 무료
- 관람 시간 : 연중무휴
- 주소 : 성북구 성북동 종로구 평창동 114-12
- 지하철 : 길음역 3번 출구에서 1213번 버스를 타고 국민대 앞에서 하차하여 253m
- DISC 유형 : 주도형(D), 사교형(I)
- MBTI 유형 : ENTP, ISFJ, ISFP, ESTJ, INTP

한양도성

조선과 도심의 정취를 한꺼번에 느끼는 곳

한양도성은 조선왕조 도읍지인 한성부의 경계를 표시하고 그 권위를 드러내며 외부의 침입으로부터 방어하기 위해 축조된 성이다.

태조 5년(1396), 백악(북악산)·낙타(낙산)·목멱(남산)·인왕의 내사산(內四山) 능선을 따라 축조한 이후 여러 차례 개축하였다. 평균 높이 약 5~8m, 전체 길이 약 18.6km에 이르는 한양도성은 현존하는 전 세계의 도성 중 가장 오랫동안 도성 기능을 수행하였다.

처음 축성할 당시 평지는 토성으로 산지는 석성으로 쌓았으나, 세종 때 개축하면서 흙으로 쌓은 구간도 석성으로 바꾸었다. 성을 쌓을 때는 일부 성돌에 공사에 관한 기록을 남겼는데, 태조·세종 때에는 구간명·담당 군현명 등을 새겼고 숙종 이후에는 감독관·책임기술자·날짜 등을 명기하여 책임 소재를 밝혔다.

한양도성은 근대화 과정에서 옛 모습을 상당 부분 잃어버렸으나, 1968년 숙정문 주변부터 시작하여 1974년 전 구간으로 중건이 확대되었다.

- 입장료 : 무료
- 관람 시간 : 화~일 09:00~18:00
- 주소 : 서울 종로구 와룡공원길 192
- 지하철 : 솔샘역 1번 출구에서 858m
- DISC 유형 : 주도형(D), 신중형(C), 사교형(I)
- MBTI 유형 : ENTJ, ENFP, ISTP, ISFP, INTP

길상사

도심 속에 자리 잡은 아름다운 사찰

길상사는 1980년대 말까지 삼청각, 청운각과 함께 최고급 요정 중 하나였던 대원각 자리에 세워졌다. 故 김영한 여사가 7천여 평 대지와 건물 40여동의 부동산을 법정스님에게 시주해 1997년에 길상사로 탈바꿈하였다. 특히 법정스님의 순수사회운동인 '맑고 향기롭게'의 근본 도량으로서 건강한 사회를 위한 사회참여 프로그램을 운영하고 있다.

길상사가 유명한 이유 중 하나는 도심 속에 있으면서도 나무와 숲, 맑은 공기 등이 한데 어우러져 있기 때문이다. 서울특별시 보호수로 지정된 느티나무 두 그루가 있는데 수령이 무려 265년, 165년에 이르며 여름에는 시원한 그늘을 만들어 주고, 봄·가을에는 명상에 들 수 있도록 도와준다. 또한, 템플스테이, 수련회 등의 프로그램과 미술대회, 콘서트 등 도심 속 문화공간의 역할을 톡톡히 하고 있다.

- 입장료 : 무료
- 관람 시간 : 연중무휴
- 주소 : 서울 성북구 선잠로5길 68 길상사
- 지하철 : 한성대입구역 6번 출구 삼선교 1111번 버스정류장에서 30M
- DISC 유형 : 신중형(C)
- MBTI 유형 : ISTP, ISTJ

북한산 생태숲
자연과 교감하는 곳

북한산 둘레길 가운데 성북구와 강북구 경계를 이루는 솔샘길 구간에는 북한산 생태숲이 조성되어 있다. 생태숲은 도심 속 산책로로 피톤치드를 마음껏 즐길 수 있는 삼림욕장으로 남녀노소의 심신을 편안하게 해주는 힐링 장소이자, 어린이와 청소년들을 위한 다양한 프로그램을 운영하고 있는 자연학습장이다.

북한산 생태숲에는 성북생태체험관과 자연생태체험장이 들어서 있으며, 인근에는 깔끔하게 단장된 넓은 야생화단지와 수변공원, 휴게시설 등도 있어 둘레길 여행객들이 잠시 휴식을 취하며 생태 체험도 즐길 수 있는 매우 **훌륭한** 공간이다. 특히 이곳에 있는 성북생태체험관은 교육이나 견학을 위해 방문하는 아이 학부모들에게 인기가 많은 곳이다.

북악스카이웨이
도심 속에 드라이브코스

북악스카이웨이는 서울 북악산 능선을 따라 자하문에서 정릉 아리랑고개에 이르는 길이 8km의 왕복 2차로 도로이다. 이 길은 1968년 1월 21일 북한무장공비의 청와대 침투사건 이후 수도권 경비 강화와 산책로를 위해 개통된 것이다. 산을 타고 이어지는 급경사의 좁은 도로와 그 사이사이의 고층 건물들, 그리고 그곳을 달리는 버스 등이 홍콩의 빅토리아 피크 도로와 매우 닮았다. 구불구불한 나선형으로 이루어진 북악스카이웨이 곳곳에는 반사경과 수은등이 설치되어 있다. 도로변에는 서울의 옛 성곽, 자하문·팔각정 등이 있고, 북한산 등과 어울려 70년대에는 신혼부부의 드라이브코스로 각광받기도 했다. 서울에서 활동하는 자전거 동호인들이 좋아하는 라이딩코스로 낮산에 이어 2번째로 인기가 많다. 북악스카이웨이 중간에 북악팔각정이 있다. 실내 주차장이 있다.

- 입장료 : 무료
- 관람 시간 : 연중무휴
- 주소 : 성북구 솔샘로25길 121-50
- 지하철 : 솔샘역 1번 출구에서 858m
- DISC 유형 : 신중형(C), 안정형(S)
- MBTI 유형 : ESFJ, ISFP, ESTJ, INFP

- 입장료 : 무료
- 관람 시간 : 연중무휴
- 주소 : 서울특별시 성북구 성북동 산16-1
- 주차장 : 10분당 400원
- DISC 유형 : 신중형(C), 안정형(S)
- MBTI 유형 : ESFJ, ISFP, ESTJ, INFP

개운산근린공원
자연과 교감하는 곳

개운산공원은 1940년 3월 12일 지정된 마을동산 성격의 산지형 공원이다. 돈암동, 안암동, 종암동 등으로 둘러 쌓여 있으며 면적은 297,926㎡이다. 산 형세는 자연스런 형태로 힘들지 않게 산책할 수 있으며 운동장이 있어 축구, 게이트볼, 배드민턴, 테니스 등 운동을 할 수 있다.

개운산은 나라의 운명을 새롭게 열었다는 뜻의 개운사 절이 있어 붙여진 이름이다. 또 안암동에 있어 '안암산' 으로, 종암1동의 진씨(陳氏) 성을 가진 사람의 채석장이 있어 '진석산(陳石山)' 으로도 불리운다. 공원내에는 향토수목 32종 3,290주가 식재되어 있어 자연학습 관찰로를 조성하여 어린이 및 학생들이 이용하고 있다. 개운산근린공원은 누구나 걷기 편한 산책로와 다양한 운동 공간을 조성하고 개운산 숲길여행 운영을 통해 구민들의 건강관리와 정서함양을 책임지는 공원이다.

- 입장료 : 무료
- 관람 시간 : 화~일 09:00~18:00
- 주소 : 성북구 북악산로 949-73
- 지하철 : 성신여대입구역 1번출구에서 1.2km
- DISC 유형 : 주도형(D), 사교형(I)
- MBTI 유형 : ENTP, ISFJ, ISFP, ESTJ

성북근린공원
도심 속에 자리 잡은 공원

돈암동, 성북동 일대에 걸쳐 있고 북악산길과 성북구민회관, 성북여성회관, 고밀도 아파트 단지 등에 인접하여 있다. 정상부에서 남측으로 서울 시내 전체 조망이 가능하며 북동쪽으로는 정릉과 도봉산의 경관을 조망할 수 있고, 북악스카이웨이 변을 따라 있는 수영장과 '곰의집' 음식점은 인공 식재한 향나무와 송림으로 꾸며진 공간으로 휴게 장소로서 아늑한 분위기를 연출하고 있다.

공원 초입의 하늘한마당에서 조금 걷다 보면 북악하늘길이 연결되어 있어 천천히 걸으며 정릉동과 성북동을 내려다 볼 수 있어 좋은 전망대 역할을 하고 있다. 주변에는 성북 우정의 공원, 성북공원, 성북동 쉼터가 있어 연계해서 다녀도 좋다.

- 입장료 : 무료
- 관람 시간 : 연중무휴
- 주소 : 서울 성북구 흥천사길 29
- 주차장 : 한성대입구역 1번출구에서 01번 버스를 타고 구민회관 앞에서 내려 365m
- DISC 유형 : 주도형(D), 사교형(I)
- MBTI 유형 : ENTP, ISFJ, ISFP, ESTJ

청량근린공원
자연환경이 아름다운 공원

청량공원은 서울시 성북구 석관동 일대와 동대문구 청량리동 일대에 걸쳐 있으며 전부 국공유지로 되어 있다. 국내최초로 고령자를 위한 1,980㎡ 규모의 건강마당은 노인 전용 운동 공간이다. 건강마당에 설치된 모든 시설은 노인 신체조건과 체형에 맞게 제작된 122종의 운동기구가 설치돼있다. 또 황토와 고무 칩으로 바닥을 이중 포장해 무릎보호 및 운동효과를 높인 걷기 산책로, 잡고 가는 것만으로도 지압 효과가 있는 고무 손잡이 보호난간도 설치되어 있다.

청량공원은 인근에 의릉과 홍릉수목원이 있어 많은 면적이 문화재보호구역과 산림과학연구 시험림으로 지정되어 있다. 자연환경이 아름답고 정상에 서면 북한산, 수락산, 오동공원 등이 한 눈에 들어온다.

- 입장료 : 무료
- 관람 시간 : 화~일 09:00~18:00
- 주소 : 서울 성북구 석관동 산1-77
- 지하철 : 상월곡역 3번 출구에서 355m
- DISC 유형 : 주도형(D), 사교형(I)
- MBTI 유형 : ENTP, ISFJ, ISFP, ESTJ, INFJ

심우장과 북정마을
과거로의 여행

일제강점기인 1933년에 만해 한용운이 지은 집으로 조선총독부와 마주하기 싫어 산비탈 북향에 자리 잡았다는 일화가 있다. 지금도 한용운이 쓰던 방에는 그의 글씨, 연구논집, 옥중 공판 기록 등이 그대로 보존되어 있다.

서울에서 얼마 남지 않은 산동네 중 하나인 북정마을은 심우장을 지나 양팔을 뻗으면 닿을 듯 폭이 좁은 골목길 끝까지 오르면 하늘이 열리면서 올망졸망 집들이 모여 앉은 마을이 나타나면서 운치를 준다.

- 입장료 : 무료
- 관람 시간 : 연중무휴
- 주소 : 서울 성북구 성북로29길 24
- 주차장 : 한성대입구역 6번출구에서 03번 버스를 타고 슈퍼 앞에서 내려 45m
- DISC 유형 : 신중형(C), 안정형(S)
- MBTI 유형 : ESFJ, ISFP, ESTJ, INFP

성북구 맛집

명문막국수
여름철 막국수가 유명한 식당
서울특별시 성북구 창경궁로 319
영업 시간 11:30~20:00
명태식혜/ 비빔막국수-/ 메밀물막국수-

국시집
칼국수가 끝내주는 식당
서울특별시 성북구 창경궁로 43길 9 02-762-1924
영업 시간 11:30~20:00
국시

쌍다리식당
기사식당으로 유명한 집
서울특별시 성북구 성북로 23길 4 02-43-0325
영업 시간 09:00~21:00
돼지불백

안동할매 청국장
쌀국수가 맛있기로 유명한 식당
서울특별시 성북구 성북로 5길9-3 02-743-8104
영업 시간 08:00~21:30
청국장/ 순두부 정식/ 회덮밥

선동보리밥
서울특별시 성북구 성북로 142 02-7743-209
영업 시간 10:30~21:00
보리밥/ 낙지볶음/ 영양돌솥밥

국화정원
서울특별시 성북구 성북로 154 02-741-0021
영업 시간 12:00~20:00
간장게장

제8장
서대문구 여행

1. 서대문구의 특징

서대문의 유래는 동대문구의 예와 같이 돈의문(서대문)이 위치했던 지역이라는 의미이나, 현재 서대문구에는 서대문이 없다. 일제강점기 시절인 1915년 경성부 내 전차 궤도를 깔기 위해 헐렸기 때문이다. 현저동에 독립문과 서대문형무소역사관이 있으며, 이들을 묶어 독립공원이 조성되어 있다. 전쟁과 여성 인권 박물관이 독립공원 안에 설립될 예정이었으나, 광복회의 반발로 최종적으로는 성산(마포구 성산동 소재) 기슭에 세워졌다.

연희동 서대문구청 근처의 안산 산기슭에는 서대문자연사박물관이 있다. 그리도 안산(鞍山 해발 295.9m) 자락길은 봄에 벚꽃이 만발해 연인들의 데이트 코스로도 많이 알려져 있다. 자작나무, 메타세콰이아 숲들도 울창하게 들어서 있어 서울 시민이라면 한 번은 꼭 가볼 만한 곳이다. 봉원동의 안산 산기슭에는 절 봉원사(奉元寺)가 있다. 이름 때문에 강남의 봉은사와 헷갈리는 경우가 많다. 연희동에는 6.25 전쟁의 격전지 중에 하나였던 104고지가 있으며, 기념비도 세워져 있다.

서대문구에서 성격 유형별로 여행지를 추천하면 다음과 같다.

〈표〉 성격유형별 서대문구 여행지(8)

여행지	DISC 유형	MBTI 유형
서대문형무소역사관	주도형(D), 신중형(C), 사교형(I)	ENTJ, ENFP, ISTP, ISTJ, ISFP
서대문독립공원	주도형(D), 신중형(C), 사교형(I)	ENTJ, ENFP, ISTP, ISTJ, ISFP
안산과 자락길	주도형(D), 사교형(I)	ENTP, ISFJ, ISFP, ESTJ
연희숲속쉼터	주도형(D), 사교형(I)	ENTP, ISFJ, ISFP, ESTJ
홍제천	주도형(D), 사교형(I)	ENTP, ISFJ, ISFP, ESTJ
북한산자락길	주도형(D), 사교형(I)	ENTP, ISFJ, ISFP, ESTJ
옥천암	신중형(C)	ISTP, ISTJ
봉원사	신중형(C)	ISTP, ISTJ

서대문형무소역사관
일제의 대표적인 탄압 장소

서대문구 현저동 101번지에 위치한 서대문형무소는 대한제국 말에 일제의 강압으로 감옥이 지어져 80여 년 동안 우리 근·현대사 격동기의 수난과 민족의 한이 서려있는 역사의 현장이자 항일독립운동에 대한 일제의 대표적인 탄압기관이었다. 수많은 애국지사를 투옥하기 위해 1907년 감옥을 지어 480평 규모의 감방과 80여 평 정도의 부속시설로 수용인원은 500명 정도였다.

옥사는 모두 15개 동이었으나 현재는 보존 가치를 고려해 7개 동만을 보존하여 그중 옥사 3개 동(제10, 11, 12옥사)와 사형장을 1988년 2월 20일 사적 제324호로 지정하였다.

이곳은 일본의 침략에 맞선 애국지사들을 가두던 서대문형무소의 원형을 보존을 통해 그분들의 발자취를 밟고 그 넋을 기릴 수 있는 좋은 체험장소이다.

서대문독립공원
자주독립 정신을 기리는 공원

1992년 8월 15일 개원한 서대문독립공원은 조국의 독립을 위해 항거하다 옥고를 치렀던 애국지사의 자주독립 정신을 후손에게 기억시키기 위해서 만들어졌다.

그동안 독립공원은 공원 입구에 주택과 상가가 무질서하게 자리잡고 있으며, 주요 시설이 산재되어 있어 시민들의 공원 이용에 불편이 많았으나 2007년 4월 16일부터 추진한 독립공원 재조성 사업을 통해 독립문, 역사관, 독립관, 순국선열추념탑 등을 유기적으로 연결함과 동시에 시민 이용에 불편을 초래했던 노후한 공원시설을 정비하여 공원을 방문하는 학생, 관광객, 시민들의 편의를 최대화하였다.

특히, 독립문은 그동안 시민들의 접근을 제한하였으나, 서대문독립공원 재조성 사업으로 인하여 112년 만에 시민들에게 개방하게 되었다.

- 입장료 : 3,000원
- 관람 시간 : 9:30~18:00
- 주소 : 서대문구 통일로 251
- 지하철 : 독립문역 5번 출구에서 317m
- DISC 유형 : 주도형(D), 신중형(C), 사교형(I)
- MBTI 유형 : ENTJ, ENFP, ISTP, ISTJ, ISFP

- 입장료 : 무료
- 관람 시간 : 연중무휴
- 주소 : 서대문구 통일로 247
- 지하철 : 독립문역 5번 출구에서 247m
- DISC 유형 : 주도형(D), 신중형(C), 사교형(I)
- MBTI 유형 : ENTJ, ENFP, ISTP, ISTJ, ISFP

안산과 자락길
다양한 나무와 볼거리가 많은 둘레길

안산은 인왕산에서 서쪽으로 비스듬히 뻗어 무악재를 이루고 솟은 산이다. 길마재의 다른 이름인 무악재는 모악재로 부르기도 하였으며, 조선왕조가 개창되어 도읍을 한양으로 옮기면서 무악은 궁궐의 주산(主山)으로 주목되기도 하였다. 서대문구 안산 자락길 7km 길이의 전국 최초의 순환형 무장애 자락길로 장애인, 노약자, 어린이 등 보행 약자는 물론 휠체어, 유모차도 쉽게 숲을 즐길 수 있는 숲길이다.

안산 자락길은 구간별로 아까시숲, 메타세콰이아숲, 가문비나무숲 등 다양한 숲을 즐길 수 있으며 동서남북 방향에 따라 한강, 인왕산, 북한산, 청와대 등 다양한 조망을 즐길 수 있다.

또한 안산 자락길 주변에는 서대문독립공원과 형무소, 그리고 조선시대 세종때 만들어진 봉수대, 신라 진성여왕 시기에 창건된 봉원사 등 역사적인 명소가 가득하다.

- 입장료 : 무료
- 관람 시간 : 화~일 09:00~18:00
- 주소 : 서울 서대문구 봉원동
- 지하철 : 무악재역 3번 출구에서 591m
- DISC 유형 : 주도형(D), 사교형(I)
- MBTI 유형 : ENTP, ISFJ, ISFP, ESTJ

연희숲속쉼터
도심 속의 쉼터

연희 숲속 쉼터는 서대문구청 뒤에 있는 청소년 수련관 옆에 서대문 안산 기슭에 위치한 쉼터로 벚꽃 명소로 유명하다. 쉼터는 허브정원과 벚꽃마당, 숲속 쉼터, 잔디 마당, 안산방죽, 팔각정자 등 다채롭고 아름다운 볼거리가 가득하여 많은 사람들이 찾고 있으며, 특히 가족들과 잠시 들러 추억을 남기기 좋다.

- 입장료 : 무료
- 관람 시간 : 연중무휴
- 주소 : 서울 서대문구 봉원시길 75-66 서대문구청
- 지하철 : 신촌역 3번&4번 출구로 나와 3번 마을버스로 환승, 서대문구청 정거장에 하차해서 구청과 보건소 사잇길로 300m
- DISC 유형 : 주도형(D), 사교형(I)
- MBTI 유형 : ENTP, ISFJ, ISFP, ESTJ

홍제천
다양한 볼거리가 있는 곳

홍제천은 북한산 수문봉, 보현봉, 형제봉에서 발원하여 종로구, 서대문구, 마포구를 흘러 한강으로 통하는 하천이다. 홍제천의 총연장은 13.38Km 이며, 이 중 6.12Km가 서대문구의 14개 동 중 7개동(홍은 1·2동, 홍제 1·3동, 남가좌 1·2동, 연희동)을 지나고 있어 서대문구의 대표적인 하천이다.

서대문구민에게는 친숙하며 언제나 편안히 쉴

수 있는 쉼터로 인공폭포, 음악분수, 산책로 등이 조성되어 있어 휴식을 취하는 이들에게 볼거리를 제공하고, 각종 행사도 열린다.

- 입장료 : 무료
- 관람 시간 : 연중무휴
- 주소 : 서울 마포구 성산동
- 지하철 : 마포구청역 7번 출구에서 632m
- DISC 유형 : 주도형(D), 사교형(I)
- MBTI 유형 : ENTP, ISFJ, ISFP, ESTJ

북한산자락길
자연친화적인 산책길

북한산자락길은 우리나라 5대 명산의 하나인 북한산의 아름다운 자연을 더 가깝게 느낄 수 있도록 북한산에 조성된 산책길로 홍은동 실락어린이공원에서 시작하여 홍록배드민턴장과 삼하운수종점을 지나 옥천암에 이르는 총길이 4.5km의 무장애 길이다.

노약자나 휠체어 임산부 유모차 등 보행 약자들을 위해 특별히 배려한 산책로이며, 전 구간을 10% 이내의 경사도를 유지하고, 전체 길이의 90%를 목재 데크로 설치하여 자연 친화적인 산책길로 조성되어 있다.

- 입장료 : 무료
- 관람 시간 : 연중무휴
- 주소 : 성북구 아리랑로 19길 116
- 지하철 : 홍제 전철역 3번 출구 바로 옆 마을버스 12번을 타고, 약 5분 정도 오면 홍은동 팔각정에서 하차
- DISC 유형 : 주도형(D), 사교형(I)
- MBTI 유형 : ENTP, ISFJ, ISFP, ESTJ

옥천암
영험을 얻기로 유명한 사찰

홍은동에 있는 조계종 소속 사찰로 서대문구의 끝자락에 위치해 있다. 특히 이곳에 있는 높이 10m의 남쪽 바위면에 세겨진 고려시대 불상 마애보살좌상(보물 제1820호)은 예로부터 많은 신남신녀들이 와서 기도하고 영험을 얻었다 하여 많은 이들이 찾는 곳이다.

옥천암(玉泉庵)은 동해의 낙산 홍련암, 서해의 강화도 보문사, 남해의 보리암과 함께 4대 관음기도 도량으로 알려져 있다. 이는 옥천암에 있는 관음보살상 때문이다. 일찍이 조선 태조가 한양에 도읍을 정할 때도 이 석불에 기도한 일이 있

고, 또 흥선대원군의 부인 민씨(閔氏)도 아들인 고종을 위해서 자주 찾아와 기도하였다고 한다. 삼각산의 맥이 비봉과 향로봉을 거쳐 인왕산으로 이어지기 직전 삼각산이 끝나는 지점에 자리한 옥천암은 서울이 대규모로 도시화되기 전만 해도 옥같이 맑은 물이 흘렀다. 그러한 까닭으로 절 이름 또한 옥천암이라 불리었던 것이다.

- 입장료 : 무료
- 관람 시간 : 화~일 09:00~18:00
- 주소 : 서울 서대문구 홍지문길 1-38 옥천암
- 지하철 : 3호선 홍제역 1번 출구 8번 마을버스 이용
- DISC 유형 : 신중형(C)
- MBTI 유형 : ISTP, ISTJ

- 입장료 : 무료
- 관람 시간 : 연중무휴
- 주소 : 서울 서대문구 봉원동 산1
- 지하철 : 독립문역 3-1번 출구에서 7024번 버스를 타고 5정거장 지나 봉원사 입구에서 하차 후 206m
- DISC 유형 : 신중형(C)
- MBTI 유형 : ISTP, ISTJ

봉원사
태고종의 총본산

봉원동 안산 기슭에 있는 사찰로 한국불교태고종 총본산이다. 봉원사는 신라 말기 진성여왕 3년인 889년에 도선이 처음 지은 것으로 전해진다. 당시의 이름은 반야사(般若寺)였다. 이후 고려 공민왕 때 보우(普愚)가 크게 중창하였다.

조선 태조가 불교에 심취했을 때 삼존불을 조성해 봉원사에 봉안하였고, 사후에는 태조의 초상이 봉안되기도 했다. 임진왜란 때 소실되었다가 다시 짓는 등 조선 영조 때까지 지금의 연세대학교 자리인 연희궁 터에 있었다. 영조 24년인 1748년에 지금의 터로 이전하였다.

서대문구 맛집

연희미식
다국적 아시아 음식수가 유명한 식당
서울특별시 서대문구 연희맛로 22 삼원빌딩 02-333-2119
영업 시간 14:30~22:00/ 휴무 일요일
오징어튀김/ 바지락볶음/ 새우물만두

천진분식
분식이 끝내주는 식당
서울특별시 서대문구 이화여대5길 7 02-364-0410
영업 시간 10:00~19:00/ 휴무 일요일
완탕국밥/ 완탕국수/ 볶음밥

맘맘테이블
베트남 쌀국수로 유명한 집
서울특별시 서대문구 연세로4길 33
영업 시간 11:00~22:00
호띠우/ 분짜/ 분깐조

담산
등갈비가 맛있기로 유명한 식당
서울특별시 서대문구 연세로5다길 41 02-6404-8469
영업 시간 11:00~23:00
양푼등갈비/ 등갈비포장/ 곤드레밥

가타쯔무리
쌀국수가 맛있기로 유명한 식당
서울특별시 서대문구 명지대길 72
영업 시간 11:30~14:30
가케우동/ 붓가케우동/ 카마타마우동

고삼이
셍선구이가 맛있기로 유명한 식당
서울특별시 서대문구 연세로7안길 38 02-324-1403
영업 시간 10:00~21:00
고등어구이/ 삼치구이/ 오징어볶음

제9장
은평구 여행

1. 은평구의 특징

은평구는 1979년에 서대문구에서 분구된 서울 서북부에 있는 전형적인 주거 지역이다. 은평이라는 단어의 유래는 은혜와 평화의 땅이라는 의미로 구에서 만든 '은평구민의 노래'에는 '은혜와 평화로세 은평이라네'라는 가사가 있다.

은평구에는 서울 근교 4대 명찰로 손꼽히는 진관사가 있어 템플스테이 체험으로 유명해 많은 사람이 찾는 힐링 장소로 알려져 있다. 진관사 근처에는 실제로 사람들이 거주하고 있는 작은 한옥마을이 있어 도심 속에서 고즈넉함을 느낄 수 있다. 은평구 중심을 가로질러 한강으로 이어지는 불광천 주변에는 산책로와 자전거도로 등이 조성되어 있어 주민들의 휴식 공간으로 역할을 톡톡히 하고 있다. 응암동 대림시장 감자국 거리를 가면 저렴하고 맛있는 감자탕을 맛볼 수 있다. 은평구에서 성격 유형별로 여행지를 추천하면 다음과 같다.

〈표〉 성격 유형별 은평구 여행(10)

여행지	DISC 유형	MBTI 유형
은평한옥마을	주도형(D), 신중형(C), 사교형(I)	ENTJ, ENFP, ISTP, ISTJ, ISFP
진관사	신중형(C)	ISTP, ISTJ, INTP
삼천사	신중형(C)	ISTP, ISTJ
연신내물빛공원	신중형(C), 안정형(S)	ESFJ, ISFP, ESTJ, INFP
서오능도시자연공원	주도형(D), 사교형(I)	ENTP, ISFJ, ISFP, ESTJ
향림근린공원	주도형(D), 사교형(I)	ENTP, ISFJ, ISFP, ESTJ
신사근린공원	주도형(D), 사교형(I)	ENTP, ISFJ, ISFP, ESTJ
봉산도시자연공원	주도형(D), 사교형(I)	ENTP, ISFJ, ISFP, ESTJ
불광근린공원	주도형(D), 사교형(I)	ENTP, ISFJ, ISFP, ESTJ
불광천	신중형(C), 안정형(S)	ESFJ, ISFP, ESTJ, INFP

은평한옥마을
웰빙 뉴타운

이미 천년 전부터 한반도 최고의 길지(吉地)로서의 명성을 누려 온 천복지지(天福之地)의 명당에 위치한 은평 뉴타운 한옥마을은 마을 뒤쪽으로 펼쳐진 북한산과 마을 앞의 은평 뉴타운으로 인해 수려한 자연환경과 함께 교통과 주거환경에서도 뛰어난 여건을 구비하고 있어 도시생활에 지친 현대인들에게 새로운 형태의 건강 웰빙 뉴타운으로 주목받고 있다.

현재 조성 중인 한옥마을의 골목골목에서 만들어지는 사람 사는 따스한 풍경이야말로 한옥마을은 북한산의 아름다운 자연환경과 현대식 한옥이 어우러진 은평구의 대표적 명소이다. 인근에는 은평한옥마을 8경이 있어 볼거리를 더하며, 은평역사한옥박물관, 너나들이센터, 셋이서문학관, 금암미술관 등 다양한 한문화체험시설이 자리잡고 있어 전시, 체험, 교육 등 다양한 문화활동을 즐길 수 있다.

- 입장료 : 무료
- 관람 시간 : 연중무휴
- 주소 : 서울 은평구 진관동 193-14
- 주차비 : 5분당 100원/ 1시간에 1,200원
- DISC 유형 : 주도형(D), 신중형(C), 사교형(I)
- MBTI 유형 : ENTJ, ENFP, ISTP, ISTJ, ISFP

진관사
서울 근교의 4대 명찰

진관사는 예로부터 서울 근교의 4대 명찰로 손꼽힌 이름난 사찰이다. 거란의 침입을 막아내고 국력을 수호한 고려 제8대 현종(顯宗)이 1011년에 진관대사(津寬大師)를 위해 창건했으며, 6.25 당시 폭격으로 폐허가 되었다가 복구된 고찰로 전해지고 있다.

세종대왕은 재위 24년(1442)에 진관사에 독서당을 지었다. 그리고 훗날 한글을 창제하는 데 주도적 역할을 하게 될 집현전 학자 신숙주, 성삼문 등 6인을 그곳에 들어가 독서하게 했다. 그리고 이 독서당은 한글 창제에 반대하는 무리들의 눈을 피해 한글을 연구했던 비밀연구소로 활용되었다는 이야기가 전해지고 있다.

그리고 진관사 계곡에는 울창한 삼림과 어우러져 장관을 이루고 있는 계곡들이 많아 등산객이나 관광객들이 많다.

- 입장료 : 무료
- 관람 시간 : 연중무휴
- 주소 : 서울시 은평구 진관동 진관길 73
- 지하철 : 구파발역 3번 출구 앞에 7724번 진관사행
- DISC 유형 : 신중형(C)
- MBTI 유형 : ISTP, ISTJ, INTP

삼천사
원효대사가 창건한 절

응봉능선과 의상능선 아래로 흐르는 삼천사 계곡에 위치해 있는 삼천사는 661년(문무왕 1) 원효대사가 창건하였다. 동국여지승람과 북한지에 따르면 3,000여 명이 수도할 정도로 번창했고, 사찰 이름도 이 숫자에서 유래한 것이라 한다. 임진왜란 때는 승병들의 집결지로 활용되기도 했다. 1994년에는 사회복지법인인 인덕원을 설립하여, 노인복지와 어린이 보육 그리고 지역복지에 힘쓰고 있다.

- 입장료 : 무료
- 관람 시간 : 연중무휴
- 주소 : 서울 은평구 연서로54길 127
- 지하철 : 구파발역 3번 출구 앞에 7721번 삼천사행 버스
- DISC 유형 : 신중형(C)
- MBTI 유형 : ISTP, ISTJ

연신내물빛공원
공연과 행사가 있는 문화공간

지하철 3, 6호선 연신내역에서 엘리베이터를 통해 쉽게 접근할 수 있도록 위치한 연신내 물빛공원은 도심속에서 자연을 느끼고 휴식을 취하며 재충전할 수 있는 휴식과 만남의 공간이자 많은 공연과 행사가 이루어지는 문화공간이다. 지하철역에서 나오는 깨끗한 지하수를 공원의 친수공간으로 효율적으로 활용하고 불광천에 흘려보내 맑고 깨끗한 하천을 가꾸는 데 크게 이바지하고 있다.

또한 우리 민족의 통일에 대한 염원과 희망을 상징하는 일출 분수가 설치되어 있고 공원 중심부에 연신내를 상징하는 태극 모양의 수반과 회자(回字) 모양의 곡수로가 설치되어 있으며 서측에는 조선시대 한양의 통신수단의 거점이었던 파발의 모습들을 형상화하였다. 크고 작은 문화공연들이 열려 가까운 곳에서 자연과 문화를 함께 느낄 수 있는 공간으로 많은 시민들의 사랑을 받고 있다.

- 입장료 : 무료
- 관람 시간 : 연중무휴
- 주소 : 서울 은평구 통일로 843-2
- 지하철 : 연신내역 4번 출구에서 29m
- DISC 유형 : 신중형(C), 안정형(S)
- MBTI 유형 : ESFJ, ISFP, ESTJ, INFP

서오능도시자연공원
자연스러운 멋이 있는 곳

꾀꼬리가 많이 살기 때문에 앵봉산이라는 이름을 얻은 서오릉도시자연공원은 구파발 통일로변에서 서오릉로까지 남북으로 길게 발달하여 진관동, 갈현1·2동을 아우르고 있는 산이다. 면적은 1,082 847㎡로 은평구에서는 두 번째로 넓은 산이지만 높이는 해발 235m로 가장 높다.

이 공원의 구파발 탑골 쪽은 현재 은평구에서 운영하는 '숲속여행' 코스로 선정되어, 4월부터 11월까지 매월 2·4번째 토요일과 1·3번째 일요일에 숲체험 리더와 함께하는 숲속여행 프로그램을 진행하고 있어 원하는 시민들은 누구나 참여할 수 있다. 주요시설로는 운동·편익 시설 170점이 설치되어 있고, 나무 107종(큰키나무 41종, 중간키나무 12종, 작은키나무 41종, 덩굴나무 13종)이 자연림으로 자라고 있다.

- 입장료 : 무료
- 관람 시간 : 연중무휴
- 주소 : 서울특별시 은평구 구파발동, 갈현동
- 지하철 : 구파발역 4번 출구에서 600m
- DISC 유형 : 주도형(D), 사교형(I)
- MBTI 유형 : ENTP, ISFJ, ISFP, ESTJ

향림근린공원
나무 종류가 다양한 공원

향림근린공원은 연서로를 사이에 두고 은평경찰서에서 통일로의 박석고개까지 연결된 제1구역과, 은평경찰서 맞은편에서 불광중학교 뒷산을 거쳐 북한산국립공원 매표소까지 연결된 제2구역으로 나뉜다. 제1구역은 북쪽 산자락에 구립체육센터와 축구장이 자리 잡고, 남쪽 자락에는 세명컴퓨터 고등학교와 연천중학교가 있다. 불광 2·3동과 진관동을 아우르는 향림근린공원은 면적이 147,859㎡이며, 높이는 해발 123m이다.

은평구를 대표하는 체육공원인 향림근린공원의 주요시설은 구민체육센터와 축구장, 테니스장 외에 기타 운동·편익시설 70점이 설치되어 있다. 나무는 93종(큰키나무 36종, 중간 키나무 10종, 작은키나무 34종, 덩굴나무 13종)이 자라고 있으며, 약재로 많이 쓰여 서양에서 약상자라는 별명을 갖고 있는 미국딱총나무가 특히 제1구역에 많이 퍼져 있다.

- 입장료 : 무료
- 관람 시간 : 연중무휴
- 주소 : 서울 은평구 불광동 산155
- 지하철 : 구파발역 3번 출구에서 2.0km
- DISC 유형 : 주도형(D), 사교형(I)
- MBTI 유형 : ENTP, ISFJ, ISFP, ESTJ

신사근린공원
완만한 경사로를 가진 공원

남으로는 봉산공원, 매봉산, 월드컵공원이 위치하고, 동으로는 진관·갈현공원, 북한산과 연결된 서울의 서북단의 외곽녹지를 형성하고 있는 공원이다. 주능선이 남북으로 길게 발달해 있고, 가장 높은 봉우리가 270m로 비교적 높지 않은 경사가 완만한 산이며, 주택가 생활권 주변으로 등산로가 발달되어 많은 주민들이 즐겨 이용하고 있는 산중의 하나다.

이곳에는 조선왕조의 왕후의 묘(창능, 명능, 익능, 홍능, 경능)가 위치한 서오능이 연접해 있고,

상수리·굴참·신갈나무 등 참나무류와 소나무림이 군집해 있다. 특히 서울 도심에서 보기 어려운 극상 수종인 서어나무 군집지가 분포하고 있는 등 양호한 생태환경이 보전되어 있는 산으로, 현재 은평구에서 역사와 문화, 자연생태를 배우고 체험하는 앵봉산 숲속 여행지로 이용하고 있다.

서식 식물은 총 77여종이며 조류의 경우 총 6목 18과 29종(텃새20종), 겨울 철새 3종, 여름 철새 6종 등이 서식하고 있다. 보호가 요구되는 법적 보호종은 천연기념물 제323호인 황조롱이와 맹금류인 말똥가리가 가끔 관찰된다. 양서류, 파충류로는 도롱뇽, 청개구리, 북방산개구리 3종이 발견되며 곤충류로는 주로 나비목 및 파리목의 곤충이 관찰된다.

- 입장료 : 무료
- 관람 시간 : 연중무휴
- 주소 : 서울특별시 은평구 신사동 98-5
- 지하철 : 새절역 3번 출구에서 188m
- DISC 유형 : 주도형(D), 사교형(I)
- MBTI 유형 : ENTP, ISFJ, ISFP, ESTJ

봉산도시자연공원
완만해서 접근이 쉬운 공원

서울시 은평구와 경기도 고양시에 걸쳐 위치하고 있는 공원으로, 남으로 매봉산, 월드컵공원, 동으로 백련산, 북한산과 연결되는 주택가 생활권 주변에 위치한 공원이다.

가장 높은 봉우리가 210m로 경사가 완만하고 접근이 쉬워 산정상과 능선을 따라 등산로가 발달되어 많은 주민들이 이용하고 있으며 주요 시설로는 1459년 창건된 조선왕조의 전통 사찰인 수국사와 약수터 4개소, 주요 등산로변에 운동 편의시설 600여 점이 설치되어 있다.

봉산은 산 이름에서 느낄 수 있듯이 예로부터 주요 통신수단의 하나인 봉화가 변방에서 중앙으로 전달되는 매우 중요한 길목이었다. 조선왕조의 예종, 숙종을 비롯한 왕후의 묘(창릉, 명릉, 익릉, 홍릉, 경릉)가 있는 서오능이 인근에 위치하고 있다.

- 입장료 : 무료
- 관람 시간 : 연중무휴
- 주소 : 서울특별시 은평구 구산동 산61
- 지하철 : 새절역 4번 출구에서 1.8km
- DISC 유형 : 주도형(D), 사교형(I)
- MBTI 유형 : ENTP, ISFJ, ISFP, ESTJ

불광근린공원
산책과 힐링에 좋은 공원

북측으로는 수려한 북한산이 위치하고, 서측으로는 봉산, 월드컵공원 등 녹지축에 이어 수도 서울의 자랑인 한강과 이어지며, 통일로, 불광로 등 간선도로와 주거 밀집 지역으로 둘러 쌓여 있는 도심 생활권내 근린공원이다.

공원을 중심으로 주택, 학교 등 다중이용시설이 밀집되어 있어, 주민들에게는 산책과 여가활용 장소로, 학생들에게는 자연학습 장소로 활용되고 있는 등 실질적인 근린생활자의 녹지 쉼터로 이용되고 있다. 주요시설로는 380석 규모의 구립도서관이 공원 산자락에 위치하고, 운동시설과 편익 시설 72점이 주요 등산로변에 설치되어 이용객에게 편의를 제공하고 있다.

은평구의 중심을 가로질러 한강으로 이어지는 불광천은 지역주민의 휴식과 추억의 공간 역할을 하고 있다. 자전거도로, 산책로, 체력단련시설 등이 조성되어 있으며, 불광천변 걷기대회, 청소년 음악회, 은평미술축제 등 다채로운 행사가 열려 도심 속의 여유를 만끽할 수 있다.

- 입장료 : 무료
- 관람 시간 : 연중무휴
- 주소 : 서울 은평구 응암동
- 지하철 : 응암역 4번 출구에서 185m
- DISC 유형 : 신중형(C), 안정형(S)
- MBTI 유형 : ESFJ, ISFP, ESTJ, INFP

- 입장료 : 무료
- 관람 시간 : 연중무휴
- 주소 : 서울 은평구 불광로13가길 28-1
- 지하철 : 연신내역 3번 출구에서 638m
- DISC 유형 : 주도형(D), 사교형(I)
- MBTI 유형 : ENTP, ISFJ, ISFP, ESTJ

불광천
휴식과 추억의 공간

은평구 맛집

이병태함흥냉면
냉면이 유명한 식당
서울특별시 은평구 서오릉로 12 1F 02-356-9900
영업 시간 11:00~21:00/ 휴무 월요일
회냉면/ 비빔냉면/ 물냉면

삼오옛날순대국
순대국이 끝내주는 식당
서울특별시 은평구 불광로1길 2 02-387-2605
영업 시간 05:30~22:00/ 휴무 월요일
순대국/ 술국/ 순대

원조두꺼비불오징어
오징어요리로 유명한 집
서울특별시 은평구 연서로28길 5 02-355-3130
영업 시간 11:00~22:00
불오징어/ 오징어+삼겹살/ 돼지곱창

성너머집
닭볶음이 맛있기로 유명한 식당
서울특별시 은평구 불광로18길 13-1 02-764-8571
영업 시간 11:30~21:00/ 휴무 화요일
닭볶음탕 1인/ 닭볶음탕 2인/ 삼계탕

서부감자국
감자탕이 맛있기로 유명한 스당
서울특별시 은평구 서오릉로 8 02-356-4555
영업 시간 11:00-06:00
감자국(小)/ 우거지감자국

미소복원조양평해장국
양평해장국이 맛있기로 유명한 식당
서울특별시 은평구 연서로 203 02-354-5058
영업 시간 00:00~24:00
우거지탕/ 양평해장국/ 우내탕

제10장
양천구 여행

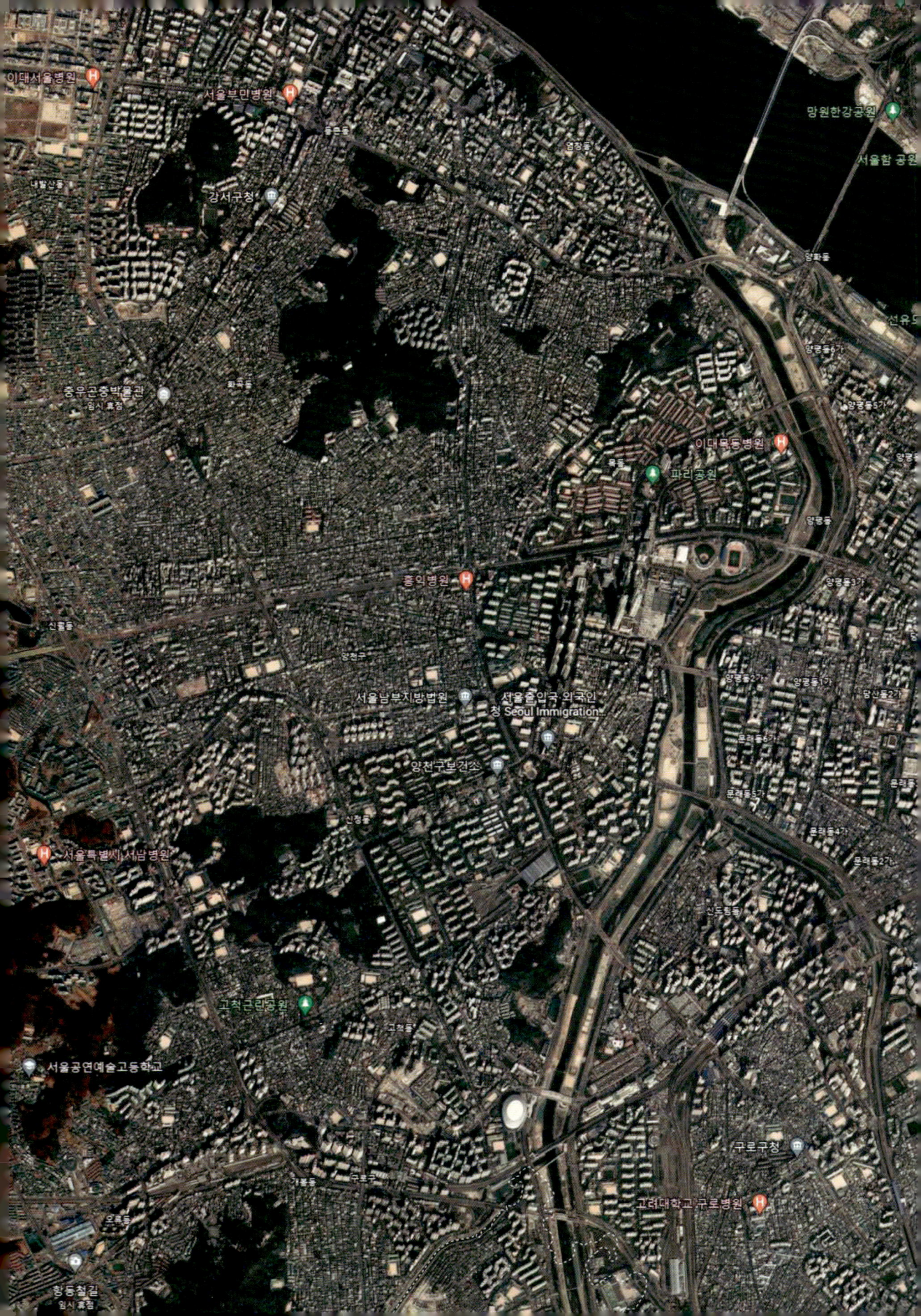

1. 양천구의 특징

양천구의 뿌리는 고구려의 제차파의현으로부터 불려지기 시작하였다. 양천은 '밝은 태양과 냇물이 흐르는 아름다운 고장'이라는 의미다. 목동 시가지의 중앙부에는 SBS 방송센터(본사), CBS, 방송통신심의위원회가 있으며, 까치산역과 신정역 사이에는 대한적십자사 긴급구호종합센터가 위치하고 있다.

호수를 주변으로 산책할 수 있게끔 조성된 서서울호수공원은 곳곳에 조형물과 편의시설 및 운동시설이 있어 시민들이 편하게 찾는 곳이다. 1866년 프랑스와 체결한 조약 이래로 양국은 우호 관계를 유지하였다. 프랑스 파리 한 아파트 단지 내에 서울 광장을 마련한 답례로 양천구에는 파리공원을 조성하여 녹지공간과 연못 등이 있어 낭만적인 휴식 공간 역할을 하고 있다. 국제 빙상경기 유치 및 훈련을 통한 선수 육성을 위해 만들어진 목동 아이스링크장은 시민들에게도 개방하여 언제든지 스케이팅을 즐길 수 있다. 양천구에는 서서울호수공원, 파리공원, 양천공원, 오솔길 실버공원, 계남근린공원, 용왕산근린공원 등이 있다.

양천구에서 성격 유형별로 여행지를 추천하면 다음과 같다.

<표> 성격 유형별 양천구 여행(6)

여행지	DISC 유형	MBTI 유형
서서울호수공원	주도형(D), 사교형(I)	ENTP, ISFJ, ISFP, ESTJ, INTP
파리공원	주도형(D), 사교형(I)	ENTP, ISFJ, ISFP, ESTJ
양천공원	주도형(D), 사교형(I)	ENTP, ISFJ, ISFP, ESTJ
오솔길공원	주도형(D), 사교형(I)	ENTP, ISFJ, ISFP, ESTJ
계남근린공원	주도형(D), 사교형(I)	ENTP, ISFJ, ISFP, ESTJ
용왕산근린공원	주도형(D), 사교형(I)	ENTP, ISFJ, ISFP, ESTJ

서서울호수공원
친환경 테마 공원

2009년 10월 개장한 서서울호수공원은 양천구 신월동에 위치한 옛 신월정수장을 공원 조성 사업을 통해 '물'과 '재생'을 테마로 한 친환경 공원이다. 1959년 김포 정수장으로 처음 문을 연 것을 50년 만에 시민의 쉼터로 멋지게 새 단장을 하여 공원으로 개방하였다. 규모도 크지만 서남권 최대 규모의 테마공원으로 다시 태어났다. 부천시와 경계를 이루는 능골산 또한 건강한 숲으로 복원하고 등산로를 정비하여 함께 공원으로 조성하여 여의도공원, 양재 시민의 숲에 버금가는 총 225,368㎡의 면적을 가진 서남권 최대 규모의 테마공원으로 몬드리안 정원, 어린이놀이터, 물놀이장, 서서울예술교육센터 등 다양한 볼거리와 휴식공간들이 많다.

비행기 소음을 활용한 소리분수, 추상 미술기법을 도입한 몬드리안 정원, 100인의 식탁 등이 설치되어 있다. 공원 안쪽으로 들어가 산을 올라가면 풋살장도 있으며, 예약하여 이용할 수 있다.

- 입장료 : 무료
- 관람 시간 : 연중무휴
- 주소 : 서울특별시 양천구 남부순환로64길 20
- 주차비 무료
- DISC 유형 : 주도형(D), 사교형(I)
- MBTI 유형 : ENTP, ISFJ, ISFP, ESTJ, INTP

파리공원
프랑스와 교류를 기념한 공원

목동 906번지에 위치한 파리공원은 1987년 3월 6일에 착공, 동년 7월 1일 준공하여 개원하였다. 파리공원은 1886년 한국과 프랑스가 통상 수호 조약을 체결한 이래 100년동안 두 나라가 동서문화의 교류는 물론 경제발전의 동반자 및 국제평화유지의 혈맹으로 다진 우호를 상기하고, 파리시 코로니 아파트 단지내에 서울 광장을 마련한 답례로 신시가지 부지(29,720㎡) 제2근린공원을 파리공원으로 조성케 되었던 것이다.

서울의 광장(520㎡), 파리광장(800㎡), 한·불광장(3,900㎡), 연못, 벽천시설 등으로 낭만과 휴식, 녹지공간을 함께 배치하였다. 약 540㎡ 공원에는 양국의 특성을 살린 소나무, 마로니에, 느티나무 등 30여종 15,800그루의 나무를 심고 공간에는 잔디를 깔았다. 공원과 바로 인접한 곳에는 목동 시립도서관이 위치하여 휴식과 문화공원으로의 면모를 갖추었다

- 입장료 : 무료
- 관람 시간 : 연중무휴
- 주소 : 서울 양천구 목동동로 363 파리공원
- 지하철 : 신목동역 2번 출구에서 1.2km
- DISC 유형 : 주도형(D), 사교형(I)
- MBTI 유형 : ENTP, ISFJ, ISFP, ESTJ

양천공원
친환경 테마 공원

양천공원은 약 33,000㎡ 넓이의 공원으로 양천구 공공시설이 모여있는 양천구의 중심에 위치하고 있다. 공원 주변은 양천구청·양천경찰서·양천구 구의회 등의 관공서와 업무용 빌딩들이 밀집해 있는 지역이다. 공원 안에는 농구장·배드민턴장·어린이놀이터 등의 각종 편의시설이 있고, 갖가지 축제와 대형 행사가 열리는 야외 무대와 다목적 광장도 있다. 그밖에 공원 외곽을 도는 우레탄 포장의 740m 조깅 트랙, 목련과 은행나무·소나무가 울창한 수목길과 650m의 산책길, 100m의 지압보도 등이 있다.

쿵쾅쿵쾅 꿈마루 놀이터는 전국 최초 실내외 통합놀이터로 야외 뿐만 아니라 실내에도 놀이공간(키지트)을 갖추고 있어 날씨와 상관없이 이용할 수 있으며, 유니버설 디자인을 적용하여 물, 흙, 모래, 목재 등 정서 발달에 좋은 친환경 자연 소재를 활용한 놀이공간이 마련되어있다. 베이비존은 약200㎡에 해당하는 영유아 전용공간으로 잔디광장에 유아그네, 흔들의자 등이 설치되어 있어 안전하게 뛰어놀 수 있는 숲속 공간이다.

- 입장료 : 무료
- 관람 시간 : 연중무휴
- 주소 : 서울 양천구 목동동로 111
- 지하철 : 양천구청역 1번 출구에서 766m
- DISC 유형 : 주도형(D), 사교형(I)
- MBTI 유형 : ENTP, ISFJ, ISFP, ESTJ

오솔길공원
노약자에게 좋은 공원

넓이 18,047.2㎡의 근린공원이다. 공원의 숲속에 오솔길이 많아 오솔길공원이라 부른다. 다른 공원에 비해 노인 이용객이 많다는 특성으로 인해 2005년 10월 노인 전용공원으로 재조성되었다. 경사도를 낮추고, 무릎과 발목의 피로를 줄일 수 있도록 우레탄으로 포장한 노약자 보행로를 비롯해 지압식으로 등받이를 만든 벤치, 지압 보도, 대나무 평상 등의 편의시설을 새로 만들었다. 작은 운동장 게이트볼장, 배드민턴장, 놀이터, 정자 등의 시설을 갖추고 있다.

- 입장료 : 무료
- 관람 시간 : 연중무휴
- 주소 : 서울 양천구 신월동 977
- 주차비 : 10분당 100원
- DISC 유형 : 주도형(D), 사교형(I)
- MBTI 유형 : ENTP, ISFJ, ISFP, ESTJ

계남근린공원
아파트 단지 안의 공원

휴식공간 양천구 신정동과 구로구 고척동 일대의 옛지명인 부평군 계남면의 지명을 따서 계남공원으로 명명되었으며 계남은 계양산의 남쪽에 위치하였다는 뜻으로 전해진다. 계남공원내 정랑고개는 양천구청에서 금옥여중, 고등학교로 넘어가는 고개를 말한다.

정확한 이름과 유래는 알 수가 없으나 사람들은 이 고개를 정릉, 정랑, 정녕 등으로 제각기 부르고 있다. 옛날 장안에서 인천까지 걸어가는 지름길로서 넘은 첫고개이며, 그 옆은 성넘어라 부르고 있다. 그런데 사람들은 정랑고개가 옛날 신기(신트리)마을 근처에 있다하여 신트리고개라고 부르는 사람도 있다.

- 입장료 : 무료
- 관람 시간 : 연중무휴
- 주소 : 서울 양천구 중앙로17길 26
- 지하철 : 양천구청역 2번 출구에서 782m
- DISC 유형 : 주도형(D), 사교형(I)
- MBTI 유형 : ENTP, ISFJ, ISFP, ESTJ

용왕산근린공원
산책길로 좋은 공원

옛 지도상에는 엄지산(嚴知山)으로 기록되어 있으며 엄지는 순수한 우리말인 '첫머리' 또는 '으뜸' 의 뜻으로 천호(千戶)가 살 수 있는 들판의 들머리에 있기 때문에 이같은 이름이 붙여졌다. 지금도 산 뒤편에 있는 마을을 두고엄지미마을이라고 불려지고 있다. 용왕산의 또 다른 이름으로는 어느 때인가 확실한 시기는 알수 없으나 박씨 성을 가진 사람이 죽어서 왕으로 환생하려다 뜻을 이루지 못하였다는 전설에 따라 엄지산을 용왕산, 왕령산, 왕재산 등의 "왕(王)" 자가 포함된 이름으로 고쳐 부르게 되었다.
전설의 시기를 추정해 본다면 600년 전의 지도에 엄지산으로 표기되어 있는 것으로 보아 조선시대인 것으로 볼 수 있다. 그 밖에 산의 형태가 한양을 등지고 돌아앉아 있다하여 역산으로 불리기도 한다. 87년 목동배수지가 설치되어 배수지 위는 체육공원시설이 만들어져 있으며, 산 중턱에는 약수터가 있어 주민들의 산책길로 이용되고 있다.

- 입장료 : 무료
- 관람 시간 : 연중무휴
- 주소 : 서울 양천구 용왕정길 32
- 지하철 : 신목동역 2번 출구에서 650m
- DISC 유형 : 주도형(D), 사교형(I)
- MBTI 유형 : ENTP, ISFJ, ISFP, ESTJ

양천구 맛집

금성수제돈까스
돈까스가 유명한 식당
서울특별시 양천구 목동동로10길 12-24 02-2653-2630
영업 시간 11:00~20:30
돈까스/ 반반돈까스/ 매운돈까스

미시락칼국수
칼국수가 끝내주는 식당
서울특별시 양천구 목동중앙북로16길 10 02-2645-5065
영업 시간 11:00~22:00
닭칼국수/ 열무냉칼국수/ 육개장칼국수

살구나무집칼국수
오징어요리로 유명한 집
서울특별시 양천구 중앙로32길 35
영업 시간 10:30~21:30
칼국수/ 수제비

가랑삼계탕
삼계탕이 맛있기로 유명한 식당
서울특별시 양천구 목동로 210 02-2647-1373
영업 시간 10:00~22:00
누룽지삼계탕/ 한방삼계탕/ 들꺠삼계탕

착한낙지
낙지덮밥이 맛있기로 유명한 식당
서울특별시 양천구 국회대로 28 02-2649-0112
영업 시간 11:00~22:00
낙지덮밥/ 연포탕

개성집
만둣국이 맛있기로 유명한 식당
서울특별시 양천구 목동중앙서로 48 02-2642-5695
영업 시간 12:00~22:00
만둣국/ 소머리국밥/ 빈대떡

제11장
강서구 여행

1. 강서구의 특징

서울특별시의 서부에 위치하고 있으며, 북으로는 한강을 맞대고 서울특별시 마포구와 경기도 고양시, 동쪽은 영등포구, 남으로 양천구, 서로는 인천광역시 계양구와 경기도 부천시, 김포시에 접한다. 서울특별시 최서단에 위치한 구이기도 하다.

강서구는 푸른 녹지가 다른 지역보다 비교적 많으며 도시와 농촌이 섞인 쾌적한 곳으로 옛 전통과 선비정신이 살아 숨 쉬는 지역이다. 우장산 근린공원 문화광장, 매화공원, 우장공원, 구암공원 등 도시인들의 정서 함양을 위해 자연과 문화를 쉽게 접하면서 생활 속의 여유를 누릴 수 있도록 조성되었다. 강서구에서는 매년 구암 허준 축제를 열어 강서구를 동양의학의 성지로 가꾸어 전 세계 한의학의 메카로 조성하기 위해 1999년부터 매년 허준공원에서 개최하고 있다. 그리고 양천향교에서는 충효 사상 고취와 조상들의 생활풍습을 재현시켜 잊혀 가는 우리 고유의 전통문화를 계승 발전시키기 위하여 석전제를 열고 있다.

강서구에서 성격 유형별로 여행지를 추천하면 다음과 같다.

<표> 성격 유형별 강서구 여행(9)

여행지	DISC 유형	MBTI 유형
허준박물관	주도형(D), 신중형(C)	ENTJ, ENFP, ISTP, ISTJ, ESFP
겸재정선미술관	주도형(D), 신중형(C)	ENTJ, ENFP, ISTP, ISTJ
약사사	신중형(C)	ISTP, ISTJ
개화산근린공원	주도형(D), 사교형(I)	ENTP, ISFJ, ISFP, ESTJ, INTP
양천향교	주도형(D), 신중형(C)	ENTJ, ISTP, ISTJ
소악루	주도형(D), 신중형(C)	ENTJ, ISTP, ISTJ, INFJ
양천고성지	주도형(D), 신중형(C)	ENTJ, ISTP, ISTJ
허준공원	주도형(D), 신중형(C)	ENTJ, ISTP, ISTJ
궁산근린공원	주도형(D), 사교형(I)	ENTP, ISFJ, ISFP, ESTJ

허준박물관
허준 선생의 업적을 기념하는 박물관

허준 선생(1539~1615)은 조선 선조 때의 명의다. 자는 청원, 호는 구암으로 어의로 있으면서 선조의 명으로 의서 편찬에 착수했다. 궁중의 어의였던 허준은 15년간 각고의 노력 끝에 1610년에 동의보감 25권을 완성했으며 각종 의서를 국역했다. 2009년 유네스코는 동의보감을 세계기록문화 유산으로 등재했다.

허준 선생은 당대 최고의 명의로서 질병으로 고생하는 백성들의 아픔을 덜어주고자 9종이나 되는 많은 의학서를 저술했다. 특히 허준 선생은 숭고한 인간애를 바탕으로 우리나라 한의학을 집대성한 동의보감을 저술하여 동양의 의성으로 추앙받는 인물이다.

강서구 가양동에 위치한 허준박물관에는 허준 선생의 다양한 자료뿐만 아니라 모형, 영상, 터치스크린, 허준체험 공간 등이 있다. 한의학과 더욱 가까워질 수 있는 한의학 전문박물관이다. 허준박물관은 900여 점의 한방 관련 유물을 소장하고 있다.

- 입장료 : 1,000원
- 관람 시간 : 10:00~17:00/ 휴무 월
- 주소 : 서울 강서구 허준로 87 허준박물관
- 지하철 : 가양역 1번 출구에서 624m
- DISC 유형 : 주도형(D), 신중형(C)
- MBTI 유형 : ENTJ, ENFP, ISTP, ISTJ, ESFP

겸재정선미술관
겸재 정선을 기념하는 미술관

겸재 정선(1676-1759)은 진경산수화풍을 창안하여 한국 미술의 정체성을 이끌어낸 화성이다. 우리가 늘 친밀하게 사용하고 있는 천원권 지폐 뒷면에 그의 작품인 「계상정거도」가 수록된 것도 그가 이룬 미술사적 공헌의 크기와 무관치 않다. 겸재 정선은 1740년부터 1745년까지 양천현령(현 강서구청장)으로 있으면서 ≪경교명승첩≫, ≪양천팔경첩≫ 등 기념비적인 불멸의 걸작을 남겼다.

이 같은 역사적 배경에 따라 2009년 4월, 강서구에서 정선의 위대한 업적을 기리고 진경문화를 계승 발전시키고자 조선시대 양천현아 인근에 겸재정선미술관을 개관하였다. 1층에는 제1기획전시실, 제2기획전시실, 뮤지엄샵이 있으며, 2층 겸재정선기념실, 원화전시실, 진경문화체험실, 영상실, 느린우체통, 작은도서관이 있으며, 3층에는 양천현아 모형도, 디지털병풍, 카페테리아, 다목적실 등이 있다.

- 입장료 : 성인 1000원/ 청소년 500원
- 관람 시간 : 10:00~18:00/ 휴무 월
- 주소 : 서울 강서구 양천로47길 36
- 지하철 : 양천향교역 1번 출구에서 487m
- DISC 유형 : 주도형(D), 신중형(C)
- MBTI 유형 : ENTJ, ENFP, ISTP, ISTJ

약사사
조계종 직할교구 사찰

개화산(開花山) 약사사는 서울 강서구 관내 전통 사찰 중 제1의 위상을 지닌 대한불교조계종 직할교구 사찰이다. 약사사가 자리하고 있는 개화산은 128m라는 낮은 산이지만 개화산 정상부에 자리 하고 있다. 도량 중앙에는 삼층석탑(서울시 유형문화재 제39호)과 석불(서울시 유형문화재 제40호)이 모셔져 있어 고려 후기의 창건 역사를 가늠케 한다. 개화산 대웅전은 정면 5칸, 측면 2칸에 다포계 팔작지붕의 형태인데 지붕은 청기와로 되어 있다.

1737년에 이르러 송인명(宋寅明)이 개화사(開花寺)에서 공부하고 재상이 되어 그 인연으로 절을 중수하였고, 순조 이후에는 약사사(藥師寺)로 개칭하였다. 조선후기의 화가 겸재 정선은 개화사라는 제목으로 사찰과 주변 풍경을 그리기도 하였다. 개화산은 위치상 군사적으로 매우 중요한 요충지이기에 한국전쟁을 겪으면서 사찰의 모든 전각들은 소실되고 현재의 사찰 당우들은 1986년 이후에 중건되거나 신축되었다.

개화산근린공원
심신을 상쾌하게 해주는 공원

조선 후기 작성된 「양천읍지(陽川邑誌)」에 따르면 신라 때 주룡이라는 도인이 이 산에 머물렀다하여 주룡산(駐龍山)이라 이름하였고, 주룡 선생이 돌아간 후 기이한 꽃 한 송이가 피어 사람들이 개화산(開花山)이라 불렀다고 한다. 또한, 봉화를 받는 산이라 하여 개화산(開火山)으로도 불리었는데, 조선 초기 봉수대가 설치되어 전라도 순천에서 올라오는 봉화를 받아 남산 제5봉수에 전하였다고 한다.

11만 7천 여평의 개화산 근린공원은 둘레길이 잘 마련되어 강서 시민과 찾아오시는 분들의 심신을 상쾌하게 해준다. 개화공원은 한강이 내려다보이는 숲이 울창한 공원으로 약사사와 미타사 2개의 사찰이 있다. 개화산 정상은 해발 131m에 불과하지만, 정상에 서게 되면 굽이쳐 흐르는 한강이 내려 보인다. 맞은편 덕양산 정상에 축조된 행주산성으로부터 인왕산이 한눈에 들어오는 경치는 개화산의 자랑이다.

- 입장료 : 무료
- 관람 시간 : 연중무휴
- 주소 : 서울 강서구 금낭화로17길 261 약사사
- 지하철 : 방화역 3번 출구 방원중학교에서 셔틀버스
- DISC 유형 : 신중형(C)
- MBTI 유형 : ISTP, ISTJ

- 입장료 : 무료
- 관람 시간 : 연중무휴
- 주소 : 서울 강서구 방화동 151
- 지하철 : 방화역 3번 출구에서 841m
- DISC 유형 : 주도형(D), 사교형(I)
- MBTI 유형 : ENTP, ISFJ, ISFP, ESTJ, INTP

양천향교
서울에 마지막으로 남은 향교

1990년 6월 18일 서울특별시 기념물 제8호로 지정되었으며, 서울특별시에 유일하게 남아 있는 향교이다. 1411년(태종 12)에 창건하여 수세기 동안 황폐되었던 것을 1981년에 전면 복원하여 서울특별시 기념물로 지정하였다.

현재 건물은 대성전·명륜당·전사청·동재·서재·내삼문·외삼문과 부속건물 등 8개 동이 남아 있다. 이곳에서는 지금도 지역주민과 초·중·고교생들을 대상으로 한문과 서예, 사군자 등을 가르친다. 해마다 봄가을에는 공자를 비롯한 5성과 10철, 송의 6현, 동국 18현의 위패를 모시고 덕을 기리는 행사로 대성전에서 석전제례를 개최한다.

향교는 조선시대에 유교의 창시자인 공자를 비롯한 성현들의 제사를 모시는 문묘 행사를 담당하고, 지방 향리들의 자제를 교육하는 기관이었다. 그러나 현대적 교육기관이 생겨나면서 지금은 대부분의 향교가 해체되고, 그나마 명맥을 유지하는 곳이 전국적으로 230여 군데 남아 있다.

- 입장료 : 무료
- 관람 시간 : 연중무휴
- 주소 : 서울 강서구 양천로47나길 53 양천향교
- 지하철 : 양천향교역 2번 출구에서 440m
- DISC 유형 : 주도형(D), 신중형(C)
- MBTI 유형 : ENTJ, ISTP, ISTJ

소악루
경치가 아름다운 장소

1737년(영조 13) 동복현감을 지낸 이유(李楡, 1675~1757)가 경관과 풍류를 즐기기 위하여 자신의 집 부근 옛 악양루 터에 지었다. '소악루'란 중국 동정호의 웨양루[岳陽樓] 경치와 버금가는 곳이라 하여 붙인 이름으로, 안산, 인왕산, 남산, 관악산 등이 한눈에 보이고 탑산, 선유봉 및 드넓은 한강 줄기가 끝없이 이어지는 등 진경이 펼쳐져 당대의 명사들이 이곳을 찾았다.

특히 진경산수화의 대가 정선 등이 이곳에 찾아와 그림을 그렸다. 당초 가양동 세숫대바위 근처에 세웠던 원 건물은 화재로 소실되었고, 1994년 5월 구청에서 한강변 경관 조성 및 조망을 고려하여 현 위치에 신축하였다. 건물은 정면 3칸·측면 2칸의 규모로서 화강석 8각 주춧돌에 민흘림 원기둥을 세운 5량집 겹처마 구조이다. 지붕은 단층 팔작지붕이며, 주위에는 조망하기 좋도록 난간을 둘러놓았다.

- 입장료 : 무료
- 관람 시간 : 연중무휴
- 주소 : 서울 강서구 가양동
- 지하철 : 양천향교역 2번 출구에서 704m
- DISC 유형 : 주도형(D), 신중형(C)
- MBTI 유형 : ENTJ, ISTP, ISTJ, INFJ

양천고성지
백제가 세운 고성

서울특별시 강서구 가양동 궁산에 있는 백제 시대 산성. 산봉우리를 에워싸서 축조한 테뫼식 산성이다. 적심석과 성 돌 같은 성벽의 흔적이 남아 있다. 임진왜란 때 권율이 이 성에 머물다가 한강을 건너 행주산성에서 이겼다는 이야기도 전한다. 사적 정식 명칭은 서울 양천 고성지이다. 이 성은 백제가 축성한 성(城)으로 백제 22대 문주왕이 웅진으로 천도(475년)하기 전, 강 건너 고구려를 견제하며 국경을 지키던 백제성으로 짐작된다. 특히 이곳에서 백제 초기시대의 토기 파편이 발견됨으로써 백제성이었다는 사실을 뒷받침해주고 있다.

가양동 양천향교 뒷산인 궁산에 위치하며 대략 29,390㎡ 넓이의 옛 성터이다. 궁산(宮山)은 한강 올림픽대로 변 해발 약 74m의 야산으로 서쪽과 남쪽은 완경사로 시가지와 연결되며, 북쪽은 한강 변 쪽으로 급경사를 이루고 있고 동쪽은 남쪽보다는 다소 급하게 경사져 새로 조성된 가양아파트 단지와 연결된다.

허준공원
전설이 담겨있는 공원

허준공원에 있는 호수는 올림픽대로가 건설되며 한강의 일부분이 잘려나와 만들어진 것으로 공원 주위에는 서울 기념물 제11호인 허가바위가 있는데 허가바위는 어른 남자 20여 명이 들어갈 수 있는 동굴로 임진왜란·병자호란 등 난리 때마다 사람들의 피신처로 쓰였다. 공원 내에는 전설이 깃든 광주바위와 허준 선생이 앉아서 병자를 진료하는 인자한 모습의 동상 그리고 호수, 정자, 어린이 놀이 시설이 있다. 또한 주변에 허준박물관과 한강시민공원이 있어 인근 주민들에게 많은 사랑을 받고 있다. 허준 선생의 호를 따 구암공원으로도 불린다.

구암공원 인공호수 내에 있는 경기도 광주에 있던 바위로 홍수가 나자 이곳까지 떠내려 온 광주바위가 있다. 비가 개인 뒤 광주 고을에서 없어진 바위를 찾아다니다가 양천의 탑산 끝머리에 와 있는 것을 알자, 광주 관아에서는 바위 대신 조세를 바치라고 하였다는 전설이 있다. 높이는 12m이다.

- 입장료 : 무료
- 관람 시간 : 연중무휴
- 주소 : 서울 강서구 가양동
- 지하철 : 양천향교역 2번 출구에서 714m
- DISC 유형 : 주도형(D), 신중형(C)
- MBTI 유형 : ENTJ, ISTP, ISTJ

- 입장료 : 무료
- 관람 시간 : 연중무휴
- 주소 : 서울 강서구 허준로5길 42
- 지하철 : 가양역 1번 출구에서 741m
- DISC 유형 : 주도형(D), 신중형(C)
- MBTI 유형 : ENTJ, ISTP, ISTJ

궁산근린공원
한강이 한눈에 보이는 공원

가양동 한강변 양천향교 인근에 위치한 근린공원이다. 정상 부근의 소악루에서는 한강이 한눈에 내려다보인다. 인근의 궁산 땅굴역사전시관, 겸재정선미술관, 양천향교 등도 강서구의 대표적인 볼거리다.

궁산은 서쪽의 개화산, 오른쪽의 탑산, 쥐산 등과 한강변의 아름다운 풍광을 이루었기에 선비들이 한강 뱃놀이의 풍류를 즐기는 곳이기도 하였다. 산정에는 중국의 동정호의 누각 이름을 본 딴 악양루(岳陽樓)가 있었지만 소실되었고 영조 때인 1737년 그 자리에 소악루(小岳樓)가 만들어졌다. 조선 후기 진경산수화(眞景山水畵)의 대가였던 겸재 정선(鄭敾)이 소악루에 올라 한강의 풍광에 취해 뛰어난 산수화 작품을 남겼다. 하지만 그후 소악루도 소실되고 1994년에 다시 복원되었다. 1977년 궁산은 근린공원으로 지정되었고 현재는 서울역과 인천공항을 연결하는 마곡철교가 궁산 앞으로 지난다.

- 입장료 : 무료
- 관람 시간 : 연중무휴
- 주소 : 서울 강서구 양천로47나길 52-54
- 지하철 : 양천향교역 2번 출구에서 457m
- DISC 유형 : 주도형(D), 사교형(I)
- MBTI 유형 : ENTP, ISFJ, ISFP, ESTJ

강서구 맛집

영양족발순대국
족발과 순대국이 유명한 식당
서울특별시 강서구 초록마을로2길 48 02-2699-7914
영업 시간 11:00~20:30
영양족발(대)/ 영양족발(중)/ 순대국

조연탄
고기가 끝내주는 식당
서울특별시 강서구 곰달래로60길 29 070-7641-2008
영업 시간 13:00~24:00
제주먹고기/ 돼지껍데기/ 냉면

원조나주곰탕
나주곰탕으로 유명한 집
서울특별시 강서구 양천로14길 10 02-2666-8292
영업 시간 11:30~19:30
나주곰탕/ 나주곰탕(특)/ 수육(소)

광주똑순이
아구찜이 맛있기로 유명한 식당
서울특별시 강서구 강서로 375-8 정호빌딩 1F 02-2668-3030
영업 시간 11:00~22:30
아구찜 (소)/ 아구찜 (중)/ 묵은지아구찜 (소)

충북식당
찌게가 맛있기로 유명한 식당
서울특별시 강서구 강서로45가길 9 02-2697-1475
영업 시간 11:00-유동적
김치찌개/ 순두부찌개/ 오징어 볶음

등촌최월선칼국수
버섯 매운탕이 맛있기로 유명한 식당
서울특별시 강서구 화곡로64길 68 02-3661-2744
영업 시간 11:30~21:30
버섯 매운탕

제12장
영등포구 여행

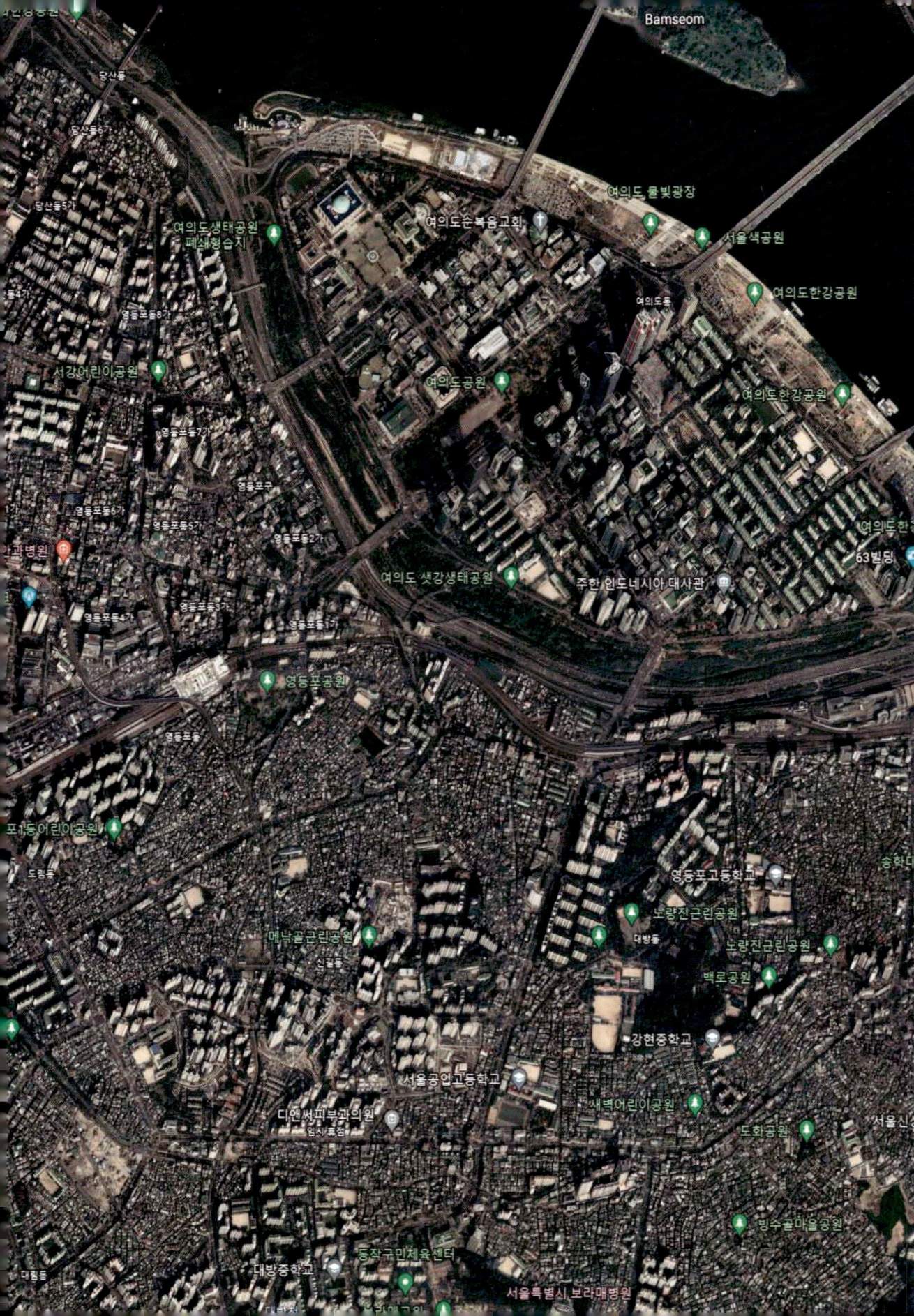

1. 영등포구의 특징

영등포구는 서로는 강서구와 양천구, 남서로는 구로구, 남동으로는 관악구, 동으로는 동작구, 북으로는 한강을 끼고 마포구, 용산구와 접하고 있다. 영등도구는 과거에는 서울과 구분하려는 독자적인 지역정체성이 있던 동네였다. 영등포구는 북쪽으로 한강을 경계로 마포구와 마주하고 있고 남쪽으로 관악산을 비롯한 호암산, 독산 연봉 등의 산악을 먼발치에서 바라볼 수 있는 위치에 있다.

특히 여의도는 오랫동안 군사기지인 비행장으로 사용되어 온 모래밭으로 별 이용 가치가 없었는데, 1968년부터 일기 시작한 여의도 개발 사업으로 국회의사당 및 10층 이상의 대규모 시범 아파트 단지를 건축하였으며, KBS 방송국, 세무서, 전화국 등의 공공 기관을 비롯하여 전경련 회관, 증권타운, 은행 등이 들어서면서 금융의 중심지로 탈바꿈하여 한국의 맨하탄으로 비유하는 곳이다. 영등포구에서는 이를 더 발전시켜 2006년 이후로는 여의도를 동북아의 금융 허브 및 비즈니스 중심지로 만들기 위하여 최첨단 오피스, 호텔, 컨벤션, 상업시설로 구성된 SIFC몰을 개장하여 여의도의 랜드마크로 만들었다.

서울에서 유일하게 산이 없는 대신 여의도가 포함된 영등포구는 1986년 한강종합개발사업으로 만들어진 한강시민공원 여의도 지구에는 각종 체육시설 및 위락 시설이 조성되었고, 1997년 여의도 샛강생태공원을 조성하였으며, 1998년 OB맥주공장 이적지에 영등포 근린공원을 조성하였으며, 1998년에는 여의도 광장을 여의도공원으로 조성하고, 그리고 2002년 5월 선유정수사업소 이적지에 선유도 공원을 조성하여 영등포구에는 근린공원 10개소, 어린이공원 19개소가 있어 주민들에게 쾌적한 휴식 및 여가 활동공간 제공으로 삶의 질 향상에 기여하고 있다.

여의도한강공원은 피크닉 장소의 대명사이며 자전거, 스케이트보드, 수상 레저 등을 즐길 수 있다. 봄에는 여의도 윤중로가 벚꽃으로 하얗게 물들고 가을에는 해마다 한강공원에서 서울 세계불꽃축제가 열려 하늘에 불꽃이 수놓아진다. 철제 상가로 유명했던 문래동은 아티스트들의 예술공간으로 거듭나 이색적인 예술촌으로 바뀌었다. 도심 문화의 복합체인 타임스퀘어와 IFC몰에서는 다양한 브랜드 쇼핑 및 문화생활이 가능하다.

영등포구에서 성격 유형별로 여행지를 추천하면 다음과 같다.

〈표〉 성격 유형별 영등포구 여행(12)

여행지	DISC 유형	MBTI 유형
63스퀘어	주도형(D), 신중형(C)	ENTJ, ENFP, ISTP, ISTJ
서울국제금융센터	주도형(D), 신중형(C)	ENTJ, ENFP, ISTP, ISTJ
국회의사당	신중형(C), 안정형(S)	ESFJ, ISFP, ESTJ, INFP
KBS	신중형(C), 안정형(S)	ESFJ, ISFP, ESTJ, INFP
서울 마리나 클럽&요트	주도형(D), 사교형(I)	ENTP, ISFJ, ISFP, ESTJ
이랜드크루즈	주도형(D), 사교형(I)	ENTP, ISFJ, ISFP, ESTJ, ESTP
타임스퀘어	신중형(C), 안정형(S)	ESFJ, ISFP, ESTJ, INFP, ESTP
문래창작촌	신중형(C), 안정형(S)	ESFJ, ISFP, ESTJ, INFP
한강양화공원	주도형(D), 사교형(I)	ENTP, ISFJ, ISFP, ESTJ
선유도공원	주도형(D), 사교형(I)	ENTP, ISFJ, ISFP, ESTJ
샛강생태공원	주도형(D), 사교형(I)	ENTP, ISFJ, ISFP, ESTJ
여의도한강공원	주도형(D), 사교형(I)	ENTP, ISFJ, ISFP, ESTJ, ESTP

63스퀘어
대한민국을 대표하는 랜드마크

대한민국을 대표하는 랜드마크인 63빌딩은 1985년 완공되었다. 당대 동양에서 가장 높은 해발고도를 자랑하며 여의도 60번지에 우뚝 선 63빌딩은 강성해진 국력을 의미하는 상징이었고, 1988년 개최된 서울 올림픽과 더불어 한강의 기적이라 불리는 대한민국의 경제성장을 시각화하는 대표적인 건축물이 되었다. 해발 265m의 남산보다 1m 낮은 63빌딩 전망대에서 보는 서울의 전경은 그야말로 장관이다.

63빌딩은 30여년이 흐른 지금까지도 서울의 상징적인 랜드마크로서 자리매김하고 있다. 63빌딩의 로비와 야외정원에는 한국의 현대미술 작가들의 작품이 설치되어 있어 63빌딩을 찾아온 방문객들에게 작품감상의 즐거움과 여유를 선사하고 있다. 지하에는 250여 종 3만여 마리의 해양생물들을 볼 수 있는 도심 속 아쿠아리움인 아쿠아플라넷63이 있다.

서울국제금융센터
대한민국의 금융을 선도하는 IFC

서울국제금융센터(IFC Seoul)는 서울특별시 영등포구 여의도동에 들어선 국제업무단지 겸 쇼핑몰이다. 세계와 대한민국의 금융을 선도하는 IFC Seoul은 한국 최초의 국제금융센터로 마천루 4개 동과 쇼핑몰인 IFC몰로 구성되어 있으며, 이 중 3IFC는 지상 56층, 283m로 가장 높다.

사업은 여의도 옛 중소기업전시장 부지 33,000㎡를 AIG가 99년간 장기 임대하는 계약으로 2005년에 체결되었는데, 99년 후 계약이 끝나면 토지와 건물을 서울특별시에 기부 채납하기로 하였다. IFC서울의 등장 덕분에 전세계 112개 도시 대상으로 조사하는 국제금융센터지수(GFCI) 순위에서 서울시의 랭킹이 2015년 9월 6위까지 상승했었다. 특히 지하에 위치한 IFC몰은 지하철역으로 연결되는 편리한 접근성과 더불어 패션, 서점, 극장, 식당 등 112개의 매장이 입점해 있어 쇼핑, 외식, 문화, 비즈니스의 복합적인 기능을 수행하고 있다.

- 입장료 : 아쿠아플라넷63 27,000원/ 63아트 15,000
- 관람 시간 : 10:00~22:00
- 주소 : 서울 영등포구 63로 50
- 지하철 : 여의나루역 1번 출구에서 261번 버스타고 2정거장
- 주차비 : 최초 60분 무료 초과시 15분 1,000원
- DISC 유형 : 주도형(D), 신중형(C)
- MBTI 유형 : ENTJ, ENFP, ISTP, ISTJ

- 입장료 : 무료
- 관람 시간 : 10:00~22:00
- 주소 : 서울특별시 영등포구 국제금융로 10
- 지하철 : 여의도역 3번 출구에서 285m
- 주차비 : 최초 30분 무료 초과시 10분 1,000원
- DISC 유형 : 주도형(D), 신중형(C)
- MBTI 유형 : ENTJ, ENFP, ISTP, ISTJ

국회의사당
자유주의 대한민국의 상징

국회의사당은 모든 국민들의 정치적 의사가 총집되는 민의의 전당으로, 그 나라를 대표하는 상징적 건축물이라 할 수 있다. 따라서 법적으로도 청와대를 제외하고 가장 중요한 대접을 받고 있는 건물이다. 국회의원들이 모여 국정을 논의하는 국회의사당은 지하 1층, 지상 7층의 건물로 동양 최대의 의사당 건물이라는 평을 듣고 있다. 국회의사당의 근엄한 외관은 저마다 철학이 담겨있는데 대표적으로 돔 지붕은 국민의 의견이 토론을 거쳐 하나의 결론으로 모아진다는 민주정치의 본질을 상징한다.

기둥은 24개이며 24절기를 나타낸다. 전면의 기둥은 8개로 8도를 나타낸다. 앞에 배치된 암수 한 쌍의 해태 상은 화기를 막고 국회를 사기(邪氣)로부터 수호한다. 어차피 의원님이 아닌 이상 국회 본관 정문은 뒤로 돌아 서쪽으로 들어가야 하니까 상관없을 수도 있다. 근데 뒤쪽 입구에도 해태상 한 쌍이 그대로 있다. 사전에 인터넷을 통해 참관 신청을 하면 국회의 이모저모를 둘러보며 국회의사당을 더 깊이 이해할 수 있다.

KBS
대한민국을 대표하는 방송

KBS(Korean Broadcasting System)는 1927년 국내 최초로 라디오 방송을 송출하기 시작한 '경성방송국'으로 시작해 해방 후 1947년 서울중앙방송으로 재출범하였다. 1961년 TV방송을 시작하였고 1973년 한국방송공사로서 공영방송의 체제를 갖추어 지금까지 활발히 그 역할을 다하고 있다. 1980년 전두환 정부의 언론 통폐합 조치에 따라 동양방송(TBC), 동아방송(DBS) 등 5개의 민영 방송을 강제 통합했다.

KBS2 개국과 함께 컬러 TV 방송이 시작되었다. 이듬해 제3TV, 교육 FM 방송을 시작했으며, 방송 수신료 제도가 도입되어 컬러TV는 월 2,500원, 흑백TV는 월 800원으로 책정되었다. 1986년 서울 아시아 경기대회, 1988년 서울 하계 올림픽 경기대회 방송을 주관했다. 라디오·텔레비전·해외방송 실시는 단일 기관이 운용하는 방송의 계통수로 보아 세계적인 규모이다.

KBS온을 통해 방송국을 견학하여 한국 방송의 역사와 현재를 공부하며 뉴스 앵커 체험, 가상 스튜디오체험 등 다양한 체험을 할 수 있다.

- 입장료 : 무료
- 관람 시간 : 연중무휴
- 주소 : 서울특별시 영등포구 의사당로 1
- 지하철 : 국회의사당역 6번 출구에서 400m
- DISC 유형 : 신중형(C), 안정형(S)
- MBTI 유형 : ESFJ, ISFP, ESTJ, INFP

- 입장료 : 무료
- 관람 시간 : 10:00~22:00
- 주소 : 서울 영등포구 여의공원로 13
- 지하철 : 국회의사당역 6번 출구에서 319m
- DISC 유형 : 신중형(C), 안정형(S)
- MBTI 유형 : ESFJ, ISFP, ESTJ, INFP

서울 마리나 클럽&요트
도심 속 요트투어와 헬기 투어가 가능한 곳

서울 마리나는 여의도 국회의사당 뒷 편에 위치한 도심 속 종합 리조트로 품격 있는 요트 문화와 수상레저를 즐길 수 있는 서울 한강의 랜드마크다. 서울에서 유일하게 유상 요트투어와 헬기 투어가 가능한 복합 레져 시설로서, 직접 요트를 보유하고 유상 운송을 하는 마리나 시설로는 국내 최대규모이다. 요트 계류 공간은 총 90선석이며 수상 계류장 60선석과 육상 계류장 30선석을 갖추고 있어 개인 요트를 정박할 수도 있다.

요트 외에 제트스키 등의 수상 레저기구 또한 정박, 보관이 가능하다. 클럽하우스에서는 베이커리 카페와 레스토랑, 각종 연회가 가능한 컨벤션센터가 운영되고 있고 별도의 클럽하우스인 클럽라운지에서는 딩기요트와 웨이크서핑 등 다양한 수상 레저를 즐길 수 있다. 한강 최초이자 유일한 종합 마리나 시설로서 요트투어를 비롯해 컨벤션센터, 레스토랑, 헬기투어 등 다양한 시설과 체험을 제공하고 있다. 인터넷을 통해 예약하면 데이트, 파티, 비즈니스 등 그 목적에 따라 다양한 요트들을 예약할 수 있다.

- 입장료 : 무료
- 관람 시간 : 10:00~22:00
- 주소 : 서울특별시영등포구 여의서로 160
- 주차장 : 150대 동시 주차 가능
- DISC 유형 : 주도형(D), 사교형(I)
- MBTI 유형 : ENTP, ISFJ, ISFP, ESTJ

이랜드크루즈
한강의 낭만을 접할 수 있는 곳

한강 유람선은 1986년 10월 26일, 서울특별시의 중심부를 동서로 가로지르는 유람선을 첫 취항하여 운항을 개시하였다. 현재 (주)이크루즈에서 여의도, 잠실, 뚝섬, 양화, 잠두봉, 선유도, 서울숲, 김포, 인천 지역에 총 7개의 선착장과 2개의 터미널을 운영하고 있다

한강이라는 천혜의 도심 속 자원을 문화와 관광이 어우러진 복합적인 테마파크로 개발, 서울을 상징하는 명소로 서울 시민들에게는 도심 속 생활 충전소로 편안함과 휴식, 즐거움과 추억이 되고 주고 있다. 한강의 낭만을 가장 가깝게 즐길 수 있다. 유람선을 타고 서울 중심부를 동서로 가로지르는 이랜드크루즈는 불꽃쇼, 공연, 식사 등 다채로운 콘셉트로 이곳을 찾는 모든 이들의 기대를 만족시킨다. 또한 선상웨딩, 가족연회, 기업연회 등 이벤트도 가능하니 특별한 날을 한강 유람선 위에서 더욱 특별하게 만드는 건 어떨까. 현장 매표소 또는 인터넷을 통해 이랜드크루즈의 다양한 코스를 예약할 수 있다.

- 입장료 : 한강투어크루즈 16,900원/ 선셋크루즈 21,900
- 관람 시간 : 14:00~21:50
- 주소 : 서울 영등포구 여의동로 280
- 지하철 : 여의나루역 3번 출구에서 649m
- DISC 유형 : 주도형(D), 사교형(I)
- MBTI 유형 : ENTP, ISFJ, ISFP, ESTJ, ESTP

타임스퀘어
대한민국에서 대표되는 복합쇼핑몰

대한민국에서 가장 대표되는 복합쇼핑몰인 타임스퀘어는 세련되고 감각적인 건축물을 기반으로 백화점, 마트, 멀티플렉스, 쇼핑몰, 식당가, 호텔 등 다양한 공간들이 한곳에 담겨있는 올인원 랜드마크이다.

예전에는 신세계백화점, 경방필 백화점이 나란히 있었던 자리로 경방필이 있기 전에는 경성방직이 있었다. 2006년 경방필은 없어지고 2009년 타임스퀘어가 개장되고 지금은 구 경성방직에 있었던 사무동만 보존되어 있다. 사무동은 2004년에 근대건축물 국가등록문화제 135호로 지정되어 카페로 활용하고 있다. 타임스퀘어의 메인 쇼핑몰인 아트리움은 내부에서도 하늘을 볼 수 있게 천정과 전면부를 전부 유리로 디자인해 높은 퀄리티의 인테리어를 자랑한다. 매월 새로운 테마로 문화공연과 이색 마케팅이 진행된다. 타임스퀘어 몰은 고급 식당, 럭셔리한 숙박 시설, 브랜드 쇼핑, 다양한 엔터테인먼트를 제공한다. 특히 컨벤션 센터, 어린이 테마파크, 세계 최대의 영화관 스크린을 자랑한다.

- 입장료 : 무료
- 관람 시간 : 10:30~22:00
- 주소 : 서울 영등포구 영중로 15 타임스퀘어
- 지하철 : 영등포역 5번 출구 도보 187m
- DISC 유형 : 신중형(C), 안정형(S)
- MBTI 유형 : ESFJ, ISFP, ESTJ, INFP, ESTP

문래창작촌
예술체험을 할 수 있는 곳

과거에 중소 철공소들이 모여 있는 서울시 영등포구 문래3가를 중심으로 2003년부터 형성된 예술작업실 마을이다. 2000년대 들어 공장 이전 정책과 재개발로 단지 안 업체들이 옮겨가자 홍대, 대학로 등지에서 젊은 예술가들이 자연스럽게 찾아와 형성되었다. 2011년 상반기 기준 작업 공간 100여 곳 170여명의 예술가들이 활동하고 있다. 회화, 설치, 조각, 디자인, 일러스트, 사진, 영상, 서예, 영화, 패션, 애니메이션 등의 시각예술 장르를 비롯해 춤, 연극 마임, 거리 퍼포먼스, 전통예술, 음악 등의 공연예술가와 비평, 문화기획, 시나리오, 자연과학 등 다양한 분야의 문화 활동가들이 작업하고 있다. 따뜻한 골목길에 공존하는 철공소와 예술창작공간들은 묘한 하모니를 이뤄 이색적인 기분을 느끼게 해 준다. 그 어느 곳보다 골목길의 정취를 제대로 느낄 수 있으며, 인터넷으로 사전에 신청하면 다양한 예술 체험을 해 볼 수 있으며 아기자기한 맛집들과 카페가 있다.

- 입장료 : 무료
- 관람 시간 : 연중무휴
- 주소 : 서울 영등포구 도림로128가길 13-8
- 지하철 : 가양역 1번 출구에서 741m
- DISC 유형 : 신중형(C), 안정형(S)
- MBTI 유형 : ESFJ, ISFP, ESTJ, INFP

한강양화공원
영등포의 자연을 걷는 길

여의도 샛강 하구에서 강서구 가양대교까지로 한강 남단에 위치하고 있다. 둔치에 넓게 조성된 잔디밭에서 바라보는 탁 트인 전망이 다른 곳에서 쉽게 보기 힘든 풍광을 제공한다. 인근에 있는 선유교를 건너면 환경 재생 생태공원인 선유도와 성산대교 부근의 세계 최고의 높이를 자랑하는 202m 월드컵 분수로 인해 더욱 아름다운 곳으로 자리잡았다.

여의도 샛강 하구에서 가양대교까지 연결된 자전거도로가 있으며, 선유교 아래 자전거 도로변의 5월부터 꽃 피우는 아름다운 장미꽃이 유명하여 연인 및 가족과 함께 사진 찍기에 좋은 곳이다. 도림천과 안양천을 걷는 이 코스는 도심 속 비무장지대같이 자연으로 충만한 코스이다. 맑은 공기와 함께 바람에 흩날리는 풀소리를 들으며 걸으면 양옆으로 보이는 도심의 모습이 어색하게 느껴지기까지 한다. 그렇게 한 걸음 한걸음 자연에 취해 걷다 보면 어느 순간 서서히 바람의 질감이 달라지기 시작한다.

선유도공원
도심 속의 볼 것 많은 섬

1965년 양화대교가 개통되고 1968년 본격적으로 한강 개발이 시작되면서 선유도는 섬이 되었다. 1978년에 신설되었던 선유도 정수장은 2000년에 폐쇄된 뒤, 물을 주제로 한 공원으로 만들기로 결정되었다. 그리고 산업화의 증거물인 정수장 건축 시설물을 재활용하여 선유도근린공원이 만들어졌고, 2002년 4월에 개장되면서 시민들에게 개방되었다. 선유도에는 여과지를 재활용하여 조성되었다. 낮은 수반에 자리 잡은 다양한 수생식물들의 모습을 볼 수 있고 그 성장과정을 가까이에서 관찰할 수 있다. 그리고 다양한 식물의 세계를 꾸민 공간으로, 소리의 정원, 푸른 숲의 정원 등 다양하게 조성된 작은 주제정원을 감상할 수 있다.

특히 선유도에는 200여 종의 식물이 있다. 이들은 대부분 자생종이다. 이러한 식물들을 온실을 통해 육묘를 통해 번식시키고, 일년초를 조기파종하거나 노지에서 월동이 불가능한 식물을 보호하고 효과적으로 관리하고 있다.

- 입장료 : 무료
- 관람 시간 : 09:00~오후 18:00
- 주소 : 서울시 영등포구 노들로 221
- 지하철 : 당산역 4번 출구에서 465m
- DISC 유형 : 주도형(D), 사교형(I)
- MBTI 유형 : ENTP, ISFJ, ISFP, ESTJ

- 입장료 : 무료
- 관람 시간 : 매일 06:00~새벽 00:00
- 주소 : 서울 영등포구 선유로 343
- 지하철 : 선유도역 2번 출구에서 791m
- DISC 유형 : 주도형(D), 사교형(I)
- MBTI 유형 : ENTP, ISFJ, ISFP, ESTJ

샛강생태공원
국내 최초로 조성된 생태공원

1997년 9월 25일 국내 최초로 조성된 생태공원이다. 여의도의 샛강을 환경 친화 구역으로 바꾸고 자연학습 장소로 활용하기 위하여 조성되었다. 주요시설은 계류시설과 수초수로·생태연못·저습지·관찰마루·관찰로·버드나무하반림·건생초지 등이 있다. 이중 수로의 길이는 약 1,200m이며 너비는 15m이다. 6km의 산책로에는 20~30m 간격으로 안내판이 설치되어 있다. 자연생태를 보존하기 위하여 매점이나 가로등은 물론 벤치도 설치하지 않았다.

공원으로 조성한 뒤 동식물의 분포가 매우 다양해졌다. 특히 버드나무와 갈대·억새풀·나도개풀·환상덩굴·돼지풀·망초·쑥·돌피·미국개기장 등은 군집을 이루었다. 자연 그대로의 생태를 관찰로와 관찰마루에서 살펴볼 수 있다. 연중무휴이나 동물들의 산란철에는 일부 구간이 통제된다. 한강시민공원과 연결되며 인근에 여의도공원과 앙카라공원 등이 있다.

여의도한강공원
즐길 거리와 휴식 공간이 있는 공원

여의도한강공원은 정치, 금융, 언론의 중심지인 여의도에 자리하고 있으며, 지하철·버스 등 대중교통으로 접근성이 좋아 직장인과 일반시민들이 즐겨 찾는 명소이다. 특히, 여의도한강공원에서는 봄에는 벚꽃축제가, 가을에는 세계불꽃축제 및 각종 공연과 마라톤행사 등 다양한 행사가 이어져 볼거리와 즐길 거리가 풍부한 휴식 공간으로 유명하다.

그리고 바로 앞에 있는 밤섬, 여의도 샛강 등이 비교적 자연그대로 보존되어 있어 생태학습장 및 자연친화형 공원으로 조성되어 있다. 뿐만 아니라 한강르네상스 특화사업으로 물빛광장, 수상무대 및 수상분수, 빛의 폭포, 피아노물길, 페스티발랜드, 요트마리나 등의 시설물들이 새로 조성되어 시민들에게 더 많은 사랑을 받고 있다.

- 입장료 : 무료
- 관람 시간 : 09:00~오후 18:00
- 주소 : 서울 영등포구 여의도동 49
- 지하철 : 샛강역 4번 출구에서 647m
- DISC 유형 : 주도형(D), 사교형(I)
- MBTI 유형 : ENTP, ISFJ, ISFP, ESTJ

- 입장료 : 무료
- 관람 시간 : 연중무휴
- 주소 : 서울 영등포구 여의동로 330
- 지하철 : 여의나루역 3번 출구에서 248m
- 주차요금 : 최초 30분 2,000원/ 초과 10분당 300원
- DISC 유형 : 주도형(D), 사교형(I)
- MBTI 유형 : ENTP, ISFJ, ISFP, ESTJ, ESTP

영등포구 맛집

진주집
닭칼국수가 유명한 식당
서울 영등포구 국제금융로6길 33 지하 1층 02-780-6108
영업 시간 11:00~20:30
냉콩국수/ 비빔국수/ 닭칼국수/ 육개장칼국수

정인면옥 본점
냉면이 끝내주는 식당
서울 영등포구 국회대로76길 10 02-2683-2615
영업 시간 11:00~21:00
평양냉면(물,비빔)/ 순면(물,비빔)/ 만둣국/ 떡만두국

원조나주곰탕
나주곰탕으로 유명한 집
서울 영등포구 버드나루로7길 7 카보드동우빌딩 02-2678-0669
영업 시간 11:30~19:30
나주곰탕/ 나주곰탕(특)/ 수육(소)

갈빗
아구찜이 맛있기로 유명한 식당
서울 영등포구 도림로125길 14 0507-1486-0140
영업 시간 11:30~23:00
한우모듬(1,2등급)/ 갈빗살(수입냉장)/ 한우육회(1,2등급)/ 해물뚝배기

본가왕뼈감자탕 문래역점
감자탕이 맛있기로 유명한 식당
서울 영등포구 당산로 34 로데오상가 136호 02-2632-9944
영업 시간 11:00~유동적
감자탕/ 해장국

대한옥
꼬리곰탕이 맛있기로 유명한 식당
서울 영등포구 영등포로51길 6 02-2633-5052
영업 시간 11:00~20:50
꼬리수육(대)/ 도가니수육/ 꼬리수육(소)/ 꼬리탕

제13장
동작구 여행

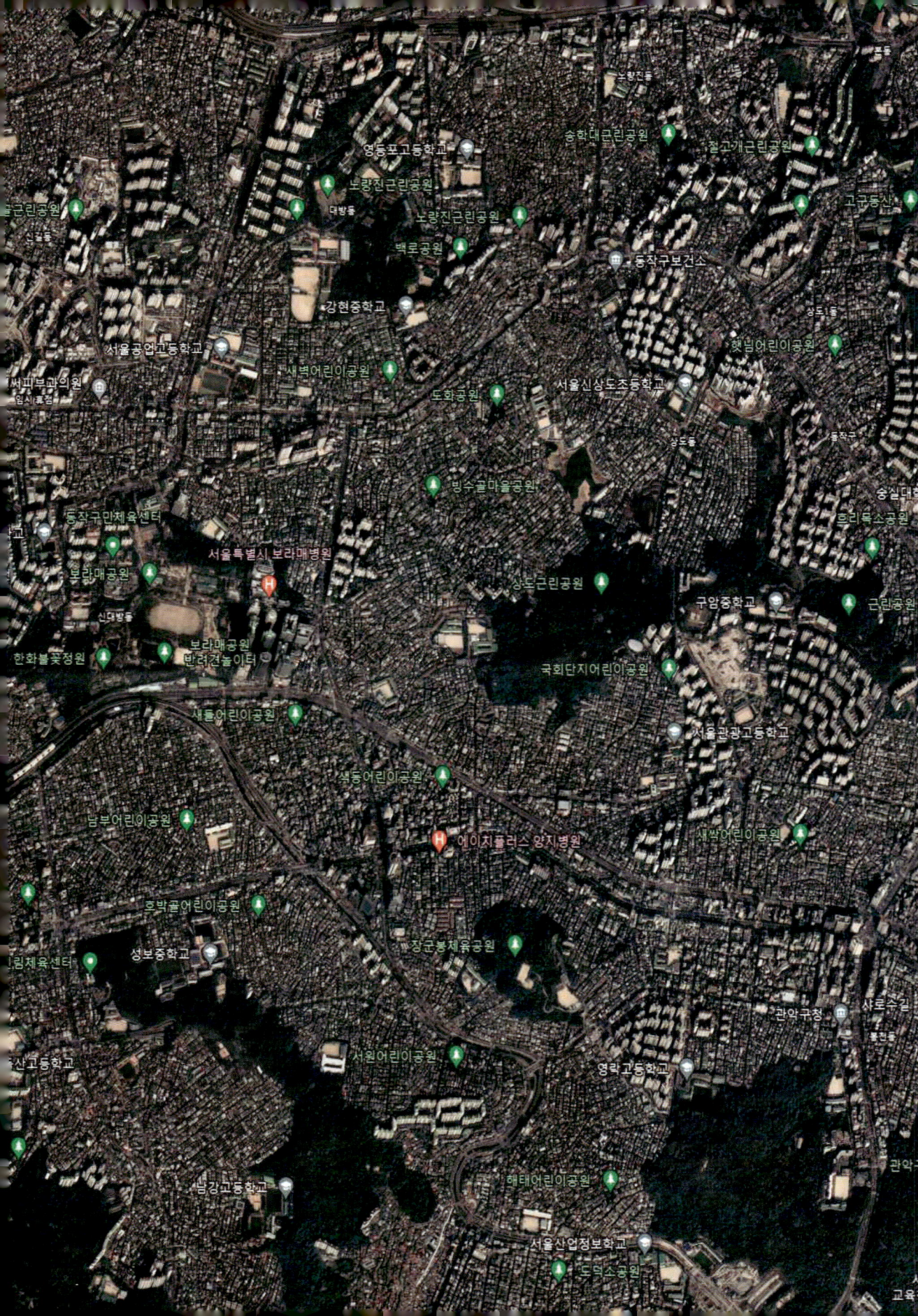

1. 동작구의 특징

서울특별시의 중남부에 위치하고 있으며, 역사적으로는 서초구 등과 함께 영등포권역에 있는 구로서 북쪽으로는 한강을 끼고 용산구, 동쪽으로는 길 하나를 두고 서초구, 남쪽으로는 관악구, 서쪽으로는 영등포구와 접한다. 또한 서남쪽 끝의 신대방1동은 도림천 및 천변 도로와 시흥대로를 두고 대림동 뿐만 아니라 구로구의 구로디지털단지와도 접한다.

활기 가득한 노량진 수산 시장은 사계절 내내 저렴한 가격에 싱싱한 수산물을 판매하고 있으며 새벽 경매 모습은 많은 볼거리를 제공한다. 또한 국가를 위해 희생한 분들을 기리고 모시는 국립서울현충원에서는 봄마다 흐드러지게 핀 수양벚꽃을 볼 수 있다. 가을 단풍이 절정일 때 보라매공원에 가면 낙엽을 쓸지 않고 관리하기 때문에 다른 곳에서 보기 어려운 가을의 정취와 낭만을 느낄 수 있다. 특히 보라매공원의 음악분수는 여름밤에 구경하기 좋다. 동작구에서 성격 유형별로 여행지를 추천하면 다음과 같다.

〈표〉 성격 유형별 동작구 여행(10)

여행지	DISC 유형	MBTI 유형
노량진수산시장	주도형(D), 신중형(C)	ENTJ, ENFP, ISTP, ISTJ
보라매공원	주도형(D), 사교형(I)	ENTP, ISFJ, ISFP, ESTJ
노량진근린공원	주도형(D), 사교형(I)	ENTP, ISFJ, ISFP, ESTJ
까치산근린공원	주도형(D), 사교형(I)	ENTP, ISFJ, ISFP, ESTJ
삼일공원	주도형(D), 신중형(C)	ENTJ, ISTP, ISTJ
효사정	주도형(D), 신중형(C)	ENTJ, ISTP, ISTJ, INFJ
국사봉	주도형(D), 사교형(I)	ENTP, ISFJ, ISFP, ESTJ
용양봉저정	주도형(D), 신중형(C)	ENTJ, ISTP, ISTJ
사육신묘	주도형(D), 신중형(C)	ENTJ, ISTP, ISTJ
국립서울현충원	주도형(D), 신중형(C)	ENTJ, ISTP, ISTJ

노량진수산시장
국내 최대의 수산시장

노량진동에 소재한 수산물 전문 도매시장으로 서울에서 거래되는 전체 수산물 중에서 43.9%의 물량이 이곳에서 거래된다.

원래는 지금의 서울역 부근인 서울특별시 중구 의주로에서 일제강점기 때인 1927년 경성수산㈜이라는 이름으로 개장을 하였고 1971년 한냉(당시 한국냉장)이 관리 운영을 맡아 의주로에서 한강과 인접해 있는 지금의 노량진동으로 이전하게 되면서 도매시장으로 확장 건설하여 현재의 이름으로 변경하였고 1975년에 3개 민간회사가 공동으로 관리 운영하다가 2002년에는 수협중앙회가 관리 운영을 위임받아 현재까지 이어가고 있다.

횟감용 활어 전문시장으로도 알려져 있으며 새벽 경매모습은 서울을 찾은 관광객들에게 많은 볼거리를 제공하고 있다. 소매점포에서는 시중보다 20~30%정도 저렴하게 수산물을 구입할 수 있다.

- 입장료 : 무료
- 관람 시간 : 연중무휴
- 주소 : 서울 동작구 노들로 674
- 지하철 : 노량진역 9번 출구 7번 출구에서 100m 떨어진 곳에 있는 지하통로로 연결
- 주차비 : 30분 무료/ 50분 1000원
- DISC 유형 : 주도형(D), 신중형(C)
- MBTI 유형 : ENTJ, ENFP, ISTP, ISTJ

보라매공원
공군사관학교 자리에 있는 공원

전체 면적이 420,550㎡에 이르는 대규모 공원으로 원래 이곳은 1985년까지 공군사관학교가 있던 곳으로, 학교가 이전하고 공원이 조성되면서 공군을 기념하기 위해 보라매공원이라고 명명되었다.

주요시설로는 1962년 당시 공군사관학교 생도들이 세운 성무대탑, 공군을 상징하는 보라매가 정상에 앉아 있는 모습의 탑인 보라매탑이 있고, 조경시설, 체육시설, 유희시설과 복지시설이 조성되어 있다. 조경시설로는 잔디마당, 수경시설(연못, 벽천 등), 철쭉동산, 무궁화동산 등이 있으며, 운동시설로는 조깅트랙, 인조잔디축구장, 테니스장, 다목적운동장, 배드민턴장, 인공암벽등반장, 게이트볼장, 지압보도, 헬스시설(평행봉 등 28종)이 있다. 서남권을 대표하는 보라매공원은 동작구는 물론 관악구와 영등포구와 닿아 있어 많은 시민들의 휴식, 운동, 문화공간으로 사랑받고 있다.

- 입장료 : 무료
- 관람 시간 : 연중무휴
- 주소 : 서울시 동작구 여의대방로20길 33
- 지하철 : 신대방역 4번 출구에서 904m
- DISC 유형 : 주도형(D), 사교형(I)
- MBTI 유형 : ENTP, ISFJ, ISFP, ESTJ

노량진근린공원
중요한 길목에 있는 공원

노량진은 지금의 한강철교와 한강대교 사이에 있던 나루터로 수양버들이 울창하여 노들나루라 하였다. 조선시대에는 한양에서 시흥, 수원 방면을 걸쳐 충청, 전라를 연결하는 중요한 길목에 있어 각종 물품과 사람들의 집합 장소로 유명했다. 1940년 공원으로 지정되어 축구장, 테니스장, 배드민턴장, 조깅트랙 등의 운동시설과 주차장을 만들어 생활체육과 여가를 즐길 수 있는 공원이다. 1989년 서울시에서 세운 노량진 나루터 표석이 있다.

대방동 아파트숲 사이에 위치한 이곳은 인공폭포, 공군충혼탑, 운동장, 장애인시설, 조깅트랙, 오솔길 등이 있어 다양한 여가를 즐길 수 있으며 화장실, 음수대가 설치되어 있다. 도로로 인해 분리된 곳에 오작교(견우와 직녀 보도육교)와 생태육교를 건설하여 이용자의 편익을 증진시키고 있다.

- 입장료 : 무료
- 관람 시간 : 연중무휴
- 주소 : 서울 동작구 본동 486
- 지하철 : 노들역 3번 출구에서 362m
- DISC 유형 : 주도형(D), 사교형(I)
- MBTI 유형 : ENTP, ISFJ, ISFP, ESTJ

까치산근린공원
까치가 많았던 고개에 만든 공원

수목이 우거지고 까치가 많아 까치고개라 불렸던 곳으로부터 이름이 유래했다. 2005년 6월, 도로개설로 인해 끊어졌던 공원에 길이 22m, 폭 15m의 아치형 생태 육교가 세워지면서 관악산까지 이어지는 등반이 가능해졌다. 이 생태로는 낮에는 사람이, 밤에는 동물들이 이동하는 길로, 주변에는 3천여 그루의 나무를 비롯해 8종의 생태시설물을 조성했다. 생태로 주변에는 자생수종 및 먹이식물인 소나무 등 12종 4,200여 그루의 나무를 비롯해 생태시설물 8종이 있다. 넓이는 36만 8,425㎡이다. 배드민턴장, 운동기구시설, 약수터, 산책로 시설이 있고, 서울특별시유형문화재 제61호인 임당정공신도비(林塘鄭公神道碑)가 있다.

- 입장료 : 무료
- 관람 시간 : 연중무휴
- 주소 : 서울 동작구 사당동 산32-2
- 지하철 : 남성역 2번 출구에서 786m
- DISC 유형 : 주도형(D), 사교형(I)
- MBTI 유형 : ENTP, ISFJ, ISFP, ESTJ

삼일공원
여성의 3.1운동을 기념하는 공원

한국 최초의 여기자인 최은희씨가 1967년 4월 15일자 동아일보에 일제강점기 3·1운동에 참여했던 여성들을 기리는 사업의 당위성을 당시 박정희 대통령에게 건의하여 생긴 공원으로, 산책로, 청소년독서실, 경로당, 체육시설 등이 갖추어져 있다.

- 입장료 : 무료
- 관람 시간 : 연중무휴
- 주소 : 서울시 동작구 사당로23길 93
- 지하철 : 이수역 10번 출구에서 760m
- DISC 유형 : 주도형(D), 신중형(C)
- MBTI 유형 : ENTJ, ISTP, ISTJ

효사정
효를 기념하는 경관이 우수한 공원

조선초기의 문신인 노한(1376~1443)이 모친 사후 3년간 시묘를 했던 자리에 지은 정자로서, 때때로 올라 어머니를 그리워했는데, 이를 기리어 당시 이조판서 강석덕(姜碩德)이 효사정이라 이름 붙였다. 예로부터 한강을 끼고 있는 정자 중 경관이 가장 뛰어났다고 하는데, 현재의 효사정 역시 서울특별시 우수경관 조망명소 중 하나로 선정됐을 만큼 아름다운 풍관을 자랑한다. 효사정은 노량진 나루터 남쪽 언덕에 있던 조선 초 공숙공 노한(盧)의 정자이다. 지금의 건물은 일본 신사 자리에 1993년 신축한 것이다. 「신증동국여지승람」에 의하면 세종때 우의정을 지낸 노한이 모친상을 당하여 선영인 이곳에 모시고 무덤 옆에 초막을 치고 3년간 거상하고도 서러워 그곳을 떠나지 못했다. 묘지 북쪽 깎아지는 듯한 언덕 위에 별장을 짓고 일생을 살면서 등을 밝혀 추모하고 자신도 이곳에 묻어달라고 유언했다. 노한은 좌의정 민제의 사위로 태종과는 동서간이다. 16세에 음서로 등용되어 경기관찰사 한성부윤에 올랐고 1433년 대사헌을 거쳐 우의정이 되었다. 노한의 아들 돈녕공의 친구인 대민공 강석덕이 효사정이란 정자 이름을 지었고, 그 아들 강희맹이 정자의 내력인 기문을 지어 효사정의 참뜻을 밝혔다. 그 후에도 선비 출신 재상인 기순, 정인지, 신숙주, 김수온, 서거정 등이 효사정의 정취와 효사의 참 뜻을 시로 읊어 기렸다. 이 별장은 효도의 상징으로 유명했으며 한강을 끼고 있는 정자 중 경관이 제일 좋은 곳으로 칭송되었다.

- 입장료 : 무료
- 관람 시간 : 연중무휴
- 주소 : 서울 동작구 현충로 55
- 지하철 : 흑석역 1번 출구에서 145m
- DISC 유형 : 주도형(D), 신중형(C)
- MBTI 유형 : ENTJ, ISTP, ISTJ, INFJ

국사봉
양녕대군의 묘역이 있는 산

양녕대군 이제 묘역이 위치한 남쪽 산을 말하며, 해발 184m의 작은 산으로 관악구 봉천동과 경계를 이루고 있다. 국사봉(國思峰)은 양녕대군이 이 산에 올라 멀리 경복궁을 바라보며 나라와 동생 세종의 일을 걱정했다고 해서 붙여진 이름이다.

정상에서는 서울의 동서남북이 한눈에 들어온다. 지덕사 부 묘소가 위치한 남쪽산을 국사봉(國思峰), 또는 국사봉(國師峰)이라고 일컫는다. 이 산은 관악구 봉천동과 경계를 이루고 있다.

이 산을 국사봉(國思峰)이라 일컫는 것은 글자 그대로 양녕대군이 이 산에 올라 나라를 생각하고 상감을 걱정했기 때문에 붙여진 것이다.

양녕대군은 왕세자로서 스스로 실덕을 저질러 폐세자가 되어 왕의 자리를 동생에게 물려준 뒤 대궐에서 쫓겨났지만, 그는 형제간에 우애가 지극하여 이 산에서 멀리 경복궁을 바라보며 나라와 세종의 일을 걱정했다고 해서 국사봉이라 한 것이다. 한편, 국사봉(國師峰)으로 칭하게 된 연유는, 조선 왕조 건국 당시 무학대사가 태조의 한양 천도를 도우면서 한양을 돌아보니, 한양 주변 산세 중에 이곳 국사봉이 백호가 되어 한양 외곽으로 빠져나가는 형국임을 알고, 그 맥을 잡아 백호가 빠져나가지 못하도록 사자암이란 암자를 지었으므로, 무학대사를 국사로 보고 국사봉이라 부르게 되었다는 것이다.

용양봉저정
정조임금이 휴식하기 위해 세운 행궁

본동사무소 뒤에 있는 용양봉저정은 정조15년(1791)에 지어진 행궁이다 정조임금이 아버지 사도세자의 묘인 현륭원(顯隆園)에 참배길에 한강을 건넌후 잠시 휴식하던 곳이다. "용이 뛰놀고 봉황이 높이 난다"는 뜻을 가졌다. 효성이 지극한 정조는 1789년 부친인 사도세자의 영우원(永園)을 양주 배봉산에서 수원 화산으로 옮겨 현륭원을 조성하고 자주 참배했다. 이때 왕의 어가행렬이 주교(배다리)를 놓은 한강을 건너 용양봉저정에서 점심을 들고 장승배기를 거쳐 수원으로 행행하였다.

건조연대는 1789년(정조 13) 이후로 추정되며 처음에는 정문과 누정 등 두세 채의 건물이 있었던 것으로 보이나, 현재는 정면 4칸, 측면 1칸인 온돌방을 가운데 두고 좌우에 툇간을 붙였으며 사방에는 띠살 분합(分閤)을 단 기와집 한 채만이 있다. 이 곳은 잠시 휴식하며 점심식사를 하던 곳이라 하여 일명 주정소(晝停所)라고도 하였다고 한다.

- 입장료 : 무료
- 관람 시간 : 10:30~22:00
- 주소 : 서울시 동작구 양녕로 167
- 지하철 : 신림역에서 03번 버스타고 벽산아파트하차
- DISC 유형 : 주도형(D), 사교형(I)
- MBTI 유형 : ENTP, ISFJ, ISFP, ESTJ

- 입장료 무료
- 관람 시간 : 연중무휴
- 주소 : 서울시 동작구 노량진로191
- 지하철 : 노들역 3번 출구에서 141m
- DISC 유형 : 주도형(D), 신중형(C)
- MBTI 유형 : ENTJ, ISTP, ISTJ

사육신묘
충절과 의기를 추모하는 곳

조선 단종의 복위를 도모하다 희생된 70여명중 젊은 육신의 묘역이다. 사육신의 충절과 의기를 추모하여, 1691년(숙종 17) 이곳에 민절서원을 세우고, 1782년(정조 6)에는 신도비를 세웠다. 서울시는 1955년 그 자리에 육각의 사육신묘비를 세우고 1978년 정화해 사육신공원을 조성하였다. 한강에서 노량진쪽 큰길에서 오른쪽으로 비탈진 길을 오르면 홍살문 안에 사당인 의절사가 있고, 그 앞뜰 좌우에 신도비와 오석으로 다듬은 여섯 모의 사육신지묘비가 각각 서 있다.

봉분은 사당 뒤 불이문 안에 모셔져 있다. 원래 이 자리에 4개의 묘(박팽년·유응부·성삼문·이개)가 있었고, 그 뒤편으로 또 하나의 묘가 있어서 이 묘소를 사육신묘라 일컫고, 뒤편에 있는 묘는 성삼문의 아버지 성승의 묘라고 전하여 왔다. 이곳에서 처형된 사람은 하나도 없다는 설도 있다.

- 입장료 : 무료
- 관람 시간 : 09:00~오후 18:00
- 주소 : 서울시 동작구 노량진로 191
- 지하철 : 노들역 1번 출구에서 526m
- DISC 유형 : 주도형(D), 신중형(C)
- MBTI 유형 : ENTJ, ISTP, ISTJ

국립서울현충원
순국 애국자를 위한 묘지

6.25 전쟁 발발로 인해 늘어나는 국군 전사자를 안치하기 위한 육군 국립묘지로 1954년 착공, 1956년에 개장, 안장이 시작되었다. 개장 당시의 명칭은 국군묘지였다. 1965년 국립시설로 승격되어 국립묘지로 불리었다. 이후 2006년에 현충원으로 변경되었다. 개장 당시에는 6.25 전쟁 때 전사(戰死)했던 군인, 대한민국 군무원, 종군자 등을 안장하는 위주로 갔었으나, 국립묘지로 승격되면서 일제강점기 때 일제에 맞서 싸우다 순국한 애국자 및 독립유공자 등의 호국영령을 비롯해 경찰, 향토예비군 등의 영현까지 안장함에 따라 호국보훈 및 추모시설로 범위를 넓혀나가게 되었다. 현충탑, 현충문, 현충선양관, 충렬대, 전쟁기념관, 무명용사의 탑이 있다.

국립대전현충원 신설 이후로 일반적인 묘 안장이 중단되었지만, 대전 현충원 포화에 대비하여 실내 봉안시설인 충혼당이 2006년 3월에 개원하였다.

- 입장료 : 무료
- 관람 시간 : 매일 06:00~18:00
- 주소 : 서울 동작구 동작동 271-18
- 지하철 : 동작역 4번 출구에서 69m
- DISC 유형 : 주도형(D), 신중형(C)
- MBTI 유형 : ENTJ, ISTP, ISTJ

동작구 맛집

작은피자집
피자가 유명한 식당
서울특별시 동작구 사당로30길 96 02-597-1987
영업 시간 월~금: 17:00~24:00/ 토~일: 12:00~21:00
더블치즈/ 트리플치즈/ 하와이안

운봉산장양고기전문점
뚝배기탕이 끝내주는 식당
서울특별시 동작구 장승배기로 118-1 02-815-2850
영업 시간 17:00~22:00
수육/ 뚝배기탕/ 전골

형제상회
회로 유명한 집
서울특별시 노들로 688 노량진수산시장 1F 활어-172 02-816-8227
영업 시간 10:00~24:00
모듬회 (1인)/ 모듬회 (2인)/ 모듬회 (3인)

현고대닭발
닭발이 맛있기로 유명한 식당
서울특별시 동작구 동작대로23길 25 02-582-9399
영업 시간 17:00~02:00
원조닭발 만만한닭발/ 무뼈닭발

청와옥
순대국이 맛있기로 유명한 식당
서울특별시 동작구 동작대로 71 02-588-0885
영업 시간 11:00~21:00
순대국밥/ 편백정식/ 동해안오징어숯불구이

가마솥손두부
청국장이 맛있기로 유명한 식당
서울특별시 동작구 남부순환로271길 20   02-3472-2202
영업 시간 11:30~22:00
청국장/ 뚝불고기/ 산채비빔밥

제14장
금천구 여행

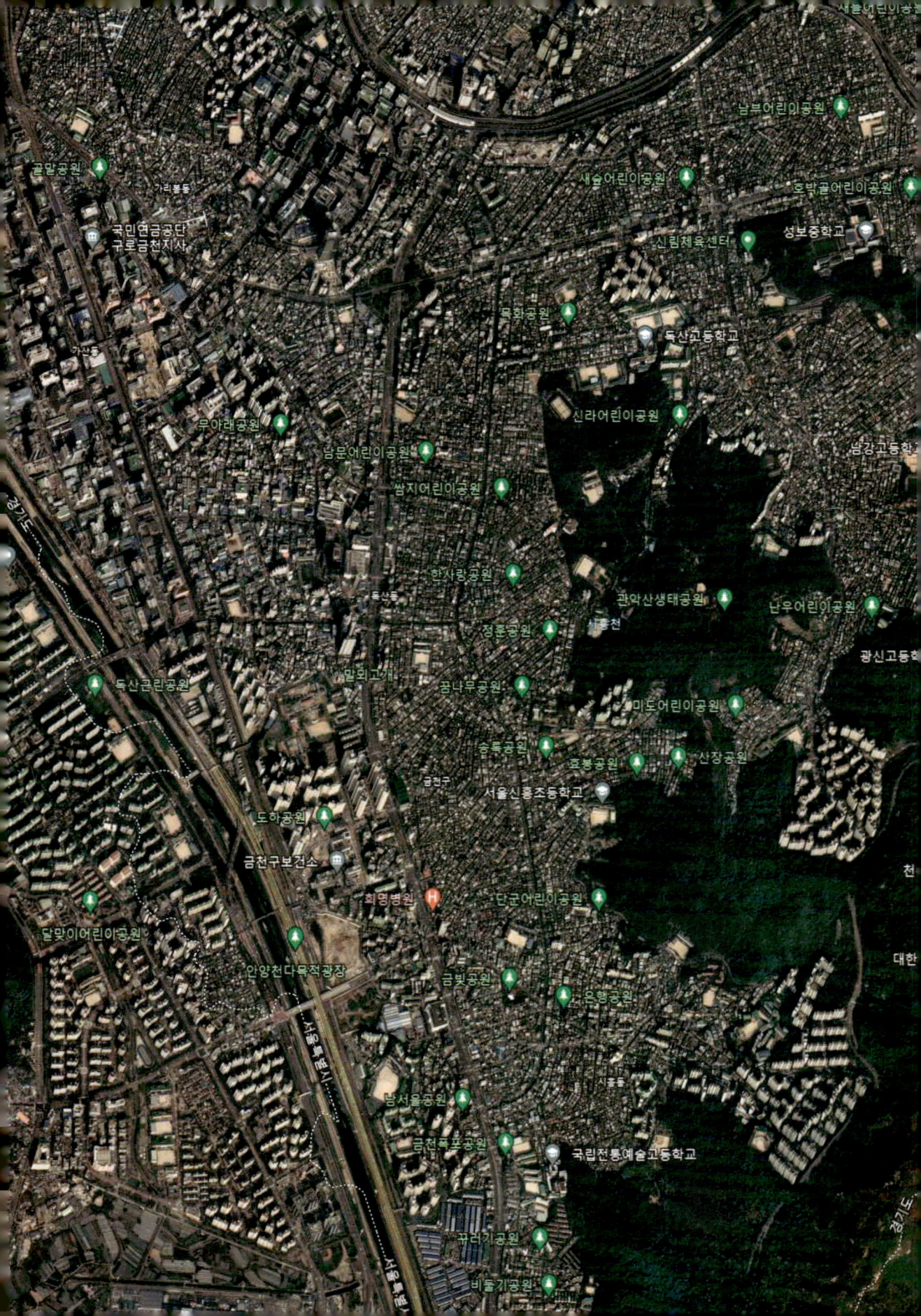

1. 금천구의 특징

서울특별시의 남서부에 위치하여 북서쪽에 구로구, 북동쪽과 동쪽에 관악구, 서쪽에 광명시, 남쪽에 안양시와 경계를 이룬다. 구청 소재지는 시흥동에 있다. 1995년 3월 구로구에서 분리, 신설되었다. 동쪽의 구릉지와 서쪽의 안양천 사이에 시가지가 장방형으로 펼쳐지고, 중앙부를 남북방향으로 시흥대로와 경부선 철도가 관통한다. 산지는 대부분 그린벨트 지역이며, 북서부의 한국수출산업공단을 제외한 전역이 상업지역과 주거지를 형성하고 있다.

각양각색의 들꽃 내음이 코를 간지럽히는 독산 자락길 그리고 매년 4월 금천벚꽃축제는 구민들의 사랑을 받고 있다. 가산디지털단지부터 마리오아울렛 사거리에는 패션과 IT가 공존하는 금천 패션타운이 있어 쇼핑뿐만 아니라 다양한 문화생활을 즐길 수 있다. 국내 최초 돔 야구장 고척 스카이돔구장은 프로야구 구단 넥센 히어로즈의 홈구장이다. 사계절 내내 날씨 상관없이 체육 및 공연, 문화 행사를 즐길 수 있어 많은 사람들의 발길이 이어지는 곳이다.

금천구에서 성격 유형별로 여행지를 추천하면 다음과 같다.

<표> 성격 유형별 금천구 여행(7)

여행지	DISC 유형	MBTI 유형
서울 호암산성	주도형(D), 사교형(I)	ENTP, ISFJ, ISFP, ESTJ
호압사	신중형(C)	ISTP, ISTJ
노동자생활체험관	신중형(C), 안정형(S)	ESFJ, ISFP, ESTJ, INFP
G밸리 패션지원센터	신중형(C), 안정형(S)	ESFJ, ISFP, ESTJ, INFP
감로천생태공원	주도형(D), 사교형(I)	ENTP, ISFJ, ISFP, ESTJ
산기슭공원	주도형(D), 사교형(I)	ENTP, ISFJ, ISFP, ESTJ, ESTP
금빛공원	주도형(D), 사교형(I)	ENTP, ISFJ, ISFP, ESTJ

서울 호암산성
통일신라시대에 축조된 성

호암산성은 산마루를 둘러 쌓은 통일신라시대의 테뫼식 산성으로 둘레는 1,250m이며, 그 중 약 300m 구간에 성의 흔적이 남아있다. 한우물은 호암산 정상에 있는 길이 22m, 폭12m의 연못으로 네 주변을 화강암으로 쌓았으며, 용보(龍洑)라는 별칭을 가지고 있다. 가뭄 때에는 기우제를 지내고 전시(戰時)에는 군용에 대비하였다.

이 연못 모양의 우물이 만들어진 정확한 시기는 알 수 없으나 보수를 위한 발굴 당시 확인된 바로는 삼국시대에 만들어진 연못이 현재의 연못 밑에 묻혀 있었으며, 그 위에 어긋나게 축석한 연못이 다시 조선 초기에 만들어졌음이 밝혀졌다. 한 우물의 조선시대 석축지는 동서 22m, 남북 12m, 깊이 1.2m의 규모로 그 아래의 통일신라의 석출지도 확인되었다.

다른 우물지에서는 '잉벌내력지내미(仍伐內力只內未)'라는 글이 있는 청동숟가락이 나왔다. 우물지 근처에서 개 모양의 동물상이 발견되어 조선시대 서울에 화재가 생기는 것을 막기 위해 세웠다는 설화와 관련 있는 것으로 보인다.

- 입장료 : 무료
- 관람 시간 : 연중무휴
- 주소 : 서울특별시 금천구 시흥동 산 93-8
- 호압사 주차장 이용 주차비 무료
- DISC 유형 : 주도형(D), 사교형(I)
- MBTI 유형 : ENTP, ISFJ, ISFP, ESTJ

호압사
호랑이 기운을 누르기 위한 절

조선 개국과 더불어 한양에 궁궐이 건립될 때 풍수적으로 가장 위협이 된 것은 관악산의 불(火) 기운과 삼성산(호암산)의 호랑이 기운이었다.

그래서 왕조에서는 이를 제압하기 위해 숭례문(남대문)에는 편액의 숭(崇)자 위의 뫼산(山)자를 불꽃이 타오르는 불화(火)의 형상으로 표현했다. 또한 삼성산의 호랑이 기운을 누르기 위해 호랑이 꼬리부분에 해당하는 자리에 절을 창건하게 하였는데 이것이 호압사다.

이렇게 궁궐(경복궁)을 위협하는 호랑이 기운을 누르기 위해 창건되었다는 호압사는 18세기 전국 사찰의 소재와 현황, 유래 등을 기록한 「가람고」나 「범우고」에도 호랑이의 기운을 누르기 위한 비보(裨補) 개념으로 소개되고 있다. 이는 다시 말해서 호압사가 불교 수행의 도량(道場)이면서도 풍수적으로는 호랑이의 기운을 누르기 위한 상징성 또한 지니고 있다. 호압사를 향한 길은 500m 정도 이지만 호랑이의 꼬리로 인도하는 만큼 꽤 높은 경사길이다.

- 입장료 : 무료
- 관람 시간 : 연중무휴
- 주소 : 서울특별시 금천구 호암로 278
- 주차비 무료
- DISC 유형 : 신중형(C)
- MBTI 유형 : ISTP, ISTJ

구로공단 노동자생활체험관
구로공단 노동자의 고단한 삶을 체험하는 곳

서울의 금천구에 옛 구로공단 시절의 정취를 느낄 수 있는 노동자들의 생활공간이 체험장으로 남아 있다는 사실이 오랜 시절의 추억을 떠올리게 만드는 정겨운 장소다. 1960년대 후반부터 80년대까지 구로공단에서 일을 했던 여공들이 기거했던 쪽방을 재현한 뒤, 관람객으로 하여금 당시 여공들의 퇴근 후 생활상을 직접 체험할 수 있도록 조성하였다.

순이의 만화공작소, 추억의 종이뽑기, 역사 및 직업체험, 여공생활체험, 추억의 도시락 체험 등 다양한 체험 프로그램을 통해 향수를 느낄 수 있는 공간이다. 낮고 좁은 복도에 허리가 숙여져 처음에는 이 전체가 하나의 방인가 싶지만 작고 작은 6개의 쪽방이 있다. 신발을 벗고 방에 들어가 앉으면 작은 공간에서 나라와 가족을 위해 청춘을 다 바친 노동자들의 모습이 떠오른다.

G밸리 패션지원센터
대한민국의 패션을 리드하는 곳

G밸리 패션지원센터는 일감부족, 인력 부족, 고령화 등의 패션 산업의 문제점을 해결하고, 패션 제조업체의 자생력을 확보하여 남부권(강남, 강동, 강서, 관악, 구로, 금천, 동작, 서초, 송파, 양천, 영등포구 등) 패션산업 활성화 공헌을 위해 설립되었다. 2017년 재개관한 G밸리 패션지원센터에서는 스마트 패션업계를 둘러볼 수 있다.

금천구에 위치하고 있으며, 패션쇼를 할 수 있는 런웨이부터, 상설전시관, 가상 피팅 체험존, 스마트 스튜디오, 신제품 전시 및 패션 산업 콘텐츠 VR을 체험할 수 있는 공간이다. 특히 패션 산업 중소기업, 취·창업 지원자, 전공 학생 등을 대상으로 사진, 동영상 촬영을 할 수 있는 최적의 공간 및 장비를 구비하여 무료 대관 지원을 하고 있다. 그리고 회의 공간이 조성되어 있으며, 비즈니스 상담 및 휴게공간으로 활용할 수 있는 공간이 확보되어 있다. 발전적인 패션의 현주소를 G밸리 패션지원센터에서 직접 보고 체험할 수 있다.

- 입장료 : 무료
- 관람 시간 : 10:00~17:00/ 휴무 일요일
- 주소 : 서울특별시 금천구 벚꽃로44길 17
- 지하철 : 가산디지털단지역 1번 출구에서 213m
- DISC 유형 : 신중형(C), 안정형(S)
- MBTI 유형 : ESFJ, ISFP, ESTJ, INFP

- 입장로 : 무료
- 관람 시간 : 09:00~18:00(토·일 휴무)
- 주소 : 서울시 금천구 디지털로 10길 9
- 지하철 : 가산디지털단지역 3번 출구에서 634m
- DISC 유형 : 신중형(C), 안정형(S)
- MBTI 유형 : ESFJ, ISFP, ESTJ, INFP

감로천생태공원
인공습지로 만든 생태연못

감로천 생태공원내 생태연못은 도시화로 훼손되어 사라진 자연적인 습지를 대신하여 다양한 생물들이 서식할 수 있는 인공습지 유형 중의 하나로, 자연수림의 복원은 물론 기존 지형을 이용하여 지역주민들이 일상적인 생활에서 쉽게 이용할 수 있는 공간으로 조성되어 있으며, 목재 데크에서 연못의 수생식물과 다양한 동·식물 등을 관찰할 수 있고 황토 길을 따라 산책하기 좋다.

- 입장료 : 무료
- 관람 시간 : 연중무휴
- 주소 : 서울특별시 금천구 독산4동 371~375
- 주차 가능 : 15대 주차비 무료
- DISC 유형 : 주도형(D), 사교형(I)
- MBTI 유형 : ENTP, ISFJ, ISFP, ESTJ

산기슭공원
인공폭포가 좋은 공원

관악산 생태공원 산자락에 위치한 자연을 품은 공원으로 8,412㎡ 규모의 큰 면적을 자랑한다. 시흥4동 문교초등학교 인근에 있는 이곳은 다양한 운동 기구와 정자 등이 설치되어 있고, 나무가 울창하여 운동과 휴식을 함께 취할 수 있다. 공원 안에 인공폭포가 있어 이곳을 찾는 사람들에게 시원함을 선사하고 있으며 공연을 감상할 수 있는 넓은 야외무대도 갖추고 있다.

- 입장료 : 무료
- 관람 시간 : 연중무휴
- 주소 : 서울 금천구 독산로54길 6-1
- 주차 가능
- DISC 유형 : 주도형(D), 사교형(I)
- MBTI 유형 : ENTP, ISFJ, ISFP, ESTJ, ESTP

금빛공원
문화행사가 열리는 공원

서울 금천구 시흥 1동 주민센터 옆에 조성된 근린공원으로 휴식을 취하거나 문화예술 공연을 관람할 수 있는 넓은 공원이다. KBS 전국노래자랑, 금천구 주부가요제 등 각종 문화행사가 많이 열리는 곳이다. 공원 숲속 사이로 찬란한 조깅 코스도 만들어 놓아 주민들에게 인기가 많다. 공원 내 피트니스센터에서는 헬스, GX, 골프 등 다양한 프로그램을 진행하고 있어 공원에서 다채로운 시간을 보낼 수 있다.

- 입장료 : 무료
- 관람 시간 : 10:30~22:00
- 주소 : 서울 금천구 금하로 668
- 주차 가능
- DISC 유형 : 주도형(D), 사교형(I)
- MBTI 유형 : ENTP, ISFJ, ISFP, ESTJ

금천구 맛집

진영면옥
냉면이 유명한 식당
서울특별시 금천구 가산로 22-5 02-864-2383
영업 시간 11:00~21:00
평양냉면 양지곰탕/ 녹차돼지수육

가산물갈비&백년불고기
불고기가 끝내주는 식당
서울특별시 금천구 가산디지털1로 128 STX V TOWER 110호
영업 시간 17:00~22:00
산더미물갈비/ 즉석소불고기/ 오삼불고기

춘천옥
보쌈으로 유명한 집
서울특별시 금천구 디지털로12길 19 2F 02-868-9937
영업 시간 11:50~21:30
점심특선/ 보쌈

동흥관
닭발이 맛있기로 유명한 식당
서울특별시 금천구 시흥대로63길 20 02-803-3759
영업 시간 11:00~21:30
짜장/ 짬뽕-/ 간짜장

상아탑분식
떡볶기가 맛있기로 유명한 식당
서울특별시 금천구 금하로29길 3 02-804-1517
영업 시간 월~금: 10:00~20:30 토~일: 10:00~19:00
떡볶이/ 볶음밥/ 쫄면

신선설농탕
설농탕이 맛있기로 유명한 식당
서울특별시 금천구 시흥대로 405 02-851-1900
영업 시간 00:00~24:00
설농탕

제15장
구로구 여행

1. 구로구의 특징

서울특별시의 남서부에 위치하여 북쪽으로는 양천구, 동쪽으로는 동작구, 영등포구, 관악구, 서쪽으로는 경기도 부천시, 남쪽으로는 금천구, 경기도 광명시와 접한다. 구 이름은 구청 소재지인 구로동에서 유래되었다. 구로(九老)동이라는 지명은 9명의 현명한 노인들이 장수했다는 전설에서 유래되었다고 한다. 그래서인지 구로구청 주변에는 9개의 지팡이 등 9명의 노인을 상징하는 요소가 꽤 많다.

첨단과 자연의 하모니 서울 구로구. 공단의 상징이었던 구토구는 서울디지털산업단지로 이름을 바꾸며 첨단 산업단지로 탈바꿈하였다. 디지털 단지에서 조금 벗어나면 도심에서는 좀처럼 찾아보기 힘든 55년의 역사를 담고 있는 항동 철길을 만날 수 있다. 봄과 가을에는 유채꽃과 코스모스가 활짝 펴있고 철길을 따라 걷다 보면 곳곳에 새겨진 문구들이 감성을 자극한다.

구로구에서 성격 유형별로 여행지를 추천하면 다음과 같다.

〈표〉 성격 유형별 구로구 여행(6)

여행지	DISC 유형	MBTI 유형
항동푸른수목원	주도형(D), 사교형(I)	ENTP, ISFJ, ISFP, ESTJ
궁동저수지생태공원	주도형(D), 사교형(I)	ENTP, ISFJ, ISFP, ESTJ, ESTP
고척스카이돔	신중형(C), 안정형(S)	ESFJ, ISFP, ESTJ, INFP
고척근린공원	주도형(D), 사교형(I)	ENTP, ISFJ, ISFP, ESTJ
천왕근린공원	주도형(D), 사교형(I)	ENTP, ISFJ, ISFP, ESTJ
이씨레물리노공원	주도형(D), 사교형(I)	ENTP, ISFJ, ISFP, ESTJ

항동푸른수목원
친환경 청정수목원

푸른수목원은 인적 없는 공터에서 친환경 청정수목원으로 개장한 서울시 최초의 시립 수목원이며 2018년 서울시 1호 공립수목원으로 지정되었다. 식물유전자원을 수집해 증식시키고 보존하고 있으며 항동저수지와 오색정원, 야생화원, 수국원, 침엽수원, 활엽수원, 구근원, 계류원, 습지원, 숙근초원, 장미원, 어린이정원 등 다양한 연령과 관심사를 반영한 20개 주제 정원에서 다양한 희귀식물을 볼 수 있다.

KB금융의 기부 체납으로 조성된 숲교육센터는 식물교육을 전담하는 교육 공간과 초승달 모양의 전시공간이 공존하는 곳이다. 지형을 활용하고 정남향으로 배치하여 에너지를 절감하는 구조로, 전 세계의 유용 자원식물이 한자리에 전시되어 외래 식물에 대한 이해를 높여주는 곳이다. 또한 전시 공간에는 전 세계의 유용 자원식물을 전시하여 각 나라의 특성있는 식물을 보여 주는 복합공간이다.

- 입장료 : 무료
- 관람 시간 : 매일 05:00~22:00
- 주소 : 서울특별시 구로구 서해안로 2117 푸른수목원
- 지하철 : 온수역 1, 7번 출구에서 1.4km
- 주차비 : 10분 150원
- DISC 유형 : 주도형(D), 사교형(I)
- MBTI 유형 : ENTP, ISFJ, ISFP, ESTJ

궁동저수지생태공원
휴식과 생태학습이 가능한 공원

궁동생태공원은 주변 경관과 가로 경관을 해치던 궁동저수지 일대를 친환경적인 공간으로 조성하여 구로구 지역주민에게 휴식 공간을 제공하고자 건립되었다. 2003년 9월 '물을 이용한 친수 공간 조성 사업' 계획을 수립하여 추진해 왔으나 예산 부족으로 지연되어 오다가, 4년 6개월여 만인 2008년 4월 완공되었다.

궁동생태공원의 총면적은 10,205㎡이다. 전통 정자와 파고라, 벤치, 피크닉테이블 등의 휴식 공간과 동식물을 관찰할 수 있는 공간이 들어서 있으며, 산책로와 체육시설도 조성되어 있다.

현재 궁동생태공원은 구로구 주민들의 휴식 공간으로 이용되고 있으며, 세종과학고등학교, 온수초등학교, 정진학교 등 인근 8개 학교의 학생들을 위한 생태학습장으로도 활용되고 있다.

- 입장료 : 무료
- 관람 시간 : 연중무휴
- 주소 : 서울특별시 구로구 궁동 45
- 지하철 : 온수역 8번 출구에서 1.2km
- DISC 유형 : 주도형(D), 사교형(I)
- MBTI 유형 : ENTP, ISFJ, ISFP, ESTJ, ESTP

고척스카이돔
국내 최초 실내 야구장

서울 구로구 고척동에 자리 잡은 고척스카이돔은 지하2층, 지상4층으로 이루어져있고, 관람석 16,744석, 높이 67.59m, 연면적 83,623㎡이다. 하부는 철근콘크리트 구조로, 지붕은 하이브리드구조로 건축되었다. 국내에 처음으로 건립된 돔구장으로, 라운드에서 지붕까지의 최고 높이는 67.59m로 설계했으며 지붕에 반투명의 테프론막을 덮어 자연 채광이 가능하게 했다.

공공체육시설 확충과 다양한 행사수용이 가능한 문화시설 제공을 위해 국내 최초의 돔야구장으로 건립된 고척스카이돔은 사계절 내내 체육·문화행사를 즐길 수 있는 대한민국 최고의 복합체육문화시설이다.

또한 각종 행사 시 연계행사가 열릴 수 있는 보행광장 및 야구를 테마로 구성한 야구테마거리가 고척스카이돔과 연결되어 있다. 그리고 수영장, 헬스장, 축구장, 농구장, 판매시설 등을 갖추고 있다. 이 밖에도 LED를 전체 시설에 반영하여 에너지 소비를 최소화시킬 수 있는 친환경 건축물이다.

- 입장료 : 경기에 따라 유료
- 관람 시간 : 경기에 따라 개관
- 주소 : 서울 구로구 경인로 430 고척스카이돔
- 지하철 : 구일역 2번 출구에서 14m
- DISC 유형 : 신중형(C), 안정형(S)
- MBTI 유형 : ESFJ, ISFP, ESTJ, INFP

고척근린공원
구로구의 대표적인 공원

고척 근린공원은 고척2동에 위치하며 자연적인 야산을 공원으로 조성한 구로구의 대표적인 공원이다. 높은 곳에 생긴 마을이라는 데에서 유래해서 고척이라는 지명을 갖게 되었다고 전해지고 있다. 은행나무와 벽화가 일대에 있어 산책하기에 적합하다.

1988년 12월에 조성한 구로구의 유일한 종합공원으로 도서관, 체육센터, 경로당, 축구장, 테니스장, 배드민턴장, 광장, 야외무대 시설이 있으며 연평균 100,000명이 이용하고 있다. 공원 전체 면적 중 약 25,000㎡가 임야 상태로 보존되어 있고 산책로 주변에는 운동시설이 있으며 고척도서관은 1988년 12월에 개관하여 236,000권의 장서와 429개 좌석을 보유하고 운영 중에 있다. 또한 1993년 12월에 개원한 구로구민체육센터는 실내 수영장, 체력단련장, 에어로빅장, 체육관 등을 갖추고 지역주민들의 건강증진과 생활체육 활성화 공간으로 이용하고 있다.

- 입장료 : 무료
- 관람 시간 : 연중무휴
- 주소 : 서울특별시 구로구 고척로45길 39
- 지하철 : 개봉역 3번 출구에서 1.4km
- DISC 유형 : 주도형(D), 사교형(I)
- MBTI 유형   ENTP, ISFJ, ISFP, ESTJ

천왕근린공원
가족 캠핑장이 있는 공원

서울특별시 구로구 천왕동에 위치한 근린공원. 경기도 광명시 옥길동 경계와 맞닿아 있다. 2012년 4월에 천왕동 일대가 개발되면서 저류지에 함께 조성되었다. 2018년부터 시작된 보상 및 공원 조성 사업을 통해 캠핑장, 책쉼터, 인공암벽장, 생태공원, 도시농업체험장 등이 조성됐다.

2020년 9월 처음 문을 연 천왕산 가족캠핑장은 3만52㎡ 규모로, 일반 야영장 12면, 오토 야영장 18면 등 데크 30면과 주차장, 샤워장, 화장실, 전기·통신시설 등을 갖췄다.

여름에는 저류지에 한가득 핀 연꽃을 감상할 수 있으며, 7~8월에는 서울특별시 공공서비스예약 홈페이지에서 캠핑장 평상 예약도 받고 있다. 평상은 총 20개로, 평상 1개 당 1박 10,000원에 예약이 가능하다. 평상만 제공하기 때문에 텐트 등의 캠핑용품은 직접 가져와야 하며, 버너를 제외한 숯불, 모닥불 등의 화기 사용은 금지된다.

- 입장료 : 무료
- 관람 시간 : 연중무휴
- 주소 : 서울특별시 구로구 천왕동 242-1
- 지하철 : 천왕역 1번 출구에서 1.2km
- 주차장이 없어 주차하기가 어려움
- DISC 유형 : 주도형(D), 사교형(I)
- MBTI 유형 : ENTP, ISFJ, ISFP, ESTJ

이씨레물리노공원
휴식과 힐링에 좋은 공원

이씨레물리노공원은 2008년 8월 말 지역주민들을 위한 휴식 공간으로서 구로근린공원으로 건립되었다. 총면적은 7,901.3㎡이다. 시민을 위한 문화시설과 조깅 트랙, 분수대, 야외 벤치, 체육시설 등이 조성되어 있다. 공원 한가운데에는 매일 12시 정오와 오후 5시에 각각 1시간가량 음악에 맞춰 춤을 추는 분수대가 조성되어 있으며, 분수대 주변에는 10여 개의 나무 테이블과 벤치가 구비되어 있다. 조깅 트랙은 한국문화예술교육진흥원과 구로구민회관 뒤쪽으로 이어져 있다. 구로구민회관 등의 다양한 문화 예술 공간을 끼고 있어 가족들의 문화 나들이 공간으로 적합하다. 공원을 중심으로 대공연장, 야외무대, 갤러리, 분수대, 실내 쉼터, 야외 벤치들이 모여 있으며, 인근 영림중학교의 담장 개방으로 생긴 학교공원까지 이어진다. 아트밸리길의 시작점이며, 한국문화예술교육진흥원과 맞닿아 있다.

- 입장료 : 무료
- 관람 시간 : 연중무휴
- 주소 : 서울 구로구 가마산로25길 21
- 지하철 : 대림역 4번 출구에서 762m
- DISC 유형 : 주도형(D), 사교형(I)
- MBTI 유형 : ENTP, ISFJ, ISFP, ESTJ

구로구 맛집

월래순교자관
만두가 유명한 식당
서울특별시 구로구 디지털로19길 12   02-855-8488
영업 시간 11:00~22:00
군만두/ 찐만두/ 소룡포

낭만부대찌개
부대찌개가 끝내주는 식당
서울특별시 구로구 디지털로 288 대륭포스트타워 02-839-8090
영업 시간 11:00~22:00
낭만부대찌개/ 낭만부대볶음

라그릴리아
파스타가 유명한 집
서울특별시 구로구 경인로 662 신도림디큐브시티백화점 별관 2F
영업 시간 월~금: 11:00~22:30/ 토~일: 11:00~22:00
머쉬룸 라구 파스타/ 쉬림프 로제 파스타

이도식당
닭갈비가 맛있기로 유명한 식당
서울특별시 구로구 경인로 661 신도림1차푸르지오 전문식당가 2F
영업 시간 11:00~22:00
눈꽃닭갈비/ 데리야끼닭갈비/ 철판 닭갈비

신림춘천집
닭갈비가 맛있기로 유명한 식당
서울특별시 구로구 디지털로32나길 17-23 102호 070-8624-1998
영업 시간 월~금: 10:00~20:30 토~일: 10:00~19:00
닭갈비/ 치즈폭포 닭갈비/ 매운 닭갈비

소녀방앗간
서울특별시 구로구 경인로 662 현대백화점 5F 02-2210-9533
영업 시간 11:00~22:00
산나물밥과 고춧가루제육볶음/ 산나물밥과 우렁된장찌개

제16장
관악구 여행

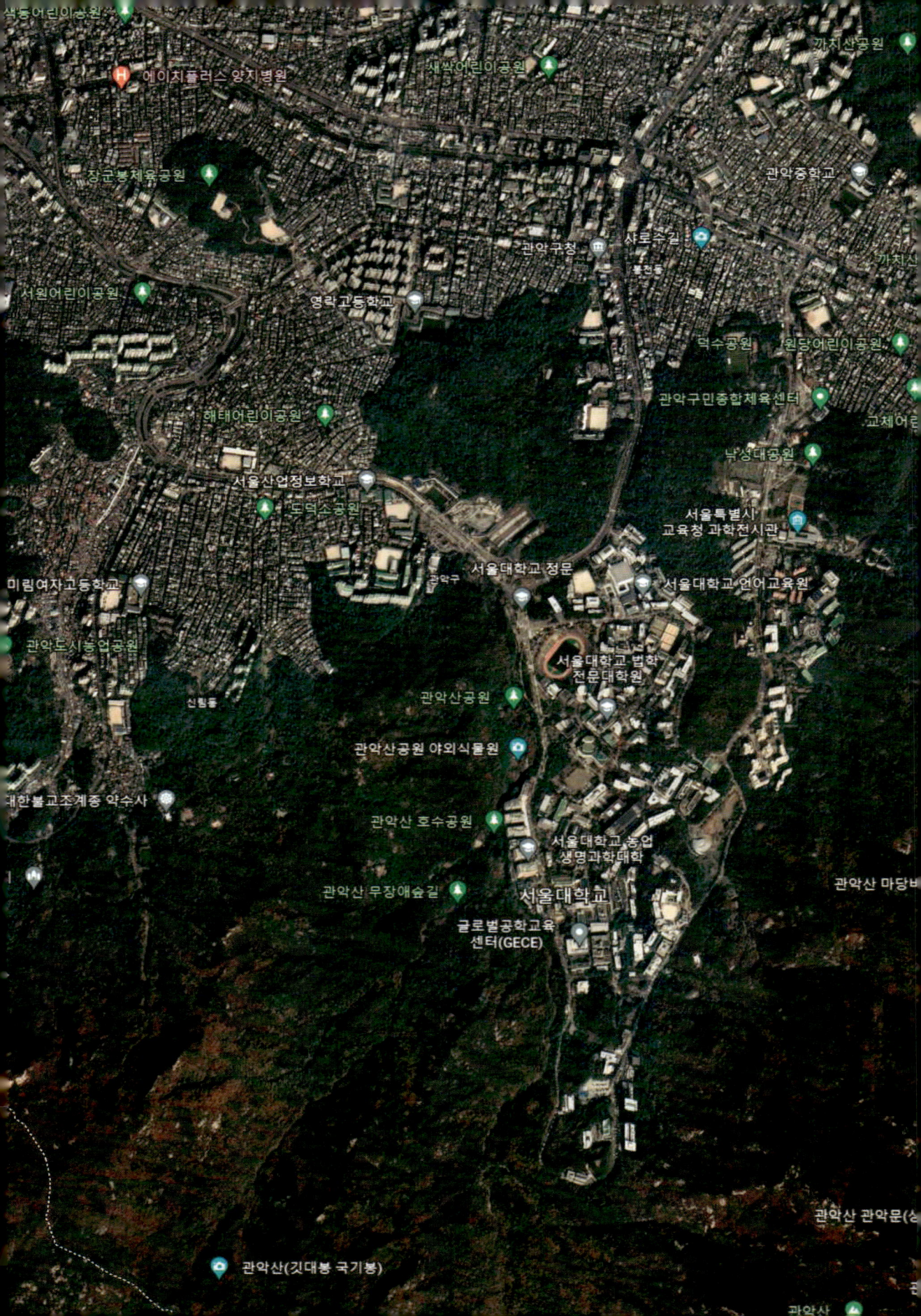

1. 관악구의 특징

　서울특별시의 남부에 위치하고 있으며, 북쪽에는 동작구, 동으로는 서초구, 남으로는 관악산을 경계로 경기도 안양시, 과천시, 서로는 금천구와 구로구, 영등포구에 접한다. 관악구라는 이름은 관악산에 따와 만든 명칭이다.
　관악구의 가장 대표적인 명소는 관악산으로 관악산은 서울과 안양에 걸쳐 있으며 바위가 많고 웅장한 산세가 일품인 산으로 주말이면 많은 관광객과 등산객이 찾는 명소이기도 하다. 특히 관악산은 서울대 입구에서 시작하는 등산로가 대표적이며 서울 도심에서 가까워 주말이면 많은 등산객이 찾는다.
　관악구에는 우리나라에서 가장 좋은 대학이라고 하는 서울대학교가 위치하고 있어서 지역적으로 유명하며, 고려의 명장 강감찬 장군의 고향인 낙성대가 있어서 역이름으로도 불리고 있다. 특히 낙성대에는 공원과 산책로가 아기자기하게 조성되어 있으며, 이곳의 전통 야외 소극장에서는 전통 혼례 및 예절교육이 정기적으로 진행되고 있다. 다른 지역과 마찬가지로 관악구의 신흥 핫플레이스로 떠오른 서울대입구역에 위치한 샤로수길은 색다른 맛집과 즐길 거리가 풍부하다. 샤로수길은 관악구청 삼거리에서 인헌 초등학교까지의 거리를 일컫는 말로 강남 가로수길을 서울대가 있는 관악구에 맞게 부르게 된 골목이다. 그리고 백순대와 순대볶음이 유명한 신림동 순대타운은 70년대에 생긴 이후로 아직까지도 사랑받고 있다.
　관악구에서 성격 유형별로 여행지를 추천하면 다음과 같다.

　　<표> 성격 유형별 관악구 여행(4)

여행지	DISC 유형	MBTI 유형
낙성대공원	주도형(D), 신중형(C)	ENTJ, ISTP, ISTJ
관악산호수공원	주도형(D), 사교형(I)	ENTP, ISFJ, ISFP, ESTJ, INFJ, INTP
관악산	주도형(D), 사교형(I)	ENTP, ISFJ, ISFP, ESTJ, INFJ, INTP
삼성산성지	신중형(C)	INTJ, ISTJ

낙성대공원
강감찬 장군의 탄생지를 성역화한 공원

낙성대 공원은 고려의 명장 인헌공 강감찬 장군 (948년~1031년)의 탄생지를 성역화한 곳이다. 1973년 서울시에서 장군의 출생 유적지를 정비하여 지금에 이른다. 낙성대 3층 석탑이 석탑의 첫층 탑신 앞면에 '강감찬 낙성대' 라는 명문이 해서체로 새겨져 있어 탑 이름을 강감찬탑 또는 강감찬 낙성대탑이라 부르고 있다. 조성 연대는 고려시대로, 자재는 화강암이며, 탑의 높이는 4.48m이다. 이 탑에 연유해서 이곳 옛마을을 탑골이라 하며, 옛마을 사람들은 장군을 성신이라 우러러 받들고 그 위업을 추모하고 있다.

1973년 서울특별시에서 주변 지역을 정돈하여 사당과 부속건물을 신축하여, 공원 동쪽에 사당을 지어 안국사라는 명칭을 붙였다. 안국사에는 장군의 영정을 모셨으며 정면에는 외삼문인 안국문과 내삼문을 세웠다. 문 안에는 낙성대 3층 석탑을 강감찬 장군 생가 터에서 옮겨왔으며, 탑 맞은편에는 사적비를 세워놓았다. 안국사는 고려시대 목조 건축양식을 대표하는 영주 부석사 무량수전을 본따 세웠으며 팔각 청기와 지붕이 올려져 있어 웅장한 느낌을 준다.

- 입장료 : 무료
- 관람 시간 : 10:00~17:00/ 휴무 월
- 주소 : 서울시 관악구 낙성대로 77
- 지하철 : 낙성대역 4번 출구에서 881m
- 주차가능
- DISC 유형 : 주도형(D), 신중형(C)
- MBTI 유형 : ENTJ, ISTP, ISTJ

관악산호수공원
도심 속 힐링하기 좋은 공원

관악산 제1광장에 닿기 전(신림동 203번지)에 위치한 호수공원은 부지면적 6,406㎡, 담수 면적 2,485㎡으로 1997년 3월 준공되었다.

호수공원 안에는 아름다운 정자, 분수, 수변무대, 나무다리, 인공섬, 조각상 등이 설치되어 있어 관악산을 찾는 많은 사람들이 휴식 공간으로 활용하고 있으며, 또한 인근에는 숲속 작은도서관과 야외 식물원이 조성되어 있어 주민들에게 큰 호응을 얻고 있다.

아름다운 자연경관을 자랑하는 호수공원은 시민들이 많이 찾는 도심 속 힐링 장소로 가족, 친구, 연인과 함께 방문하면 좋은 장소다.

- 입장료 : 무료
- 관람 시간 : 연중무휴
- 주소 : 서울시 관악구 대학동 203번지 일대
- 주차비 : 30분당 1,000원
- DISC 유형 : 주도형(D), 사교형(I)
- MBTI 유형 : ENTP, ISFJ, ISFP, ESTJ, INFJ, INTP

관악산
수십 개의 봉우리가 일품인 명소

관악산은 옛날부터 개성 송악산(松岳山), 가평 화악산(華岳山), 파주 감악산(紺岳山), 포천 운악산(雲岳山)과 함께 경기도 오악(五岳)의 하나로 불려져 왔다. 빼어난 수십 개의 봉우리와 바위들이 많고 오래된 나무와 온갖 풀이 바위와 어울려서 철 따라 변하는 산 모습이 마치 금강산과 같다고 하여 소금강(小金剛) 또는 서쪽에 있는 금강산이라 하여 서금강(西金剛) 이라고도 한다. 또한 관악산은 서울 경복궁의 조산(朝山) 또는 외안산(外案山)이 되는데, 산봉우리의 모양이 불과 같아 풍수적으로 화산(火山)이 된다. 따라서 이 산이 바라보는 서울에 화재가 잘 난다고 믿어 그 불을 누른다는 상징적 의미로 산꼭대기에 못을 파고, 경복궁의 정문인 광화문 옆 양쪽에 불을 막는다는 상상의 동물인 해태를 만들어 놓기도 했다고 한다.

관악산 정상부의 바위산은 토양이 척박하여 소나무, 진달래철쭉 같이 외부 환경에 잘 견디는 나무들이 자란다. 특히 바위틈에서는 서울 지역에서는 드물게 긴잎회양목이 자란다. 관악산에서 자라는 우리나라 특산 식물로 총 11종이 있다. 희귀식물로는 4종이 보이며 그밖에 개체수가 적어 보호식물로 다루어야 할 식물은 약 40여 종에 이르고 있다. 야생동물로는 대형 포유류는 관찰되지 않고 있으나, 멧토끼, 다람쥐 등 설치류와 족제비와 두더지는 적은 수나마 서식하며 조류는 41종이 관찰되었다.

관악산 둘레길은 아름다운 경관을 감상하고 역사와 생태를 배울 수 있는 자연 탐방로이며 안양시 구간은 모두 6개 구간으로 이루어져 있다. 각 구간 별로 특색 있는 숲길을 체험할 수 있는데 이 가운데 석수역에서 시작해 금강사, 안양예술공원, 망해암, 비봉 산책길, 내비산 입구, 관악산 자연학습장, 간촌 약수터를 지나 과천으로 이어진 관악산 둘레길은 안양시의 전경을 보며 피곤함을 날릴 수 있는 구간이다. 관악산 둘레길의 여러 구간 가운데 특히 5구간은 비봉산책로-상불당약수터-비산중학교-수도군단 입구-관악산 삼림욕장 입구까지 2.8km 거리이며 약 1시간이 소요된다. 6구간은 관악산 삼림욕장-매천 약수터-자연학습장 입구-무당골 계곡-간촌 약수터까지 1.3km 약 30분이 소요되는 거리이다.

- 입장료 : 무료
- 관람 시간 : 연중무휴
- 주소 : 서울 관악구 남현동
- 지하철 : 사당역 4번 출구에서 1km
- DISC 유형 : 주도형(D), 사교형(I)
- MBTI 유형 : ENTP, ISFJ, ISFP, ESTJ, INFJ, INTP

삼성산성지
순교자의 유해가 안장된 곳

삼성산(三聖山) 성지는 기해박해(1839년)때 새남터에서 서양인 성직자로는 처음으로 천주교를 전교했다는 이유로 1839년 기해박해 때 새남터에서 순교한 성 앵베르(한국명 범세형) 주교를 비롯하여 성 모방(한국명 나백다록) 신부와 성 샤스탕(한국명 정아각백) 신부의 유해가 안장된 곳이다. 삼성산이라는 명칭은 신라 때의 명승 원효(元曉)·의상(義湘)·윤필(尹弼) 등 3명이 수도한 곳이라는 데서 유래되었는데, 1901년에 세 순교자의 유해가 발굴되면서 널리 알려지게 되었으며, 1970년에 사적지로 조성되었다. 1836년

이래 조선에 들어와 활동하던 모방 신부와 앵베르 주교, 샤스탕 신부 등 3명의 프랑스 선교사들은 기해박해가 일어나자 각각 자수하여 포도청과 의금부에서 문초를 받은 후 1839년 9월 21일 새남터에서 군문 효수형을 받아 순교하였다.

- 입장료 : 무료
- 관람 시간 : 연중무휴
- 주소 : 서울 관악구 호암로 454-16
- 주차비 무료
- DISC 유형 : 신중형(C)
- MBTI 유형 : INTJ, ISTJ

관악구 맛집

루비정
중식이 유명한 식당
서울특별시 관악구 남부순환로 1690 02-883-1358
영업 시간 11:30~23:00
마라탕/ 양고기볶음밥/ 마라훠궈

타이패밀리
태국음식이 끝내주는 식당
서울특별시 관악구 행운1길 39 010-9931-1916
영업 시간 11:30~21:30
꾸어이띠여우/ 똠양꿍/ 카우카무

기절초풍왕순대
순대로 유명한 식당
서울특별시 관악구 봉천로62길 2 02-872-8805
영업 시간 07:00~22:00
왕순대/ 머릿고기수육-/ 모듬순대

서울갈비
우삼겹이 맛있기로 유명한 스당
서울특별시 관악구 남부순환로 1645 02-885-7610
영업 시간 11:00~21:30
우삼겹/ 생삼겹살/ 소갈비살

제주상회
고기국수가 맛있기로 유명한 식당
서울특별시 관악구 관악로12길 108 B1 02-883-7083
영업 시간 11:30~22:00
고기국수/ 고기국밥/ 비빔국수

어부사시가
서울특별시 관악구 관악로14길 31 02-877-9288
영업 시간 11:00~21:30
고등어구이/ 삼치구이/ 제육볶음

제17장
도봉구 여행

1. 도봉구의 특징

서울특별시의 북부에 위치하며 동쪽으로는 중랑천을 경계로 서울특별시 노원구와 서쪽과 남쪽으로는 서울특별시 강북구와 북쪽으로는 경기도 의정부시와 북한산을 경계로는 양주시 및 고양시와도 접하고 있다. 1973년 7월 1일 성북구에서 분리 신설될 당시 서울의 대표적인 명산이자 우리 지역의 상징인 도봉산 이름을 따서 도봉구라고 하였다.

북한산국립공원의 한 축인 도봉산은 구 면적의 상당 부분을 도봉산이 차지하기 때문에 도봉구를 상징하는 산이자 서울의 명산이다. 일요일 아침의 각지에서 몰려오는 등산객들 때문에 도봉산에서 가까운 전철역인 도봉산역은 그야말로 전국에서 몰려든 관광객들로 인해 장사진을 이룬다. 도봉산에는 도봉서원이 있으며, 시인 김수영의 시비가 세워져 있다. 도봉구에는 중랑천과 우이천이 흐르며, 붓꽃이 가득한 서울 창포원에서는 다양한 종류의 붓꽃 뿐만 아니라 각종 수생식물과 습지 생물들을 볼 수 있다. 우이천 벚꽃길은 봄에는 하천을 따라 벚꽃과 개나리가 만개하여 유명하며, 산책을 하며 봄꽃의 향연을 즐길 수 있다. 아기공룡 둘리가 살던 쌍문동에는 최초의 캐릭터 박물관인 둘리뮤지엄이 세워져 새로운 명소로 떠오르고 있다. 도봉구에서 성격 유형별로 여행지를 추천하면 다음과 같다.

〈표〉 성격 유형별 도봉구 여행(5)

여행지	DISC 유형	MBTI 유형
도봉산	주도형(D), 사교형(I)	ENTP, ISFJ, ISFP, ESTJ, INTP
연산군묘	주도형(D)	ENTJ, ISTP
방학천 문화예술거리	신중형(C), 안정형(S)	ESFJ, ISFP, ESTJ, INFP
창동역사문화공원	신중형(C), 안정형(S)	ESFJ, ISFP, ESTJ, INFP
둘리뮤지엄	신중형(C), 안정형(S)	ESFJ, ISFP, ESTJ, INFP

도봉산
경관이 수려하고 접근성이 뛰어난 산

세계적으로 보기 드물게 도심 속에서 쉽게 찾아볼 수 있는 도봉산은 경관이 수려할 뿐만 아니라 접근성도 뛰어나 연간 1,000여만 명이 찾는 인기 명산이다.

뾰족뾰족하게 솟은 산봉우리의 아름다움이 빼어난 산이다. '푸른 하늘을 깎아세운 만 길 봉우리'라 읊었던 옛 시인의 표현만큼이나 선인봉, 자운봉, 만장봉, 신선대, 오봉에 이르기까지 모두 거대한 화강암으로 되어 있어 맑고 푸른 하늘을 더욱 돋보이게 한다. 이러한 봉우리들 사이로 수십개의 맑고 깨끗한 계곡이 형성되어 산과 물의 아름다운 조화를 빚어내고 있다. 도봉산은 지질학적으로는 고생대부터 화강암의 지반이 융기 및 침식되어 형성되었으며, 지금으로부터 약 2억만년전 한반도의 지각 변동 사상 가장 격렬했던 중생대 쥬라기 중엽의 대보조산운동(大寶造山運動)에 의해 형성된 대보 화강암의 돔(dome)형태의 암벽과 암릉으로 이루어져 있다.

- 입장료 : 무료
- 관람 시간 : 연중무휴
- 주소 : 서울특별시 도봉구 도봉동
- 지하철 : 도봉산역 1번 출구에서 840m
- DISC 유형 : 주도형(D), 사교형(I)
- MBTI 유형 : ENTP, ISFJ, ISFP, ESTJ, INTP

연산군묘
권력무상을 느끼게 하는 폭군 연산군의 묘

연산군묘는 조선 제10대 왕인 연산군(1495~1506 재위)과 거창군 부인 신씨의 무덤이다. 연산군은 성종 7년(1476) 성종의 첫째 아들로 태어났으며, 연산군은 실정(失政)이 극심하여 중종반정(中宗反正)으로 폐위되고 1506년(중종 1) 연산군으로 강봉(降封)되어 같은해 9월 강화군 교동(喬桐)에 유배되었다. 그해 11월 유배지에서 죽어 강화에 장사지냈다가 1512년 12월 폐비 신씨(愼氏)의 진언으로 그 이듬해 이곳에 이장하였다. 묘의 시설은 대군(大君)의 예우로 장례하였으나, 병풍석(屛風石), 석양(石羊), 석마(石馬), 사초지(莎草地), 문인석(文人石) 등은 세우지 아니하였다. 연산군의 묘비 앞면에 연산군지묘(燕山君之墓)라 새겨져 있고, 뒷면에는 무덤이 만들어진 연월인 정덕팔년이월이십일장(正德八年二月 二十日葬)이라 새겨져 있다. 연산군묘는 사적 제362호로 지정되었으며 면적은 1만4301㎡이다.

- 입장료 : 무료
- 관람 시간 : 09:00~17:30
- 주소 : 서울 도봉구 방학동
- 지하철 : 우이산역 1번 출구에서 1.3km
- DISC 유형 : 주도형(D)
- MBTI 유형 : ENTJ, ISTP

방학천 문화예술거리(방예리)
문화예술거리가 된 유흥업소 거리

방학천 문화예술거리는 원래 유흥업소 밀집지역으로 주민들의 통행에 어려움이 있던 지역인데, 구에서 방학천 일대를 지역주민과 청년예술가들을 위한 문화예술거리로 탈바꿈하여 문화예술거리로 조성한 곳이다. 현재 방학천 주변의 유해업소는 전부 폐업하고 그 공간을 활용하여 문화예술 거리를 조성하고 예술인 입주 공방, 복합문화예술공간 방예리143 ART SQUARE 등 운영 중이다. 방예리143 ART SQUARE는 방예리 사업 홍보, 입주작가 작품 전시, 공방 체험 프로그램 등을 진행하는 지원센터다.

구에서는 리모델링 사업비를 지원하고 간판 개선, 도로 포장 등으로 거리를 정비해 오늘날의 방예리가 되었다. 현재 이 거리에는 20여 개의 크고 작은 카페와 목공예, 칠보공예, 가죽공예 등 공방이 자리하고 있다. 새롭게 태어난 방예리에서는 매년 다양한 축제와 행사가 열린다.

창동역사문화공원
역사교실 공원

도봉구청에서는 2016년 4월부터 일제 강점기 일제에 협력하지 않고, 창동(당시 경기도 양주군 노해면 창동리)에 거주하였던 독립운동가 김병로, 송진우, 정인보 세분의 뜻을 기리기 위한 사업을 추진하였다. 그 일환으로 창동 3사자(獅子) 동상을 건립하고, 기존 도봉구민회관 소공원을 단장하여 창동역사문화공원을 조성하였다. 한편 2016년 노곡중학교, 정의여자고등학교, 덕성여자대학교 등 관내 청소년들의 자발적인 '평화의 소녀상' 세우기 서명 운동이 전개되었다. 5개월여 동안 활발한 홍보와 모금 활동을 벌인 결과, 학생, 구민 등 500여 명이 참여해 건립비 4,300만원이 모였고 평화의 소녀상을 건립하였다.

창동역사문화공원은 김병로, 송진우, 정인보를 기리는 공간으로 조성되어 있다. 바닥분수가 설치되어 있으며, 공원 앞쪽에 평화의 소녀상이 자리 잡고 있다.

- 입장료 : 무료
- 관람 시간 : 연중무휴
- 주소 : 서울시 도봉구 도봉로 143길 300m 거리
- 지하철 : 방학역 3번 출구에서 831m
- DISC 유형 : 신중형(C), 안정형(S)
- MBTI 유형 : ESFJ, ISFP, ESTJ, INFP

- 입장료 : 무료
- 관람 시간 : 연중무휴
- 주소 : 서울 도봉구 도봉로 552
- 지하철 쌍문역 4번 출구에서 697m
- DISC 유형 : 신중형(C), 안정형(S)
- MBTI 유형 : ESFJ, ISFP, ESTJ, INFP

둘리뮤지엄
둘리를 테마로 한 미술관

둘리뮤지엄은 2015년 7월 만화캐릭터 '아기공룡 둘리'를 주제로 온 가족이 즐길 수 있는 전시 및 체험형 복합공간으로 건립되었다.

둘리뮤지엄은 어린이들과 동심으로 돌아간 어른들이 서로 유대를 느끼며 행복을 만끽할 수 있도록 다양한 방식의 놀이를 제공하고 있다. 둘리캐릭터들과 사진도 찍고, 노래도 부르며, 작가의 만화제작과정도 체험할 수 있으며 어린이도서관에서는 어린이들이 자유롭게 뒹굴면서 부모님과 마음껏 그림책, 만화책을 볼 수도 있다. 둘리뮤지엄은 출판만화, 애니메이션, 캐릭터 상품 등으로 선보였던 '아기공룡 둘리'의 의미와 가치를 조명하고, 둘리 친구들과 함께 만화 속 주인공이 되어 상상의 세계를 경험해 보는 체험형 캐릭터 박물관의 역할을 수행하면서, 변함없이 모든 세대가 함께 즐길 수 있다.

- 입장료 : 4,000원
- 관람 시간 : 뮤지엄동 10:00~18:00/ 도서관동 10:00~17:30/ 휴관 매주 월요일
- 주소 : 도봉구 시루봉로1길 6 (쌍문동)
- 지하철 : 쌍문역 4번 출구에서 893m
- DISC 유형 : 신중형(C), 안정형(S)
- MBTI 유형 : ESFJ, ISFP, ESTJ, INFP

도봉구 맛집

수정궁
만두가 유명한 식당
서울특별시 도봉구 방학로 173 02-3491-0440
영업 시간 17:00~24:00
찐만두/ 물만두/ 군만두-

홍방원
칼국수가 끝내주는 식당
서울특별시 도봉구 도봉로169나길 47 02-954-0719
영업 시간 11:00~22:00
짜장면/ 간짜장/ 볶음밥

무수옥
설렁탕이 유명한 집
서울특별시 도봉구 도봉로165길 15 02-954-6292
영업 시간 월~토: 10:00~22:00/ 일: 09:00~21:00
설렁탕/ 육회비빔밥/ 수육

포유
쌀국수가 맛있기로 유명한 식당
서울특별시 도봉구 해등로16길 7 02-998-1517
영업 시간 11:00~22:00
소고기쌀국수/ 매운해물볶음밥/ 사천쌀국수

삼오집
곱창이 맛있기로 유명한 식당
서울특별시 도봉구 도봉로165길 4 02-954-1916
영업 시간 11:00~22:00
소곱창/ 표소곱창전골/ 모듬구이

황해도찹쌀순대
순대국이 맛있기로 유명한 식당
서울특별시 도봉구 마들로 659 1층 02-954-8081
영업 시간 10:00~24:00
순대국/ 곰탕/ 순대정식

제18장
강북구 여행

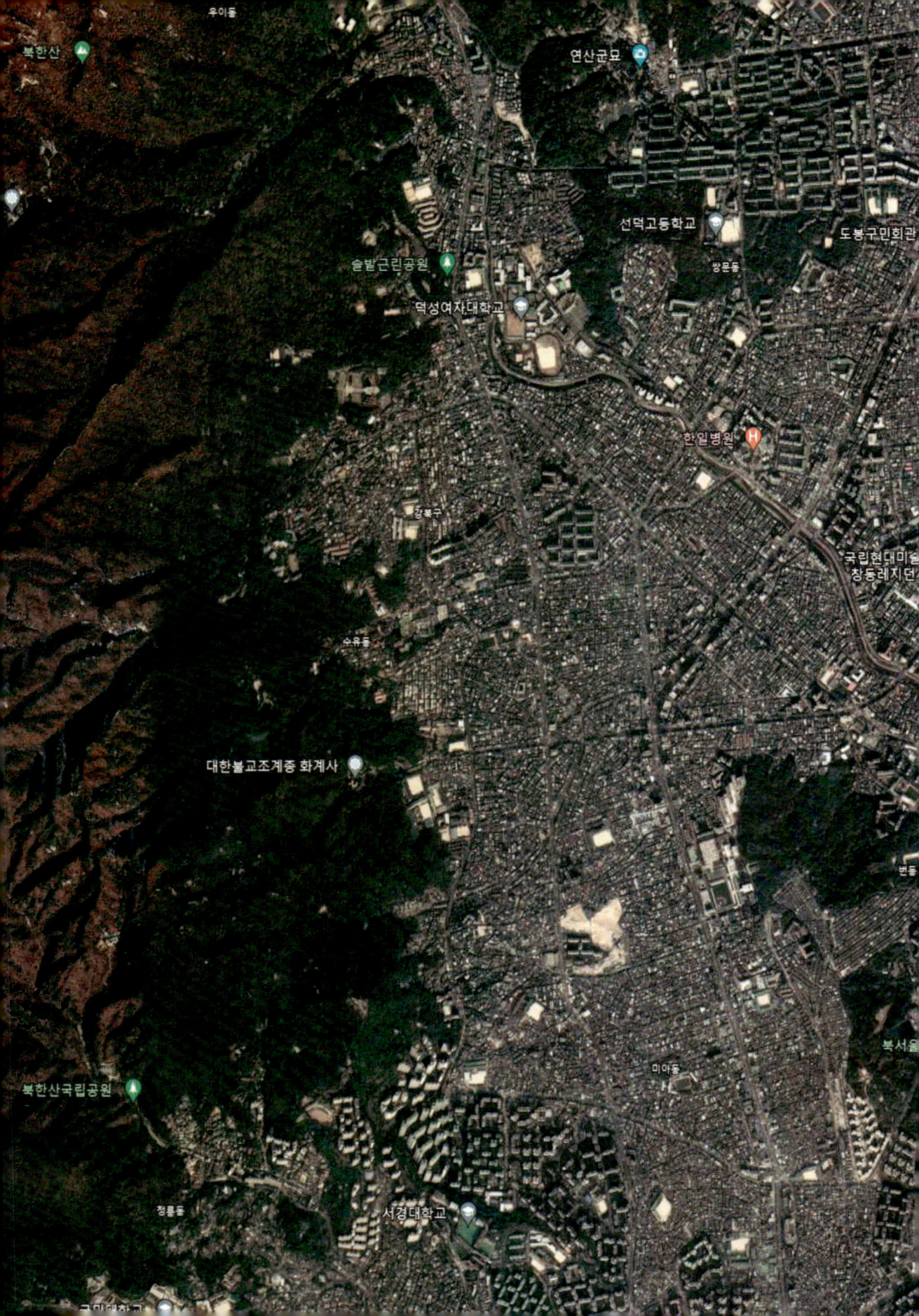

1. 강북구의 특징

서울특별시의 북동부에 위치하고 있으며, 북동쪽으로 서울특별시 도봉구와 동쪽으로 노원구, 남쪽으로 성북구, 서쪽으로 경기도 고양시 덕양구, 북쪽으로 경기도 양주시에 접한다. 강북구는 구 면적의 상당 부분을 북한산국립공원이 차지하고 있다. 그리고 북한산국립공원, 오패산, 북서울 꿈의 숲 등 구 면적의 60% 정도가 자연 녹지다. 강북구에서 성격 유형별로 여행지를 추천하면 다음과 같다.

〈표〉 성격 유형별 강북구 여행(11)

여행지	DISC 유형	MBTI 유형
북서울 꿈의 숲	주도형(D), 사교형(I)	ENTP, ISFJ, ISFP, ESTJ, INFJ
솔밭공원	주도형(D), 사교형(I)	ENTP, ISFJ, ISFP, ESTJ, ESTP
오동근린공원	주도형(D), 사교형(I)	ENTP, ISFJ, ISFP, ESTJ, INFJ
근현대사기념관	신중형(C), 안정형(S)	ESFJ, ISFP, ESTJ, INFP
박을복 자수박물관	신중형(C), 안정형(S)	ESFJ, ISFP, ESTJ, INFP
봉황각	신중형(C)	ISTP, ISTJ
국립4·19민주묘지	주도형(D), 신중형(C)	ENTJ, ISTP, ISTJ
통일의 집	주도형(D), 신중형(C)	ENTJ, ISTP, ISTJ
화계사	신중형(C)	ISTP, ISTJ
도선사	신중형(C)	ISTP, ISTJ
보광사	신중형(C)	ISTP, ISTJ

북서울 꿈의 숲
서울을 대표하는 공원

서울 강북과 도봉 등 6개구에 둘러싸여 있는 초대형 공원인 북서울꿈의숲은 과거 드림랜드가 있던 자리 66만여㎡에 조성된 녹지공원이다. 월드컵공원과 올림픽공원, 서울숲에 이어 서울에서 4번째로 큰 공원이며, 숲이 오래되어 울창할 뿐만 아니라 아름다운 풍광을 자랑한다.

특히 벽오산, 오패산으로 둘러싸여 있는 북서울꿈의숲은 벚꽃길과 단풍숲 등의 생태적 조경공간(청운답원, 월영지, 월광폭포, 단풍숲, 초화원, 사슴동산, 칠폭지, 볼플라자, 산책로, 쉼터, 데크, 계류, 옥상녹화 등), 대형연못인 월영지와 월광폭포 등의 전통 경관이 아름다운 경관을 보여준다. 공원에는 북한산과 도봉산, 수락산을 한눈에 볼 수 있는 49.7m의 전망대가 있으며, 다양한 장르의 고품격 문화예술이 일년 내내 펼쳐지는 꿈의숲아트센터 등의 공연장과 전시장, 레스토랑, 전망타워 등이 있는 서울을 대표하는 세계적인 공원이다.

- 입장료 : 무료
- 관람 시간 : 연중무휴
- 주소 : 서울 강북구 월계로 173
- 주차비 : 10분당 300원
- DISC 유형 : 주도형(D), 사교형(I)
- MBTI 유형 : ENTP, ISFJ, ISFP, ESTJ, INFJ

솔밭공원
소나무가 울창한 공원

북한산 동쪽 우이동에 100년이나 된 1천여 그루의 소나무가 울창하게 들어선 솔밭공원이 있다. 특이하게도 산이나 언덕이 아닌 도시의 평지에 만들어진 소나무 숲으로 총면적이 3만4,955m² 나 된다. 사람이 계획하여 꾸미거나 가꾼 것도 아닌 소나무가 집단적으로 자생하고 있는 자연 그대로의 숲이다.

1997년 서울시와 강북구가 땅을 매입하여 2004년에 솔밭근린공원으로 개장하여, 공원 안에는 실개울, 생태연못, 산책로 등 조경시설이 꾸며져 있으며, 배드민턴장, 건강 지압 보도 등 운동시설과 장기, 바둑 쉼터, 어린이 놀이터 등 휴식시설을 갖추었다. 주민들을 위한 각종 조경·문화·운동시설을 갖춘 도심 속 쉼터이자 인근 우이동, 수유동 주민들의 산책로로 각광 받고 있다. 서울 도심의 유일한 소나무 숲이며, 북한산을 찾는 등반객들이 모여서 산행을 시작하는 곳으로도 활용되고 있다.

- 입장료 : 무료
- 관람 시간 : 연중무휴
- 주소 : 서울시 강북구 삼양로 561
- 지하철 : 4.19민주묘지역 2번 출구에서 279m
- DISC 유형 : 주도형(D), 사교형(I)
- MBTI 유형 : ENTP, ISFJ, ISFP, ESTJ, ESTP

오동근린공원
보존이 잘된 자연 생태공원

오동근린공원은 강북구의 번동과 미아동 외 5개 동과 성북구 월곡동에 걸쳐 있는 대단위 공원으로, 오패산(123m)와 벽오산(135m)의 두 봉우리가 있어 언덕을 이루며 푸른 숲이 잘 보존된 자연 생태 공간이기도 하다.

140만 평이 넘는 공원 안에는 쉼터와 구민체육관, 배드민턴장, 황토지압보도, 산책로 등이 곳곳에 갖추어져 있으며, 최근에는 유아와 어린이들이 집 가까이에서 늘 숲과 자연을 체험할 수 있도록 유아 숲 체험장도 조성해 놓았다. 또한 봄, 가을 다양한 꽃들이 조성되어 있어 아름답다.

숲 체험장 길을 따라가다 보면 참나무, 소나무, 진달래, 감국 등 다양한 식물들이 자생하고 있으며, 군데군데 호랑이, 여우, 멧돼지, 사슴 등의 동물 모형이 세워져 있고, 모래 체험장, 개미놀이동산, 로프 오르기, 버섯놀이집 등 체험놀이시설이 있어 아이들에게는 자연학습장이자 숲속 놀이터가 되고 있다.

- 입장료 : 무료
- 관람 시간 : 연중무휴
- 주소 : 서울 강북구 번동 산12
- 지하철 : 수유(강북구청)역 1번 출구에서 967m
- DISC 유형 : 주도형(D), 사교형(I)
- MBTI 유형 : ENTP, ISFJ, ISFP, ESTJ, INFJ

근현대사기념관
근현대의 민주정신을 기리는 곳

대한민국임시정부의 법통을 이은 대한민국은, 그 정신사의 기원을 근대 여명기 동학농민전쟁의 인본주의 사상에서부터 3·1만세 운동의 민주공화주의, 항일투쟁 과정의 자주독립 정신에서 찾을 수 있다.

강북구는 대한민국의 정통성과 관계되는 역사적 현장인 동시에 이를 지키고자 헌신한 사월혁명 투사들이 잠들어 있는 4.19 묘역이 자리잡고 있는 민주주의의 성지다.

우리가 수호해야 할 최우선의 가치는 독립정신과 민주공화정신이며 이를 담은 헌법전문은 대한민국의 상징이며 성취해야 할 목표다.

강북구 근현대사기념관은 헌법정신의 요체인 자유, 평등, 민주의 이념이 단순히 외래의 소산이 아니라 선열들이 피땀 흘려 체득하고 축적해 온 소중한 가치 임을 감동이 있는 서사로 전달함으로써, 독립운동가들이 꿈꾼 나라, 사월혁명의 투사들이 소원했던 나라가 바로 대한민국의 미래 상임을 널리 알리려고 한다.

- 입장료 : 무료
- 관람 시간 : 연중무휴
- 주소 : 서울시 강북구 4.19로 114
- 지하철 : 4.19민주묘지역 2번 출구에서 616m
- DISC 유형 : 신중형(C), 안정형(S)
- MBTI 유형 : ESFJ, ISFP, ESTJ, INFP

박을복 자수박물관
전통문화 교육의 장

박을복 선생(1915~2015)의 업적을 기리는 한편 각종 문화예술에 기여하기 위하여 설립되었다. 선생의 작품 40여점을 전시하여 그동안 관람이 용이하지 않았던 감상 자수를 일반에게 선보여 문화향수의 기회를 제공하고 있으며 한국 근·현대 자수의 역사를 재정리해 놓았다. 또한 다양한 프로그램을 통해 대중을 위한 전통문화교육의 장으로, 문화예술체험 공간으로 역할하기를 기대하고 있다.

박물관 내 1층의 제1 기획전시장은 봄·가을 기획전시가 이루어지고 있다. 봄과 가을 기획전시는 미술 분야 전반에 걸친 다양한 주제로 전시를 기획하고 있다. 박물관 내 2층의 제2 상설전시장은 박을복 선생의 작품으로 상설 전시가 열리고 있다. 또한 다양한 교육프로그램을 진행하면서 시민들을 위한 공간으로 활용하고 있다.

- 입장료 : 아동 4,000원/ 성인 6,000원
- 관람 시간 : 월요일~금요일 12:00~17:00
- 주소 : 서울시 강북구 삼양로149가길 53
- 지하철 : 솔밭공원역 2번 출구에서 601m
- DISC 유형 : 신중형(C), 안정형(S)
- MBTI 유형 : ESFJ, ISFP, ESTJ, INFP

봉황각
천도교의 수도원

봉황각은 일제강점기인 1912년, 의암(義菴) 손병희선생(1861~1922)이 천도교 지도자들을 양성할 목적으로 건립한 교육 시설이다. 손병희 선생은 이곳에서 1912년부터 3년 동안 수련회를 열고 전국의 천도교 지도자들을 7차례에 걸쳐 49일씩 교육하였다. 이곳에서는 종교 지도자 교육 뿐 아니라 독립정신 교육이 이루어졌고, 이때 교육을 받은 교역자 483명은 훗날 3·1만세운동의 주도적 역할을 맡았다. 3·1운동 민족대표 33인 가운데 15명이 이곳에서 배출되었다.

봉황각은 총 7칸 규모의 목조 가옥에 기와로 지붕을 얹었으며, 건물 평면이 새 을(乙)자를 이루고 있다. 봉황각이라는 이름은 천도교 교조인 최제우의 시에 자주 나오는 봉황이란 낱말을 따서 지은 것이다.

이곳 봉황각과 부속 건물에는 손병희 선생이 1912년부터 7년 동안 거주했으며, 그 당시의 유물이 전시되어 있다. 봉황각 앞쪽 약 50m 지점에는 손병희 선생의 묘소가 자리하고 있다.

- 입장료 : 무료
- 관람 시간 : 연중무휴
- 주소 : 서울 강북구 삼양로173길 107-12
- 지하철 : 북한산우이역 2번 출구에서 658m
- DISC 유형 : 신중형(C)
- MBTI 유형 : ISTP, ISTJ

국립4·19민주묘지
자유·민주·정의의 장

광복 이후 우리나라는 좌우대립의 혼란 속에 6·25 전쟁을 맞았다. 북한의 남침으로 수많은 사람들을 죽음으로 내몬 전쟁이 가까스로 끝나고, 다시 삶을 일구려는 사람들의 노력 속에 재건의 발걸음이 힘차게 내딛어졌다.

하지만, 사람들의 기대와 달리 부패한 자유당 정부는 3·15 부정선거를 저질렀고 이에 격분한 학생들은 재선거와 정권 교체를 외치며 일어섰다. 이에 민주 시민들이 가담하면서 전국적인 민주주의 운동으로 물결쳤고 정부의 무참한 탄압에도 불구하고 결국 12년간에 걸친 독재정권을 무너뜨리기에 이르렀다.

이것이 이른바 4·19혁명으로 우리 국민의 민주주의에 대한 열망을 그대로 드러내 준 일대 사건이었다. 이때 186명에 이르는 많은 사람들이 목숨을 잃었으며 희생자와 유공자의 영혼들이 이곳에 고이 안장되어 있다.

- 입장료 : 무료
- 관람 시간 : 매일 06:00~18:00
- 주소 : 서울시 강북구 수유동 580-1
- 지하철 : 4.19민주묘지역 2번 출구에서 616m
- DISC 유형 : 주도형(D), 신중형(C)
- MBTI 유형 : ENTJ, ISTP, ISTJ

통일의 집
누구나 통일을 논할 때 쓰는 공간

통일의 집은 통일 운동에 힘썼던 문익환 목사가 1994년까지 거주했던 가옥으로, '통일의 집'이란 문익환 목사의 아내인 박용길 여사가 '누구나 통일을 논할 때 쓰는 공간'이라는 뜻으로 이름 붙였다. 문익환 목사는 3.1민주구국선언을 시작으로 총 6회에 걸쳐 11년간 옥고를 치렀다. 1989년 3월에는 통일의 길을 연다는 가치를 내걸고 북한을 방문해 통일 3단계 방안 원칙에 합의하는 등 민주화운동과 통일운동에 전념하였다. 2018년 시민들의 모금으로 집을 복원하여 '문익환 통일의 집' 박물관으로 재개관하였으며, 집은 1980년대 문익환 목사가 살았던 시기의 모습으로 복원하였다. 또한 문 목사가 살아 있을 때 썼던 살림살이와 성명서, 원고, 옥중일기 등 많은 자료가 비치되어 있어 통일의 의미와 중요성을 가르쳐 주는 교육 공간, 통일 의지를 다지게 하는 되새김의 공간으로 자리 잡고 있다.

- 입장료 : 무료
- 관람 시간 : 월요일~금요일: 10:00~17:00
  토요일: 13:00~17:00
- 주소 : 서울 강북구 인수봉로 251-38
- 지하철 : 가오리역 2번 출구에서 663m
- DISC 유형 : 주도형(D), 신중형(C)
- MBTI 유형 : ENTJ, ISTP, ISTJ

화계사
국제포교의 중심 사찰

화계사는 숭산행원 대종사의 원력과 법맥이 살아 숨 쉬는 곳으로 전 세계 120여개 선원과 한국불교를 배우고자 하는 외국 수행자들이 화계사 국제선원에 모여 함께 수행정진 하고 있는 참선 수행과 국제포교의 중심사찰이다.

화계사 대적광전에서는 매일 사시예불 및 기도가 있다. 매주 일요일에는 선지식들께 법을 청하고 행을 실천하는 일요가족법회가 봉행되고 수선회 참선법회, 어린이법회, 학생법회, 나한대학생법회, 영어참선법회 등 신행단체 법회가 법사스님을 중심으로 자체적으로 봉행된다.

화계사는 교육의 도량으로 화계사불교대학은 2002년 인가를 시작으로 매년 700여 명의 불자들이 교육을 받고 있다. 불교를 처음 접하는 분을 위한 기초 교리과정과 불교의 기본교육과 불자로서 신행 활동을 하는데 필수인 천수경, 예불, 반야심경 및 의식 등을 배우는 교양과정이 각 3개월간 진행되며 2년 과정의 불교대학을 주간, 주말반으로 나누어 실시하며, 대학원과 경전반을 각 1년 과정으로 실시하고 있다.

- 입장료 : 무료
- 관람 시간 : 연중무휴
- 주소 : 서울시 강북구 화계사길 117
- 지하철 : 화계역 2번 출구에서 920m
- DISC 유형 : 신중형(C)
- MBTI 유형 : ISTP, ISTJ

도선사
호국기도 도량

도선사는 신라 말인 862년(경문왕 2년), 유명한 도승인 도선국사가 절을 세운 뒤, 손으로 큰바위를 갈라 주장자로 마애불입상(서울시 유형문화재 제34호)을 새겼다고 전해지는 곳이다. 조선조 광무 7년에 정식으로 국가 기원 도량으로 지정받은 도선사는 청담대종사의 대원력으로 오늘날의 사격을 갖춘 큰 가람(伽藍)으로 중흥하게 되었다. 외에 목아미타불·대세지보살상(서울시 유형문화재 제191호), 도선사 석 독성상(서울시 유형문화재 제192호), 도선사 출토 동종 및 일괄 유물(서울시 유형문화재 제259호) 등의 문화재도 보유하고 있다.

- 입장료 : 무료
- 관람 시간 : 연중무휴
- 주소 : 서울시 강북구 삼양로173길 504
- 지하철 : 4호선 수유역 3번 출구→120번 또는 130번 버스 승차→우이동 종점 하차→맞은편 도선사 셔틀버스 이용
- DISC 유형 : 신중형(C)
- MBTI 유형 : ISTP, ISTJ

보광사
단아한 참선의 도량

보광사(普光寺)는 삼각산에 자리한 재단법인 선학원 소속 사찰이다. 소나무가 빼곡히 들어서 숲을 이룬 우이동의 솔밭공원을 지나 포장된 길을 따라 걷다 보면 삼각산 기슭에 자리한 보광사에

닿는다. 수십 년 전만 해도 이곳은 숲의 한가운데였지만 지금은 도심과 바로 이웃하고 있어 산을 한참이나 올라왔다는 것을 느끼지 못한다.

보광사는 1788년(정조 12) 금강산에서 수도한 원담스님이 신원사를 창건한 것이 그 시초이다. 이후 한국전쟁으로 인해 소실되고 일부 건물만이 남아 법등을 겨우 이어 왔었다. 그러던 것을 1979년 남산당(南山堂) 정일(正日) 스님이 포교의 원을 세우고 이곳에 주석하면서 불사를 시작하여 1980년 11월 보광사로 절 이름을 바꾸었다. 이후 스님은 가람을 일구어 오늘의 모습이 되도록 하였고, 대승경전산림법회와 참선법회를 정기적으로 열어 사람들에게 부처님의 가르침과 선법을 전하여 스스로 바른 길을 찾게 하였다. 이로서 보광사는 스님의 발원대로 명실상부한 포교의 도량으로서 자리매김하게 되었다. 이렇게 대중 교화에 혼을 쏟으셨던 정일스님은 세연이 다해 2004년 열반에 드시고 말았다. 이후 보광사 대중들은 보다 발전적인 모습으로 스님의 뜻을 이어 나가고 있다.

- 입장료 : 무료
- 관람 시간 : 연중무휴
- 주소 : 서울시 강북구 삼양로145길 176
- 지하철 : 4.19민주묘지역 2번 출구에서 916m
- DISC 유형 : 신중형(C)
- MBTI 유형 : ISTP, ISTJ

강북구 맛집

장수마늘보쌈
보쌈이 유명한 식당
서울특별시 강북구 덕릉로 192 02-997-6155
영업 시간 11:00~23:00
모듬보쌈

엘림들깨칼국수
칼국수가 끝내주는 식당
서울특별시 강북구 삼각산로 67
영업 시간 11:30~21:30
칼제비/ 수육-/ 고기만두-

벼랑순대국
순대국이 유명한 집
서울특별시 강북구 한천로 924 02-900-5459
영업 시간 월~토: 10:00~22:00/ 일: 09:00~21:00
순대국/ 살코기순대국

옛곰탕
곰탕이 맛있기로 유명한 식당
서울특별시 강북구 도봉로71가길 4 070-8945-8288
영업 시간 08:00~20:00
 맑은 곰탕

원조할매곱창
곱창이 맛있기로 유명한 식당
서울특별시 강북구 월계로3길 68 02-989-0878
영업 시간 11:00~22:00
야채곱창(2인분)/ 곱창순대볶음(2인분)

대보명가
한정식이 맛있기로 유명한 식당
서울특별시 강북구 4.19로 69 02-907-6998
영업 시간 11:00~21:00
제천약초 밥상/ 제천약초 쟁반/ 제천약초 떡갈비

제19장
노원구 여행

1. 노원구의 특징

서울특별시의 북동부에 위치하고 있으며, 서쪽으로 중랑천을 경계로 서울특별시 도봉구와 남쪽으로 공릉천을 경계로 서울특별시 중랑구와 동쪽으로 수락산과 불암산을 경계로 경기도 남양주시, 구리시와 북쪽으로 경기도 의정부시와 접한다. 한편, 중랑천 서쪽인 월계동은 우이천을 경계로 남쪽으로 성북구, 서쪽으로 강북구, 초안산을 경계로 북쪽으로 도봉구와도 접하고 있다.

경기도와 인접한 경계 지역은 수락산과 불암산이 자리 잡고 있어 연일 등산객이 길을 메우고 있으며, 산림을 이용한 산림욕장을 조성하여 이용객들에게 힐링의 장소로도 유명하다. 조선 중종의 두 번째 계비 문정왕후의 무덤인 태릉은 유네스코 세계문화유산에 등재되었으며 왕비의 무덤이라고 믿기 힘들 만큼 웅장하다.

서울에 마지막으로 남은 달동네 중계동 백사마을은 과거 여행을 하는 것 같은 기분이 들게 하는 곳이지만 서울 3대 벽화마을이라고 불릴 정도로 아기자기한 벽화들이 많다. 노원역 근처 문화의 거리에서는 생동감 넘치는 다양한 길거리 공연이 열려 야외 공연의 메카로 불린다. 노원구에서 성격 유형별로 여행지를 추천하면 다음과 같다.

<표> 성격 유형별 노원구 여행(6)

여행지	DISC 유형	MBTI 유형
수락산	주도형(D), 사교형(I)	ENTP, ISFJ, ISFP, ESTJ
불암산	주도형(D), 사교형(I)	ENTP, ISFJ, ISFP, ESTJ, INTP
태강릉	주도형(D), 신중형(C)	ENTJ, ISTP, ISTJ, INFJ, ESFP
화랑대역사관	주도형(D), 신중형(C)	ENTJ, ISTP, ISTJ
노원 불빛정원	신중형(C), 안정형(S)	ESFJ, ISFP, ESTJ, INFP, INFJ
마들 근린공원	주도형(D), 사교형(I)	ENTP, ISFJ, ISFP, ESTJ

수락산
계절에 상관없이 찾아가도 좋은 산

수락산은 638m로서 북한산, 도봉산, 관악산과 더불어 서울 근교의 4대 명산으로 불린다. 아기자기한 암봉들은 저 멀리 설악산이나 월출산을 찾아간듯한 느낌도 안겨준다. 서울시와 경기도 의정부시, 남양주시 별내면의 경계에 솟은 수락산에는 금류, 은류,옥류 폭포와 신라 때 지은 흥국사, 조선조 때 지어진 내원사, 석림사, 궤산정 등 명소가 산재해 있다.

수락산 남쪽에는 불암산이 솟아있고, 서쪽으로 마주 보이는 곳에는 도봉산이 의젓하게 자리잡고 있다. 수락산의 여러 등산코스 중 서울시민들이 선호하는 코스는 지하철 4호선 당고개역 앞에서 시작하여 학림사와 용굴암을 경유하는 코스, 지하철 7호선 수락산역 1번 출구 수락골에서 시작하여 염불사-신선교-깔딱고개를 경유하는 코스,수락산역 3번출구 노원골에서 시작하여 노원골약수터-노원골갈림길-도솔봉을 경유하는 코스이다. 불암산과 잇닿은 쪽의 능선은 봄철이면 철쭉이 아름답다. 산길이 험하지 않고 비교적 교통이 편리해서 휴일이면 많은 사람들로 붐빈다.

불암산
산의 정기가 살아있는 신성한 산

서울시 노원구 상계동, 중계동과 남양주시 별내면의 경계에 솟은, 높이 508m의 나지막한 바위산이다. 전체 면적은 약 162만평 정도이다.

산의 모습이 송낙을 쓴 부처의 모습과 같다해서 불암산이라는 이름이 지어졌고 일명 천보산, 필암산이라고도 한다. 능선이 길게 뻗어 있어 시원한 경치를 맛볼 수 있고 산길도 험하지 않아 가볍게 오를 수 있는 곳이다.

수락산과 함께 서울 둘레길 제1코스에 포함되어 있으며, 자연마당·자락길·생태학습관이 있어 '자연과 인간이 공존하는 친환경 생태도시' 인 노원구를 홍보하고 있다. 특히 설경이 아름다워 여러 유명 산악모임이 겨울의 불암산을 방문하고 있다.

- 입장료 : 무료
- 관람 시간 : 연중무휴
- 주소 : 서울 노원구 덕릉로112길 56-24
- 지하철 : 상계역 1번 출구에서 502m
- DISC 유형 : 주도형(D), 사교형(I)
- MBTI 유형 : ENTP, ISFJ, ISFP, ESTJ, INTP

- 입장료 : 무료
- 관람 시간 : 연중무휴
- 주소 : 서울 노원구 상계동
- 지하철 : 수락산역 하차
- DISC 유형 : 주도형(D), 사교형(I)
- MBTI 유형 : ENTP, ISFJ, ISFP, ESTJ

태강릉
경관이 뛰어난 능

조선 중종의 왕비인 문정왕후의 능이고, 강릉은 문정왕후의 아들이자 제13대 왕인 명종과 그 비 인순왕후의 능으로 이 둘을 합쳐 태강릉이라 한다. 문정왕후는 파산부원군 윤지임의 딸로 1501년에 태어나 17살에 중종의 세 번째 왕비가 되어 명종 등 1남 4녀를 낳았고 명종이 12세의 어린 나이에 왕위에 오르자 수렴청정을 하다가 1565년 승하하여 같은 해 7월 15일 이곳에 안장되었다. 명종은 1534년 5월 22일에 태어나 12세인 1546년에 왕이 되었다. 즉위 당시 나이가 어려 어머니 문정왕후가 수렴청정을 하다가 20세에 비로서 친정을 하게 되었다. 명종은 선정을 펼치기 위해 노력을 기울였으나, 34세의 젊은 나이로 세상을 떠나 같은 해 9월 22일 이곳에 안장되었다. 유네스코 세계문화유산으로 지정되어 보존가치가 높음. 또한 조선왕릉 전시관으로부터 태릉까지 이어진 태릉숲길은 다양한 종의 나무가 서식하고 있으며, 서울시에서 힐링명소로 지정할 정도로 그 경관의 우수성이 뛰어난 곳이다.

화랑대역사관
경춘선의 역사를 볼 수 있는 곳

화랑대역사관은 서울의 마지막 간이역이던 옛 화랑대역이 '화랑대 철도공원'으로 재탄생하였다. 1939년 경춘선 개통 후 2010년 운행이 중단된 경춘선 철로구간을 공원으로 꾸민 곳으로, 기존 폐선을 걷어내지 않고 그대로 살려 옛 경춘선의 추억도 살리고 산책로도 제공하는 낭만적인 공간으로 탈바꿈되었다.

폐노선에는 1950년대의 미카열차와 협궤열차 그리고 체코와 일본 히로시마의 노면전차까지 실물 기차가 곳곳에 전시되어 사진 애호가에게는 단골 출사지로, 지역주민들에게는 호젓한 산책 공간으로 사랑받고 있다.

공원 내의 구화랑대역사는 전시관으로 조성되어 역사의 구조와 연대기, 경춘선의 역사를 디지털 화면으로 볼 수 있으며 승차권 매표소, 철제 책상, 추억의 열차 공간이 아날로그의 정취를 더한다. 또한 7~80년대 교복 대여 서비스로 과거로의 시간여행을 하는 재미도 선사한다.

- 입장료 : 무료
- 관람 시간 : 10:00~18:00/ 휴관 매주 월요일
- 주소 : 노원구 공릉동 29-61
- 지하철 : 화랑대역 4번 출구에서 878m
- DISC 유형 : 주도형(D), 신중형(C)
- MBTI 유형 : ENTJ, ISTP, ISTJ

- 입장료 : 무료
- 관람 시간 : 연중무휴
- 주소 : 서울 노원구 화랑로 727
- 지하철 : 화랑대입구역 100m
- DISC 유형 : 주도형(D), 신중형(C)
- MBTI 유형 : ENTJ, ISTP, ISTJ, INFJ, ESFP

노원 불빛정원
환상적인 분위기를 연출하는 정원

옛 경춘선 철길구간을 고즈넉한 경춘선 숲길로 바꾸고 공원으로 꾸민 화랑대역 철도공원에 야간 경관 조성으로 빛의 향연이 펼쳐지는 서울시 최초 불빛 정원이다. 노원불빛정원은 LED 조형물과 3D 매핑, 프로젝터 등을 활용해 생명의 나무, 하늘빛정원과 불빛화원, 음악의 정원, 빛의 터널, 비밀의 화원 등을 꾸며놓았다. 누구나 편안하게 즐길 수 있는 힐링 공간이다.

또한 역사의 길이란 테마의 탐방로도 조성되어 있어 역사 교육의 장이 되고 있다. 선사시대부터 근 현대사에 이르기까지 역사적 요점을 정리한 게시물과 조형물을 설치하여 부모와 학생들에게 학습공간을 제공하고 평생학습 실현의 장을 만들고자 조성된 시설이다.

반대편 쪽으로는 노원 마들스타디움은 예전엔 넓은 운동장이었는데 2008년 5월 인조 잔디 축구장으로 변신하였고 4개의 조명탑 시설이 설치되어 있어 야간경기도 가능하여 밤에도 많은 동호인들이 이 축구장에서 경기를 즐기고 있다.

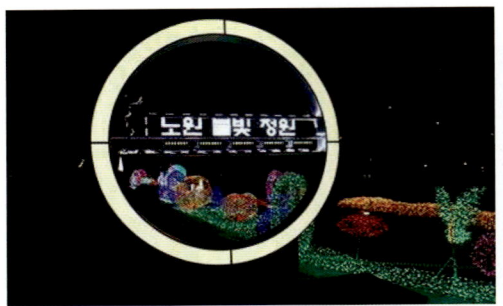

- 입장료 : 무료
- 관람 시간 : 18:00~22:00
- 주소 : 서울시 노원구 화랑로 608
- 지하철 : 화랑대역 4번 출구에서 878m
- DISC 유형 : 신중형(C), 안정형(S)
- MBTI 유형 : ESFJ, ISFP, ESTJ, INFP, INFJ

- 입장료 : 무료
- 관람 시간 : 연중무휴
- 주소 : 서울시 노원구 덕릉로 450
- 지하철 : 중계역 5번 출구 200m
- DISC 유형 : 주도형(D), 사교형(I)
- MBTI 유형 : ENTP, ISFJ, ISFP, ESTJ

마들 근린공원
환경과 역사 교육의 장

1985년 개원하였고, 총면적이 67,108㎡ (약 20,300평)인 대형 공원으로 다른 공원처럼 산책로, 쉼터, 체력단련시설 등이 있는 것은 물론, 국제규격의 인조 잔디구장과 테니스장, 배드민턴장 등 체육시설이 있다.

특히 지구의 기후 변화에 대비하는 환경교육 시설인 에코센터가 있으며, 지구의 대기와 기후 등 환경문제와 관련된 많은 조형물들이 건물 앞쪽 공간에 여기저기 설치되어 있다.

노원구 맛집

털보고된이
생선구이가 유명한 식당
서울특별시 노원구 노해로81길 22-22 02-932-8616
영업 시간 11:00~23:00
고갈비백반/ 삼치구이백반/ 정스A

무명칼국수
칼국수가 끝내주는 식당
서울특별시 노원구 석계로7길 4 02-941-7776
영업 시간 11:30~21:30
해물칼국수/ 닭칼국수/ 왕만두

또와순두부수제비
순두부수제비가 유명한 집
서울특별시 노원구 노해로85길 10-8 산호빌딩 02-951-8240
영업 시간 17:30~04:30
순두부수제비/ 해물계란탕/ 김치찌개

호접몽
중국요리가 맛있기로 유명한 식당
서울특별시 노원구 중계로18길 9 02-939-8082
영업 시간 11:30~22:00
짜장면/ 해물짬뽕/ 해물볶음밥

더맛나곱창
곱창이 맛있기로 유명한 식당
서울특별시 노원구 동일로198길 36 02-948-5453
영업 시간 16:00~01:00
야채곱창볶음-/ 야채순대볶음/ 곱창순대볶음

닭한마리
닭요리가 맛있기로 유명한 식당
서울특별시 노원구 동일로 1020 02-972-7459
영업 시간 11:30~22:40
닭한마리

제20장
강남구 여행

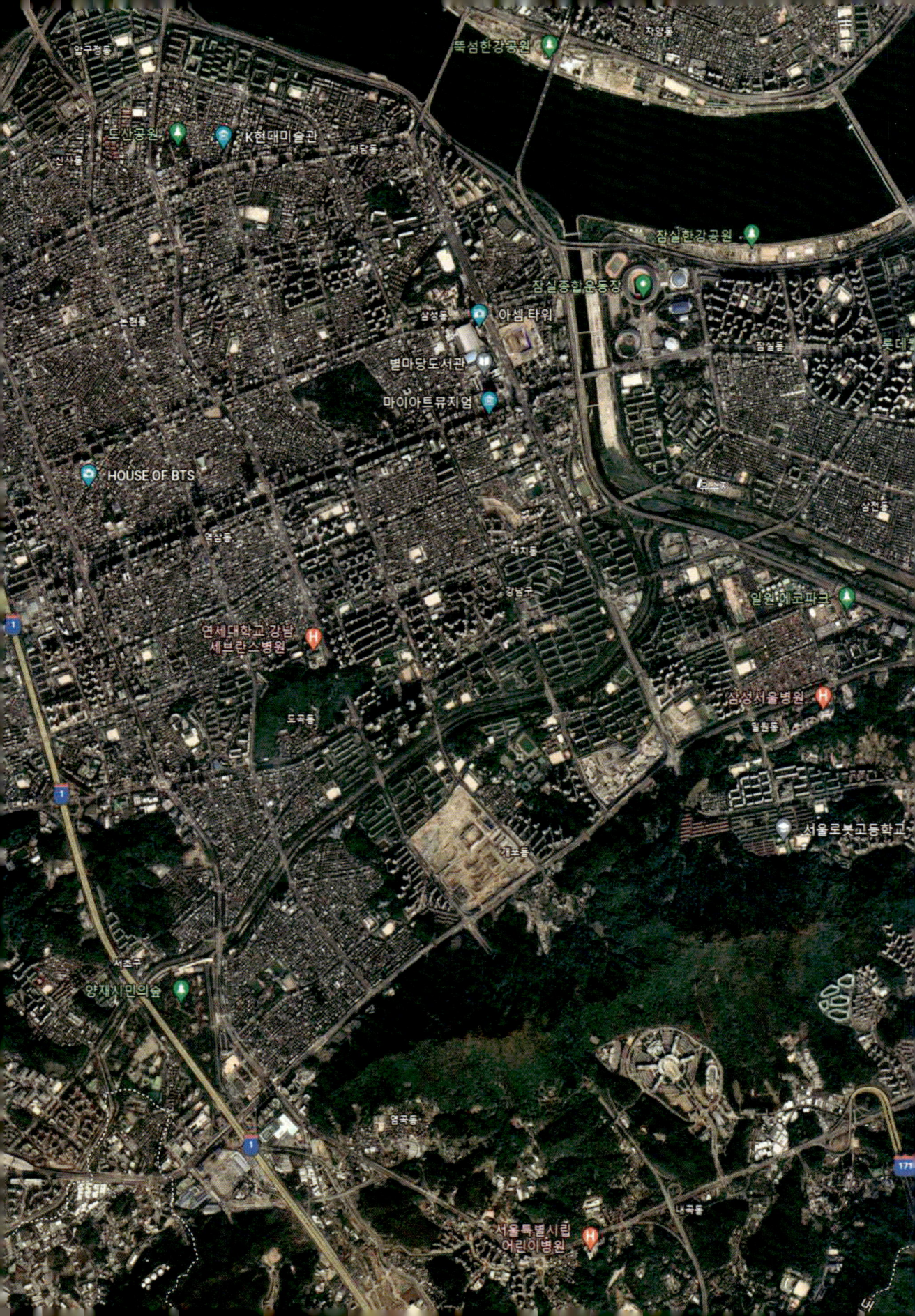

1. 강남구의 특징

한강 이남에 위치한 대표적인 자치구인 강남구는 북쪽의 한강을 경계로 용산구·성동구·광진구, 동쪽으로는 탄천를 경계로 송파구와 인접해 있으며, 서쪽으로는 서초구와 맞닿아 있고, 남쪽으로는 경기도 성남시가 있다.

강남구에는 예술가의 거리로 불리는 신사동 가로수길이 유명하며, 가로수길에는 아기자기하고 감성을 자극하는 카페, 맛집 등이 모여 있어 많은 사람들이 찾는 명소다. 그리고 도산 안창호 선생의 정신을 기리는 도산 공원에서는 변화한 도심 속의 공원으로 여유와 힐링을 느낄 수 있다. 서울의 대표 사찰 봉은사는 봄이 되면 홍매화가 만개하여 유명하며, 봉은사 근처에는 전시 컨벤션의 메카인 코엑스가 있어 흥미로운 전시부터 다양한 쇼핑까지 한 번에 즐길 수 있다. 강남구에서 성격 유형별로 여행지를 추천하면 다음과 같다.

〈표〉 성격 유형별 강남구 여행(10)

여행지	DISC 유형	MBTI 유형
구룡산	주도형(D), 사교형(I)	ENTP, ISFJ, ISFP, ESTJ
강남 마이스 관광특구	신중형(C), 안정형(S)	ESFJ, ISFP, ESTJ, INFP
한류스타거리	신중형(C), 안정형(S)	ESFJ, ISFP, ESTJ, INFP
가로수길	신중형(C), 안정형(S)	ESFJ, ISFP, ESTJ, INFP, ESTP
필경재	주도형(D), 신중형(C)	ENTJ, ISTP, ISTJ
대모산	주도형(D), 사교형(I)	ENTP, ISFJ, ISFP, ESTJ
도산공원	주도형(D), 신중형(C)	ENTJ, ISTP, ISTJ
봉은사	신중형(C)	ISTP, ISTJ
선정릉	주도형(D), 신중형(C)	ENTJ, ISTP, ISTJ, ESFP
양재천	주도형(D), 사교형(I)	ENTP, ISFJ, ISFP, ESTJ

구룡산
운동하기에 좋은 산

구룡산은 높이가 306m이며, 산의 이름은 옛날 임신한 여인이 용 열 마리가 승천하는 것을 보고 놀라 소리치는 바람에 한 마리가 떨어져 죽고 아홉 마리만 하늘로 올라갔다 하여 붙여졌다. 하늘에 오르지는 못한 한 마리는 좋은 재목, 좋은 재산인 물이 되어 양재천이 되었다고 한다. 주봉(主峰)은 국수봉(國守峰)이다. 조선시대 전부터 정상에 봉수대가 있어 국가를 지킨다 해서 붙여진 것으로 이곳에는 바위굴 국수방(國守房)이 있어 봉수군(烽燧軍)이 기거했다고 한다.

또한 세종대왕 초장지(初葬地)로, 영릉터가 있다. 1450년 세종이 승하하자 합장하였다가 1469년(예종 1년)에 경기도 여주로 옮기게 되었다.

신갈나무, 리기다소나무, 아카시아, 현사시나무 등이 산재해 있으며, 희귀한 물박달나무가 자라고 있다. 이 나무는 껍질이 종잇장처럼 너덜너덜 벗겨지는 특징이 있다. 높거나 험하지 않아 부담 없는 산행이나 아침 운동을 즐기기에 적당한 산이다.

- 입장료 : 무료
- 관람 시간 : 연중무휴
- 주소 : 서울특별시 강남구 개포동 산 53-25
- 지하철 : 구룡역 3번 출구에서 강남 10번 버스
- DISC 유형 : 주도형(D), 사교형(I)
- MBTI 유형 : ENTP, ISFJ, ISFP, ESTJ

강남 마이스 관광특구
1000만 외국인 관광객이 즐겨 찾는 명소

한류의 중심지이자 비즈니스, 문화, 관광, 쇼핑, 전시·컨벤션이 융합된 삼성동 무역센터 일원이 2014년 12월 18일 '강남 마이스 관광특구'로 지정되었다. 관광특구란 외국인 관광객의 유치 촉진 등을 위하여 관광 활동과 관련된 관계 법령의 적용이 배제되거나 완화되고, 관광 활동과 관련된 서비스·안내 체계 및 홍보 등 관광 여건을 집중적으로 조성할 필요가 있는 지역으로 「관광진흥법」에 따라 지정된 곳이다. 서울지역 관광특구는 총 6곳으로 명동, 이태원, 동대문, 종로, 잠실, 그리고 강남이 있다.

강남 마이스 관광특구에는 무역센터를 중심으로 코엑스, 백화점, 호텔, 면세점, 쇼핑몰, 도심공항터미널 등 마이스산업시설, 문화시설, 쇼핑시설, 숙박시설이 다양하게 포함되어 있다.

그리고 가수 싸이의 '강남스타일' 뮤직비디오 촬영지로도 잘 알려져 있는 강남 마이스 관광특구에는 강남구만의 특별한 스토리를 담은 랜드마크가 있다.

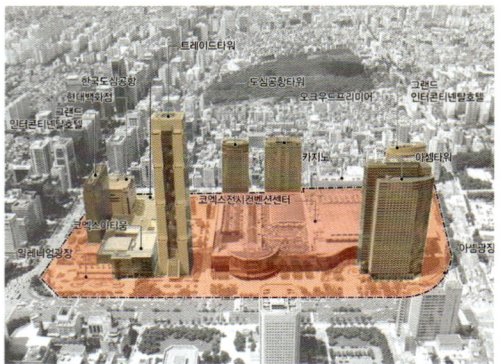

- 입장료 : 무료
- 관람 시간 : 연중무휴
- 주소 : 서울 강남구 영동대로 513
- 지하철 : 봉은사역 7번 출구에서 13m
- DISC 유형 : 신중형(C), 안정형(S)
- MBTI 유형 : ESFJ, ISFP, ESTJ, INFP

한류스타거리
스타들의 발자취를 볼 수 있는 곳

한류 스토리가 있는 장소를 걸어 찾아가서 직접 체험할 수 있는 '도심판 올레길'이다. 최신 한류 트랜드를 반영해 핫(hot)한 스타들의 추억이 있는 명소, 자주 가는 맛집 등의 스토리를 확인해볼 수 있다. 이름에서 알 수 있듯이 Star라는 키워드에 초점을 맞춰 강남구 청담동·신사동·논현동 일대에서 한류 스타들이 평소 즐겨 찾는 단골 숍과 그들의 라이프스타일을 엿볼 수 있는 공간, 스타들을 배출한 기획사 등을 위주로 담아냈다. 도산공원사거리에서 신사역 사거리 사이 구역을 A존, 도산공원 사거리와 학동 사거리 사이를 B존, 학동 사거리와 청담 사거리 사이를 C존, 청담 사거리와 영동대교 남단 교차로 사이를 D존으로 구분했다. A존에는 서울에서 가장 핫한 거리로 통하는 신사동 가로수길도 포함되어 있다. 그중에서도 2015년 3월, 새롭게 선보인 K Star ROAD는 강남구와 한류 스타를 대표하는 명물로 각광받고 있다.

- 입장료 : 무료
- 관람 시간 : 연중무휴
- 주소 : 서울시 강남구 압구정로 161
- 지하철 : 압구정로데오역 2번 출구에서 68m
- DISC 유형 : 신중형(C), 안정형(S)
- MBTI 유형 : ESFJ, ISFP, ESTJ, INFP

가로수길
독특한 패션과 색다른 음식이 있는 곳

가로수길(街路樹-)은 말 그대로 가로수가 길게 늘어선 길을 말한다. 서울특별시 강남구 신사동에 위치한 길이자 번화가로, 주로 신사동 가로수길이라고 언급된다. 구간은 압구정로12길에서 도산대로13길까지 해당된다. 충분히 인지도가 있었음에도 왜 도로명을 가로수길이라 하지 않았는지 의문이었으나, 2020년부로 압구정로12길과 도산대로13길을 통폐합하고 정식 법정 도로명을 가로수길로 변경하였다.

이름 그대로 길에 은행나무가 길게 늘어서 있는 것이 특징이며, 서울 지하철 3호선의 신사역 8번 출구에서 가깝다. 강남대로보단 규모가 작지만 더 다양한 점포들이 몰려 있다. 국내 최초의 애플 공식 매장인 Apple 가로수길이 오픈한 이후로 주목도가 한층 더 높아졌다. 과거에는 그림을 파는 화랑들도 많았으나 상업화로 인해 삼각지, 홍대거리 등으로 이동해가며 사라졌다.

- 입장료 : 무료
- 관람 시간 : 연중무휴
- 주소 : 압구정로12길, 13길
- 지하철 : 신사역 8번 출구에서 454m
- DISC 유형 : 신중형(C), 안정형(S)
- MBTI 유형 : ESFJ, ISFP, ESTJ, INFP, ESTP

필경재
광평대군의 묘역과 후손이 사는 집

수서역 근처 아파트 단지 사이, 고즈넉한 한옥인 필경재가 있다. 필경재 옆에는 41만 3300㎡(약 13만 평)의 광평대군 묘역(서울시 유형문화재 제48호)은 단순한 왕자의 묘지가 아니다.

광평대군 내외의 묘와 아들인 영순군의 묘를 비롯해 문중 묘소 700여 기와 종가의 옛 가옥이 모여 있는 곳으로, 현존하는 왕손의 묘역 중 원형을 가장 잘 유지하고 있다는 평가를 받고 있다. 광평대군의 후손들이 살아온 종갓집이자 500년의 역사를 지닌 필경재 99칸짜리 대저택이었던 화려했던 과거를 뒤로하고 현재는 50여 칸만 남아 있다. 현재 필경재는 궁중음식 전문점으로 운영 중이며, 대표 메뉴인 신선로는 21가지 채소와 육류, 고명이 어우러진 대표 음식이다. 잠시나마 고택에 앉아 문밖의 나무와 꽃을 보며 여유롭게 식사를 할 수 있다.

- 관람 시간 : 매일 10:00~22:00
- 주소 : 강남구 광평로 205
- 지하철 : 수서역 1번 출구에서 615m
- DISC 유형 : 주도형(D), 신중형(C)
- MBTI 유형 : ENTJ, ISTP, ISTJ

대모산
강남구의 허파

서울시 강남구 개포동과 일원동 남쪽에 위치하는 산으로 높이는 약 293m의 나지막한 산이다. 대모산(大母山)이라는 명칭의 산의 모양이 늙은 할머니를 닮았다고 해서 할미산으로 불리다가 조선시대 태종 이방원과 그의 비인 원경왕후 민씨 묘인 헌릉(獻陵)이 대모산 남쪽에 조성되면서 왕명에 의해 대모산으로 불리게 되었다고 전해진다. 또 한편으로는 서쪽에 있는 구룡산(九龍山)과 함께 두 봉우리가 여자의 젖가슴을 닮아 대모산이라고 불렀다는 설도 있다.

대모산은 조선시대 때 명당으로 알려져 대대로 왕족의 묘터로 사용되었다. 조선의 4번째 왕인 세종대왕(世宗大王)의 능도 이곳에 있다가 여주로 이장하였다. 그리고 조선 23대 왕 순조와 순원왕후 김씨의 능도 헌릉의 서쪽에 조성되었다. 그리고 대모산 북쪽에는 세종대왕의 5번째 아들인 광평대군(廣平大君)의 묘역이 있으며, 서울시 유형문화재로 지정되어 있다.

- 입장료 : 무료
- 관람 시간 : 연중무휴
- 주소 : 강남구 개포동 산 53-22
- 지하철 : 일원역 5번 출구 430m
- DISC 유형 : 주도형(D), 사교형(I)
- MBTI 유형 : ENTP, ISFJ, ISFP, ESTJ

도산공원

도산 안창호 선생 정신을 기리는 도심 공원

서울특별시 강남구 신사동에 있는 시립공원이다. 1971년 착공하여 1973년 11월 9일 개장하였다. 공원 이름은 안창호 선생의 호(號)인 도산(島山)에서 따온 것으로 안창호 선생의 애국심과 교육정신을 기념하는 뜻으로 붙였다. 도산(島山)은 안창호 선생이 인천항을 떠나 미국으로 유학갈 때 갑판에서 망망대해에 홀로 떠 있는 하와이를 바라보고 지은 호로 선생은 섬마을에서 태어난 까닭에 남달리 섬을 좋아했다고 한다.

현재 서울특별시가 관리하는데, 공원 안에 도산 안창호 선생과 부인 이혜련 여사 내외(內外)가 합장된 묘소가 있다. 공원 동쪽에는 안창호 선생 동상이 있다. 해당 동상은 1973년 최초 건립된 이후 부식 등으로 다시 세워졌다. 그 외에 둥글게 생긴 산책로와 안창호 선생의 업적을 기념하여 1998년 세운 도산 안창호 기념관이 있다.

- 입장료 : 무료
- 관람 시간 : 연중무휴
- 주소 : 서울 강남구 도산대로45길 20
- 지하철 : 압구정로데오역 5번 출구에서 716m
- DISC 유형 : 주도형(D), 신중형(C)
- MBTI 유형 : ENTJ, ISTP, ISTJ

봉은사

강남구의 랜드마크

봉은사는 예전 강남 유일의 랜드마크였으며, 현재는 대한민국의 얼굴이자 글로벌타운 강남의 맑은 심장으로 도심 속 천년고찰의 위상과 함께 전통사찰의 문화공간으로 이어가고 있다.

794년(원성왕 10) 신라시대 연회국사(緣會國師)가 창건하여 견성사(見性寺)라고 하였다. 이후 조선시대에 들어 1498년(연산군 4)에 정현왕후(貞顯王后)가 선릉(宣陵:成宗陵)을 위하여 사찰을 중창하였다. 억불숭유시대 불교를 중흥한 보우대사의 원력과 극난에서 나라를 구한 서산 · 사명대사의 정신이 깃들어있다.

현재 봉은사 도량에서는 25만 봉은사 신도를 중심으로 수행과 신행, 기도 생활이 이루어지고 있으며, 지혜와 복덕을 일구는 교육활동이 전개하고 있다. 봉은사는 대중적인 포교 활동을 하면서 이웃과 함께하는 사회복지 사업들이 활발하게 펼치면서 지역사회에 기여하고 있다. 뿐만 아니라 수많은 외국 관광객들의 방문지로서 각광을 받고 있으며 서울 시민의 문화 휴식 공간으로서의 역할을 다하고 있다.

- 입장료 : 무료
- 관람 시간 : 연중무휴
- 주소 : 서울 강남구 봉은사로 531
- 지하철 : 봉은사역 1번 출구에서 135m
- DISC 유형 : 신중형(C)
- MBTI 유형 : ISTP, ISTJ

선정릉
성종과 아들 중종의 능

선정릉(宣靖陵)은 조선 왕릉으로 세 개의 능이 있다고 하여 삼릉공원이라고도 불린다. 이곳에는 조선 9대 임금 성종과 계비 정현왕후 윤씨의 무덤인 선릉, 11대 임금 중종의 무덤인 정릉이 있다. 선릉(宣陵)과 정릉(靖陵)을 합쳐 선정릉(宣靖陵)이라 하는데, 선릉으로 더 많이 알려져 있다. 1495년에 성종의 능인 선릉을 세웠고, 그 뒤 1530년에 성종의 제2계비인 정현왕후(貞顯王后)의 능을 선릉의 동쪽에 안장하였다. 이는 왕과 왕비의 능을 정자각 배후 좌우 두 언덕에 각각 한 봉분씩 조성한 경우로 동원(同原) 이강(異岡) 형식이라 한다. 그 후, 1544년에 만들어진 중종의 능인 정릉(靖陵)이 문정왕후에 의해 경기도 고양군 원당읍 원당리에서 이곳으로 옮겨졌다. 중종과 함께 안장되기를 바랐던 문정왕후는 그 뜻을 이루지 못하고, 현재 태릉(泰陵)에 홀로 안장되어 있다. 선정릉은 임진왜란 때 왜병(倭兵)에 의해 파헤쳐지는 등 수난을 겪기도 했으나, 현재까지도 도심 한가운데에 남아 보존되고 있다. 사적 제199호이고, 2009년 6월 30일에 유네스코 세계문화유산으로 등재되었다.

- 입장료 : 무료
- 관람 시간 : 연중무휴
- 주소 : 강남구 선릉로 100길 1
- 지하철 : 선릉역 10번 출구에서 432m
- DISC 유형 : 주도형(D), 신중형(C)
- MBTI 유형 : ENTJ, ISTP, ISTJ, ESFP

양재천
생태공원 하천

양재천은 과천시 중앙동의 관악산 남동쪽 기슭에서 발원하여 북동쪽으로 흘러, 서울 서초구와 강남구를 가로질러 탄천으로 흘러가는 하천이다. 양재천은 1970년대 초 직강화 공사를 거치며 콘크리트 하천이 되었다. 7~80년대에는 강남 일대가 발전하면서 생활하수가 대량으로 유입되어, 악취가 진동하는 시커먼 오폐수 하천으로 전락했다. 하지만 90년대에 생태공원 조성을 시작하면서 수질을 정화하고 주변 시설을 확충하여 현재의 모습이 갖춰졌고, 이제는 도심형 생태공원의 대표적인 성공사례로 손꼽힌다.

도로포장이나 시설물의 관리상태가 상당히 양호하고, 자전거도로나 보행로도 꽤나 충실하다. 조명도 잘 설치되어 있어서 야간에도 걷기 좋으며, 곳곳에 마련된 화장실도 쾌적하다. 벼농사 체험장이 있으며 과거에는 아동용 야외수영장 또한 있었다. 겨울에는 얼음썰매장으로 활용된다.

- 입장료 : 무료
- 관람 시간 : 연중무휴
- 주소 : 강남구 압구정로 남35길
- 지하철 : 개포역 2번 출구 50m
- DISC 유형 : 주도형(D), 사교형(I)
- MBTI 유형 : ENTP, ISFJ, ISFP, ESTJ

강남구 맛집

일리조
파스타가 유명한 식당
서울특별시 강남구 압구정로42길 23 1F 02-544-1980
영업 시간 11:30~22:00
알리오올리오/ 봉골레파스타/ 포르치니파스타

소이연남마오
쌀국수가 끝내주는 식당
서울특별시 강남구 도산대로53길 30 02-545-5130
영업 시간 11:30~22:00
소고기쌀국수/ 똠양쌀국수/ 소이뼈국수

농민백암왕순대
순두부수제비가 유명한 집
서울특별시 강남구 역삼로3길 20-4 02-501-2772
영업 시간 월~금: 11:10~21:00/ 토: 11:10~15:30
국밥/ 수육

다로베
피자가 맛있기로 유명한 식당
서울특별시 강남구 선릉로 757 1F 02-3445-3666
영업 시간 11:30~22:00
라구/ 비스마르크 피자/ 포치니

진미평양냉면
냉면이 맛있기로 유명한 식당
서울특별시 강남구 학동로 305-3 02-515-3469
영업 시간 11:00~21:30
냉면/ 비빔면/ 제육

중앙해장
해장국이 맛있기로 유명한 식당
서울특별시 강남구 영동대로86길 17 육인빌딩 02-558-7905
영업 시간 월: 10:30~00:00/ 화~토: 00:00~24:00
한우양선지해장국/ 내장탕/ 한우양지곰탕

제21장
서초구 여행

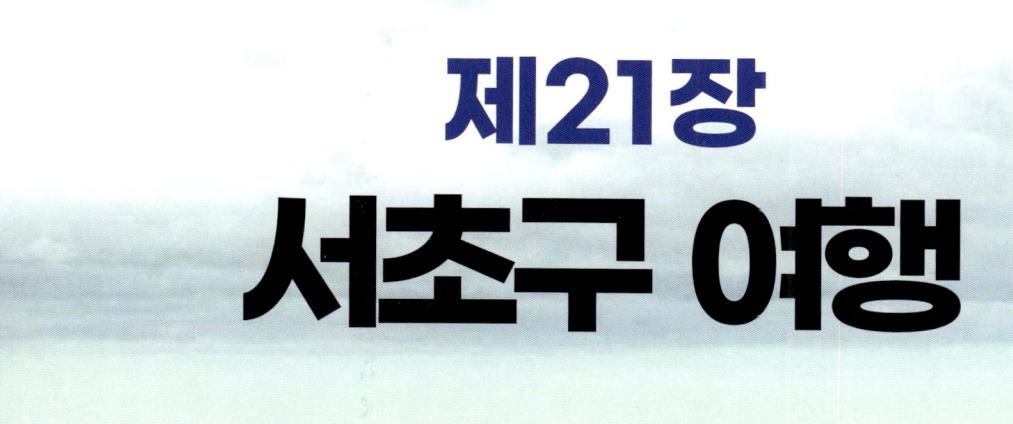

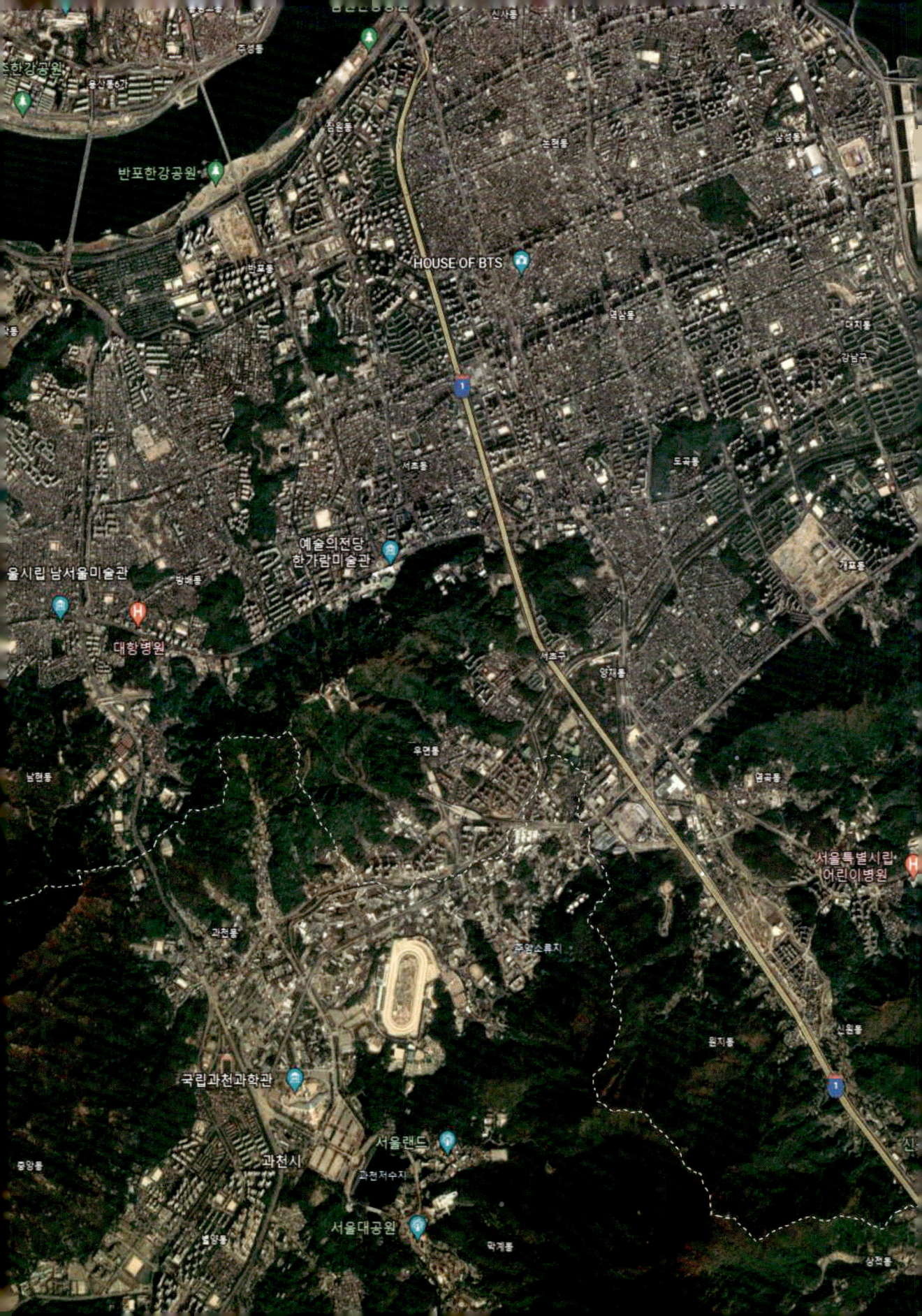

1. 서초구의 특징

한강 동남부에 위치한 서초구는 강남 권역에 속하며, 동쪽으로 강남구가 있고, 서쪽으로 관악구·동작구와 남쪽으로는 경기도 성남시·과천시와 인접하며, 북쪽으로는 한강을 끼고 용산구와 접한다. 원래는 강남구에 속해 있었으나 1988년 분리 신설되어 강남구와 특히 행정·지리·사회적으로 연결되어 있다. 서초구에는 한국 최대의 프랑스인이 거주하는 지역인 서래마을과 세빛섬이 있는 반포한강공원 등도 유명하다.

서울고속버스터미널과 센트럴시티, 서울남부터미널이 위치해 있고, 경부고속도로의 종점이 있어 서울의 남쪽 관문을 담당하고 있기도 하다. 우면산 기슭에는 국립국악원과 국내 최대의 종합예술공간인 예술의 전당, 서초동과 반포동 일대에는 대법원·대검찰청 등이 위치한 법조단지와 국립중앙도서관이 들어서, 대한민국의 문화예술 및 행정의 중심지로 발전하였다.

서초구에서 성격 유형별로 여행지를 추천하면 다음과 같다.

<표> 성격 유형별 서초구 여행(7)

여행지	DISC 유형	MBTI 유형
양재시민의숲	주도형(D), 사교형(I)	ENTP, ISFJ, ISFP, ESTJ
몽마르트공원	주도형(D), 사교형(I)	ENTP, ISFJ, ISFP, ESTJ
서리풀공원	주도형(D), 사교형(I)	ENTP, ISFJ, ISFP, ESTJ
윤봉길의사 기념관	주도형(D), 신중형(C)	ENTJ, ISTP, ISTJ
세빛둥둥섬	주도형(D), 사교형(I)	ENTP, ISFJ, ISFP, ESTJ
달빛무지개분수	주도형(D), 사교형(I)	ENTP, ISFJ, ISFP, ESTJ, INFJ
헌릉	주도형(D), 신중형(C)	ENTJ, ISTP, ISTJ, ESFP

양재시민의숲
다양한 즐길 거리가 있는 숲

1983년 발표된 서울시의 방침에 따라 같은해 8월 양재동 236번지외 3필지에 녹지사업소가 개발을 착수하여 1986년 완공되었다. 약 258,990.6㎡의 면적에 소나무, 느티나무, 당단풍, 칠엽수, 잣나무 등 70종 25만주의 수목이 울창하게 자리잡고 있으며, 잔디광장, 파고라, 배구장, 배드민턴장, 테니스장 등의 체육시설과 윤봉길의사 기념관, 윤봉길의사 동상과 기념비, 야외무대, 충혼탑, KAL 희생자들을 위한 위령탑, 야외 결혼식장 2개소, 어린이 자연관찰소 등 교양시설이 개발되어 있어 공간마다 색다른 분위기를 연출하고 있다. 특히, 양재 시민의 숲 제3구역은 특별히 서초구에서 문화예술공원으로 조성하였는데 총면적 74,385㎡ 에 놀이마당, 야외공연장, 각종 기획전시장, 조각공원, 만남의 광장 등으로 열리고 있어 문화자치구를 자랑하는 서초구의 새로운 명소로 각광받고 있다. 최근에는 양재천을 가로질러 무지개 다리를 설치하여 우면동쪽에서 이용하는 시민들이 용이하도록 하였다.

- 입장료 : 무료
- 관람 시간 : 연중무휴
- 주소 : 서울시 매헌로 99
- 지하철 : 양재시민의숲역 5번 출구에서 484m
- DISC 유형 : 주도형(D), 사교형(I)
- MBTI 유형 : ENTP, ISFJ, ISFP, ESTJ

몽마르트공원
프랑스의 정취를 느낄 수 있는 공원

몽마르트 공원은 원래 아까시나무가 우거진 야산이었으나 지난 2000년 서울특별시 상수도사업본부에서 반포 지역의 원활한 수돗물 공급을 위해 배수지 공사를 시행함에 따라 서초구에서는 서울특별시와의 협의를 통해 주민들에게 휴식공간을 제공하기 위해서 몽마르뜨공원을 조성하게 되었다. 특히 인근 서래마을에는 프랑스인들이 많이 거주하고 있어 마을 진입로를 몽마르뜨길로 부르고 있었기 때문에 이 공원의 이름을 몽마르뜨공원으로 명명하게 되었다.

매년 6월 몽마르뜨공원에서 열리는 반포서래 한·불 음악축제를 비롯해 11월에는 문화 교류의 장인 서래당제, 12월에는 크리스마스 프랑스 전통장터 등이 성황리에 열린다. 서초구의 상징 기준점 표석이 있다. 세계측지계 도입에 따라 GPS 측량으로 설치한 측량기준점이다. 세계측지계란 지구 중심에 원점을 둔 타원체상의 좌표계로 세계 공통으로 쓰일 수 있는 좌표계이다.

- 입장료 : 무료
- 관람 시간 : 연중무휴
- 주소 : 서울 서초구 서초동 산177-3
- 지하철 : 서초역 6번 출구에서 577m
- DISC 유형 : 주도형(D), 사교형(I)
- MBTI 유형 : ENTP, ISFJ, ISFP, ESTJ

서리풀공원
산책하기에 좋은 공원

서울 서초구 서래마을 주민들이 즐겨 찾는 서리풀공원은 휴식과 건강을 위한 공간이다. 서리골공원과 몽마르뜨공원, 서리풀공원을 하나로 묶어 서리풀공원이라 부른다. 1970년대 군부대가 주둔하여 주민들이 접근할 수 없었던 공간이 2019년 조성되었다. 잔디광장을 둘러가며 조성된 산책길이 아기자기하고 편안하게 산보하기 좋다.

서리풀공원의 산책로는 반포동부터 방배동까지 서초구의 중심부를 가로지르는 두 가지(빠른 길, 여유롭게 가는 길)의 산책로가 있어 여행객이 마음대로 선택할 수 있게 되어 있다. 약 4km 산책로는 몽마르뜨 공원까지 이어져 도로로 단절된 산책로를 누에다리와 서리풀 다리가 연결되어 있다. 특히 잘빠진 누에 모습의 누에다리는 서초구의 명물이다. 밤에 보이는 누에다리의 모습은 항상 호기심을 자아내며 서초구 최고의 다리라고 할 수 있다. 또한 서리풀전망대는 강남의 모습이 한눈에 들어오면서 한강까지 조망되는 최고의 장소다.

- 입장료 : 무료
- 관람 시간 : 연중무휴
- 주소 : 서울 서초구 서초동 1005-6
- 지하철 : 서초역 4번 출구에서 552m
- DISC 유형 : 주도형(D), 사교형(I)
- MBTI 유형 : ENTP, ISFJ, ISFP, ESTJ

매헌 윤봉길의사 기념관
윤봉길의사의 뜻을 기리는 곳

윤봉길 의사는 1932년 4월 29일 중국 상하이 홍커우공원에서 열린 일왕생일 겸 상하이사변 승전축하 기념식에서 일제 군관민 수뇌부를 향해 폭탄을 던져 우리의 민족혼과 독립정신을 전 세계에 알린 민족 영웅이다. 나라를 위해 25년의 짧은 생애 전부를 바친 윤봉길의사는 단심재를 원칙으로 하는 군법재판에서 사형을 선고받고 의거 1년도 채 되지 않은 1932년 12월 19일에 차가운 일본 땅에서 순국하였다.

윤봉길의사기념관(尹奉吉義士記念館)은 서울특별시 서초구 양재동에 위치한 독립운동가 매헌 윤봉길의사의 기념관이다. 1988년 12월 1일에 대지 1,992평에 건평 743평으로 건립되었다. 의사의 유품과 훈장 등이 이곳에서 관리되고 있다. 국기 게양대게 윤봉길 의사가 중국으로 망명 전에 농촌발전을 위해 설립했던 월진회 깃발이 게양되어 있다 월진회기(旗)는 태극기와 같은 하얀 바탕에 3개의 초록색 굵은 선이 있고 그사이에 무궁화를 넣은 깃발이다.

- 입장료 : 무료
- 관람 시간 : 10:00-18:00
- 주소 : 서울시 서초구 매헌로 99 양재시민의숲 내
- 지하철 : 매헌역(양재시민의 숲역) 5번출구에서 100m
- DISC 유형 : 주도형(D), 신중형(C)
- MBTI 유형 : ENTJ, ISTP, ISTJ

세빛둥둥섬
국내 최초의 인공섬

공식 명칭은 떠 있는 섬이라는 뜻인 플로팅 아일랜드(Floating Island)이며, 수익형 민자사업(BTO)으로 추진되어 2011년 5월 1일에 전망 공간을 개장하였다. 그러나 한동안 방치되었다가 2013년 9월 서울시와 최대 출자자인 (주)효성이 운영 정상화에 합의하여 2014년 10월 세빛섬으로 변경하면서 전면 개방하였다.

한글 명칭의 세빛은 서로 그 빛을 겹칠 때 가장 많은 색깔을 만들어내는 빛의 삼원색 빨강·파랑·초록처럼 3개의 섬이 조화를 이루어 한강과 서울을 빛내라는 바람을 담고 있고, 둥둥은 수상에 띄워진 문화공간을 강조하는 의미를 담고 있다. 3개의 섬은 제1섬(비스타), 제2섬(비바), 제3섬(테라)으로 구분한다. 활짝 핀 꽃을 형상화한 제1섬은 건축 연면적 5490㎡에 3층으로 이루어져 있으며, 국제회의·리셉션·제작발표회·마케팅 이벤트 등 다양한 행사를 할 수 있는 컨벤션홀과 레스토랑 등의 부대시설을 갖추고 있다.

- 입장료 : 무료
- 관람 시간 : 연중무휴
- 주소 : 서울 서초구 올림픽대로 2085-14 세빛섬
- 지하철 : 고속터미널역 8-1번 출구에서 650m
- DISC 유형 : 주도형(D), 사교형(I)
- MBTI 유형 : ENTP, ISFJ, ISFP, ESTJ

달빛무지개분수
세계에서 가장 긴 분수

달빛무지개분수는 2007년 6월 시작하여 2009년 4월 개막식을 통해 유유히 흐르는 한강의 정적인 이미지에 웅장하고 역동적인 이미지를 담은 교량분수로 화려하게 탄생하였다. 서울 한강만이 가지고 있는 넓은 강폭(약700m) 전체를 연출하기 위해 반포대교 구간의 상·하류측 1,140m 구간에 낙하용 수중펌프를 이용하고 음악에 맞추어 물을 분사하여 연출한다. 단순히 물만 내뿜는 것이 아니라 배경음악과 분수 연출이 아름답고 조화롭게 어우러지도록 프로그램을 구성하고 야간에는 경관조명을 이용하여 환상적인 한강의 야경을 보여준다.

2008년 11월 7일 기네스협회에 세계에서 가장 긴 교량 분수로 등록하였으며 시향연주회, 무용발표회, 창장음악회 및 개막식, 그랜드 오픈 행사 시 보여준 달빛무지개분수 연출은 새로운 문화공간 및 관광지로서 가능성을 증명하였다.

- 입장료 : 무료
- 관람 시간 : 비수기(4~6월, 9~10월)~12:00, 19:30, 20:00, 20:30, 21:00/ 성수기(7~8월)-12:00, 19:30, 20:00, 20:30, 21:00, 21:30
- 주소 : 서울 서초구 반포동 647
- 지하철 : 고속터미널역 8-1번 출구에서 1.2km
- DISC 유형 : 주도형(D), 사교형(I)
- MBTI 유형 : ENTP, ISFJ, ISFP, ESTJ, INFJ

헌릉
태종과 원경왕후의 능

인릉(仁陵)과 함께 사적 제194호로 지정된 헌릉은 제3대 태종(1367~1422)과 원비 원경왕후(1365~1420) 민씨의 능이다. 태조가 조선을 개창한 배경에는 방원의 역할이 컸다. 그는 고려 충신 정몽주를 선죽교에서 격살하고, 고려의 마지막 왕인 공양왕을 폐위한 뒤 아버지 이성계를 등극하게 했다. 그런데 태조가 신의왕후 소생의 장성한 자식들을 제쳐두고 계비 신덕왕후 소생의 방석(의안대군)을 세자로 책봉하자 사단이 일어나지 않을 수 없었다.

방석이 세자가 되자 이에 불만을 품은 방원은 태조 7년(1398) 중신 정도전, 남은 등을 살해하고 이어 강 씨 소생의 방석과 방번을 귀양 보내기로 했다가 도중에 죽여버린다. 방원은 왕위에 오른 후 공신과 외척을 제거해 왕권을 튼튼히 했으며, 개경에서 한양으로 천도하고 관제 개혁에 주력해 조선 왕조의 기반을 닦는 데 큰 치적을 남겼다. 헌릉은 태종과 원경왕후를 같은 언덕에 무덤을 달리해 안장한 쌍릉으로 앞쪽에서 봤을 때 왼쪽이 태종의 능, 우측이 원경왕후민씨의 능이다.

- 입장료 : 무료
- 관람 시간 : 연중무휴
- 주소 : 서초구 헌인릉길 36-10
- 노상공영주차장 30분 1,800
- DISC 유형 : 주도형(D), 신중형(C)
- MBTI 유형 : ENTJ, ISTP, ISTJ, ESFP

서초구 맛집

소이연남
태국음식으로 유명한 식당
서울특별시 서초구 사평대로 205 파미에스테이션 2F 02-6282-3217
영업 시간 11:30~21:30
소고기국수/ 소이뼈국수/ 쏨땀

봉산옥
만둣국이 끝내주는 식당
서울특별시 서초구 반포대로8길 5-6 조강빌딩 02-525-2282
영업 시간 월~금: 11:00~21:20/ 토: 11:00~20:30
봉산만둣국/ 김치말이국수/ 녹두빈대떡

신숙
칼국수가 유명한 집
서울특별시 서초구 법원로3길 21 이정빌딩 02-596-9295
영업 시간 월~금: 11:30~19:30/ 토: 11:30~14:00
칼국수/ 빈대떡

설눈
북한요리가 맛있기로 유명한 식당
서울특별시 서초구 서초대로46길 20-7 02-6959-9339
영업 시간 11:00~21:00
고려 물냉면/ 평양 온반/ 평양 육개장

백년옥
두부요리가 맛있기로 유명한 식당
서울특별시 서초구 남부순환로 240 02-523-2860
영업 시간 10:00~21:00
자연식 순두부/ 뚝배기 순두부/ 두부전골

3대삼계장인
삼계탕이 맛있기로 유명한 식당
서울특별시 서초구 반포대로28길 56-3 1F 02-522-2270
영업 시간 11:30~22:00
잣삼계탕/ 쑥삼계탕

제22장
송파구 여행

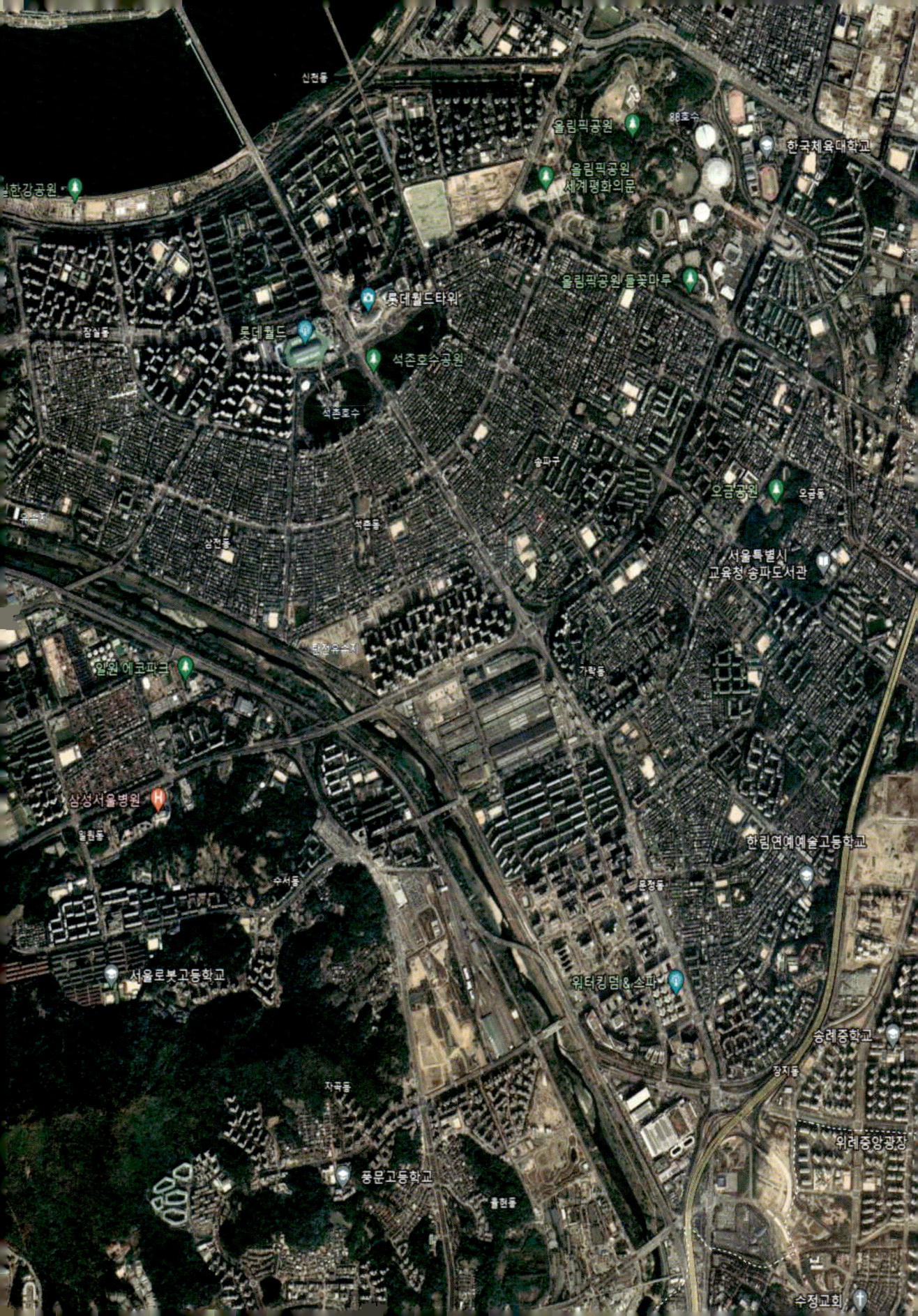

1. 송파구의 특징

서울특별시 동남부에 위치하고 있으며, 송파는 글자 그대로 언덕 위에 소나무가 푸르게 우거진 산 좋고 물 맑은 강변마을이라는 뜻으로 일찍이 백제 때의 도읍지였다. 송파구는 인구가 60만 명을 넘어 전국 자치구 중 가장 인구가 많다. 송파구는 강남개발 당시 새로 개발된 도시답게 녹지시설이 잘 마련되어 있는 지역으로 여의도 절반에 달하는 거대한 규모의 서울을 대표하는 공원인 올림픽공원, 한강을 따라 있는 잠실한강공원과 석촌호수를 중심으로 아시아공원, 오금공원, 문정근린공원 등 크고 작은 공원들이 많다. 또한 탄천과 성내천에는 하천 주위로 산책로 잘 마련되어 있어 찾는 사람들이 많다. 이외에도 송파구를 대표하는 롯데월드, 서울스카이, 석촌호수, 잠실야구장 등으로 유명하다. 송파구에서 성격 유형별로 여행지를 추천하면 다음과 같다.

〈표〉 성격 유형별 송파구 여행(10)

여행지	DISC 유형	MBTI 유형
롯데월드	신중형(C), 안정형(S)	ESFJ, ISFP, ESTJ, INFP, ESTP
서울스카이	신중형(C), 안정형(S)	ESFJ, ISFP, ESTJ, INFP, ESTP
석촌호수	주도형(D), 사교형(I)	ENTP, ISFJ, ISFP, ESTJ, ESTP, INTP
올림픽공원	주도형(D), 사교형(I)	ENTP, ISFJ, ISFP, ESTJ
잠실야구장	신중형(C), 안정형(S)	ESFJ, ISFP, ESTJ, INFP
아시아공원	주도형(D), 사교형(I)	ENTP, ISFJ, ISFP, ESTJ
오금공원	주도형(D), 사교형(I)	ENTP, ISFJ, ISFP, ESTJ
문정근린공원	주도형(D), 사교형(I)	ENTP, ISFJ, ISFP, ESTJ
몽촌토성	주도형(D), 신중형(C)	ENTJ, ISTP, ISTJ
풍납토성	주도형(D), 신중형(C)	ENTJ, ISTP, ISTJ

롯데월드
모든 것을 해결할 수 있는 테마파크

서울특별시 송파구 올림픽로 240에 위치한 건물 면적 581,645㎡, 대지 면적 128,246㎡ 규모의 복합쇼핑몰. 더 넓은 의미로는 해당 단지 뿐만이 아니라 롯데그룹 본사가 입주해있는 롯데월드타워와 롯데월드몰, 롯데월드 아쿠아리움, 롯데워터파크도 포함된다. 1989년 7월 12일에 실내 테마파크 롯데월드 어드벤처가 정식으로 개장하고, 1990년 3월 24일 호수공원 매직아일랜드가 개장하면서 완전한 모습을 갖추었다. 총 투자 비용은 6,500억원이며, 운영은 롯데그룹의 계열사인 호텔롯데의 월드사업부에서 하고 있다.

대한민국에서 최대규모의 쇼핑몰부터 시작해서 영화관, 테마파크까지 자연경관만을 제외한다면 없는게 없는 곳이다.

롯데월드 어드벤처는 롯데월드 쇼핑몰 내부에 위치한 실내 테마파크다. 현재 존재하는 롯데월드 안에 있는 각종 시설 중에서 가장 인지도가 높다.

- 입장료 : 어른 59,000원/ 청소년 52,000원
- 관람 시간 : 10:00~21:00
- ◆ 주소 : 서울 송파구 올림픽로 240
- ◆ 지하철 : 잠실역 4번 출구에서 143m
- DISC 유형 : 신중형(C), 안정형(S)
- MBTI 유형 : ESFJ, ISFP, ESTJ, INFP, ESTP

서울스카이
국내 최고 높이 전망대

세계 5위, 국내 최고 높이 123층, 555m 높이의 롯데월드타워 가장 높은 곳에 위치한 서울스카이 전망대(세계 4위, 500M)는 국내에서 가장 높은 곳으로서 대한민국의 가장 찬란한 역사와 역동적인 현대문화를 함축하고 있는 수도 서울을 360도 뷰를 통해 한눈에 담을 수 있는 곳이다. 500m 상공 위에서 느끼는 아찔하고 스릴넘치는 체험 시설은 총 7개의 층(117층~123층)+스카이브릿지로 구성되어 있고 118층에는 유리로 된 바닥이 있어서 밑을 볼 수 있다. 한국의 자부심(Pride of Korea)을 주제로 한 다양한 전시 컨텐츠, 구름 위에서 즐기는 커피 한 잔의 여유와 타워를 테마로 한 다양한 기념품이 전망대에서의 경험을 더욱 특별하게 만들어 준다.

- 입장료 : 27,000원
- 관람 시간 : 10:30~22:00
- ◆ 주소 : 서울 송파구 올림픽로 300 117~123층
- ◆ 지하철 : 잠실역 2번 출구에서 19m
- DISC 유형 : 신중형(C), 안정형(S)
- MBTI 유형 : ESFJ, ISFP, ESTJ, INFP, ESTP

석촌호수
시민에게 사랑받는 휴식처

서울특별시 송파구 잠실동(잠실3동)과 신천동(잠실6동)에 걸쳐있는 인공 호수다. 송파대로를 기준으로 서(西)호와 동(東)호로 나누어져 있다. 석촌호수공원은 시민들에게 사랑받는 휴식처이다. 송파대로를 기준으로 서호와 동호로 나누어져 있으며, 한 바퀴를 도는 동안 롯데월드어드벤처, 카페거리, 방이동먹자골목 등 다양한 풍경을 만나볼 수 있다.

현재는 송파구민들의 휴식터가 되었고 동호 북쪽의 잠실길이 지하 차도화 되면서 롯데월드타워와 바로 이어진다. 1990년대 이후로 신도시 등지에 조성된 호수들에 비하면 호수의 크기도 작고 광장 따위도 없지만, 주거지로부터 접근성이 좋다. 다만 그로 인한 부작용으로 1990년대까지는 숲 아래 잔디가 거의 살 수 없을 정도로 사람들 왕래가 잦았다. 2000년대 이후 대규모 식재공사 및 탄성매트 설치 등으로 인해 수림의 밀도가 높아져서 경치가 아늑하며 무엇보다도 벚꽃놀이의 명소이기도 하다.

- 입장료 : 무료
- 관람 시간 : 연중무휴
- 주소 : 서울 송파구 잠실동
- 지하철 : 잠실역 2번 출구에서 283m
- DISC 유형 : 주도형(D), 사교형(I)
- MBTI 유형 : ENTP, ISFJ, ISFP, ESTJ, ESTP, INTP

올림픽공원
올림픽 개최를 기념하는 공원

올림픽공원은 1988년 서울 올림픽 개최를 기념하고자 1986년에 완공되었다. 한국체육대학교와 성내유수지생태공원을 제외해도 전국에서 가장 큰 도심 속 공원이었다. 그러나 2005년에 시설규모 87만 평, 전체규모 369만 평에 이르는 울산대공원이 개장, 가장 큰 도심 공원이라는 타이틀은 빼앗겼다. 서울특별시가 소유하고 국민체육진흥공단에서 운영 중이다.

규모는 약 50만평 정도이며 서울종합운동장의 좁은 부지 특성상 그 부지 안에 건설하지 못한 일부 종목의 경기장(체조, 펜싱, 역도, 수영, 테니스, 사이클)이 위치하고, 몽촌토성과 각종 현대 조각 작품들이 전시된 공원 영역 등으로 구성된 대규모 공원이다.

현재는 경기장 상당수가 용도 변경되어 웬만한 체육행사나 콘서트는 여기서 치러지곤 한다. 물론처음 용도가 체육시설이기 때문에 체육행사가 우선시되며, 전문적 공연장에 비하면 질이 떨어지긴 한다.

- 입장료 : 무료
- 관람 시간 : 05:00~22:00
- 주소 : 서울 송파구 올림픽로 424
- 지하철 : 한성백제역 2번 출구에서 958m
- DISC 유형 : 주도형(D), 사교형(I)
- MBTI 유형 : ENTP, ISFJ, ISFP, ESTJ

잠실야구장
국내에서 가장 큰 야구장

1982년 7월 15일 완공되었으며, 중앙펜스 125m, 좌우중간 120m, 좌우펜스 100m로 그라운드가 국내에서 가장 큰 야구장이며, 50,000명의 관중을 수용할 수 있어서 세계 15위 크기를 가진 큰 야구장이다. 세계야구선수권대회와 1988 서울 올림픽 등 아마추어 야구대회를 개최하기 위해 지어진 구장으로 서울종합운동장 내에 있는 경기장 중에서 하나로 만들어졌다.

현재는 한국 프로야구의 본고장으로 KBO 리그 LG 트윈스와 두산 베어스의 홈구장으로 사용하고 있다. 주로 잠실야구장이라고 불리며 한국에서 가장 규모가 큰 야구장이다. 아래 사이트를 통해 서울종합운동장 야구장 좌석 배치도 및 좌석 뷰를 확인할 수 있다. 1982년 세계야구선수권대회나 1999년 아시아야구선수권대회 등 많은 국제 경기를 개최하였다. 시즌 중에는 월요일과 우천일을 제외하고는 거의 매일 프로 야구 경기가 열린다. 다만 최근에는 고척 스카이돔에서 국제 경기가 치러지는 경우가 많아 이러한 이미지는 많이 퇴색된 상태다.

- 입장료 : 네이비석 12,000원/ 일반 8,000원
- 관람 시간 : 경기 스케줄에 따라
- 주소 : 서울 송파구 올림픽로 19-2
- 지하철 : 종합운동장역 6번 출구에서 9m
- DISC 유형 : 신중형(C), 안정형(S)
- MBTI 유형 : ESFJ, ISFP, ESTJ, INFP

아시아공원
도심 속 산소통

아시아공원은 서울특별시 송파구 잠실동에 있는 도시공원으로 1986년 제10회 아시아경기대회 선수촌과 기자촌 아파트단지를 지을 때 함께 조성되었다. 잠실종합운동장이 바로 인접해 있다. 총 면적 66,027㎡의 넓은 녹지공간으로 소나무, 대추나무 등 각종 나무 및 꽃들로 훌륭한 조경시설을 갖추고 있고, 빛과 소리 조형물, 야외공원 무대, 시와 그림의 광장, 송파문화예술회관 등이 자리 잡고 있다. 공원 안에는 소나무, 대추나무 등 다양한 나무와 꽃들로 가득 찬 넓은 녹지공간이자, 자연과 빛 조형물, 야외공연 무대, 시와 그림의 광장, 송파 문화예술회관, 부리도(浮里島) 기념비 등이 자리한 시민의 문화휴식 공간으로 널리 활용되고 있다.

이 중 시와 그림의 광장은 야외무대로서 각종 음악회와 시낭송회 등 문화행사장으로 활용되고, 원형극장은 송파구에서 주최하는 노인문화제, 어린이 그림그리기 대회 등 다채로운 구민 행사가 열리는 문화공간이다. 무료 결혼식장으로도 이용된다.

- 입장료 : 무료
- 관람 시간 : 연중무휴
- 주소 : 서울특별시 송파구 올림픽로 44
- 지하철 : 종합운동장역 2번 출구에서 51m
- DISC 유형 : 주도형(D), 사교형(I)
- MBTI 유형 : ENTP, ISFJ, ISFP, ESTJ

오금공원
도심 속 휴식처

오금공원은 넓이는 21만 9167.4㎡이다. 해발 200m의 야산을 자연 그대로의 멋을 살려 1990년에 개원하였다. 공원 안에는 광장 5곳과 어린이 놀이터·자연학습장·산책로 9코스를 갖추었으며, 대지 면적 4,544㎡의 운동장과 정구장·수영장·배드민턴장·게이트볼장·체력단련장 등의 운동시설이 들어서 있다. 그리고 부대시설로는 도서관과 매점·주차장·화장실·음수대 등의 편의시설이 있다. 지하 2층 지상 3층의 곰두리체육센터가 세워져 시민들의 생활체육 활동에 큰 도움을 주고 있다.

특히 공원 안에 있는 자연학습장은 경사진 산책로 양옆으로 조성되어 있다. 이곳에는 은방울꽃·초롱꽃·매발톱꽃·옥잠화·동자꽃 등 우리나라 야생 초화류 30종과 자생 관목류 20종이 자라고 있다. 자연관찰 효과를 높이기 위하여 식물의 특성을 기록한 설명판을 설치해 놓았다. 산책을 하면서 자연을 학습할 수 있어 가족 나들이 장소로 알맞다.

- 입장료 : 무료
- 관람 시간 : 연중무휴
- 주소 : 서울 송파구 오금로 363 오금근린공원
- 지하철 : 오금역 2번 출구에서 586m
- DISC 유형 : 주도형(D), 사교형(I)
- MBTI 유형 : ENTP, ISFJ, ISFP, ESTJ

문정근린공원
산책하기 좋은 공원

1993년 부곡~도농간 철도계획의 취소로 미정비된 상태로 이용되었던 철도부지를 2004년~2009년까지 점차 공원으로 조성하여 송파구 도심내 거점녹지축 및 시민의 건전한 휴식 공간으로 조성하였다. 문정근린공원은 지하철 8호선 문정역에서 바로 이어져 있는 공원으로 산책로가 잘 조성되어 있어 걷기 좋은 곳이다.

문정근린공원은 다양한 테마로 이루어져 있는 공원으로 송파구 문정동, 장지동, 가락동, 거여동 총 4개의 동을 아우르는 곳에 자리하고 있으며, 송파 소리길로 이어지는 중간에 위치해 있다. 공원에는 분수대뿐만 아니라 작은 공연장과 정자, 곳곳에 벤치 등 쉼터가 마련되어 있어 주민들이 다양한 볼거리, 즐길 거리로 휴식과 동시에 즐거운 시간을 보낼 수 있다. 특히 무더운 여름이면 문정근린공원 안에 있는 분수대에서 시원한 물이 뿜어져 올라와 어린 아이들에게 물놀이를 하는 곳으로도 알려져 있다.

- 입장료 : 무료
- 관람 시간 : 연중무휴
- 주소 : 서울 송파구 문정동 18-4
- 지하철 : 문정역 2번 출구에서 420m
- DISC 유형 : 주도형(D), 사교형(I)
- MBTI 유형 : ENTP, ISFJ, ISFP, ESTJ

몽촌토성
백제의 토성

몽촌토성은 한성백제때의 토성으로 북쪽에 있는 풍납토성과 함께 하남 위례성(城)의 주성(主城)이었던 것으로 인정되고 있다. 이외 선사시대 때 존재했던 움집터, 판축터, 지하구멍 등이 발굴되었고, 토성의 축조는 3세기경에 이루어졌던 것으로 추정된다. 1984년 올림픽공원을 착공하였는데, 공사 도중 토성터와 유물들이 발굴되면서 1983년부터 1987년까지 학자들의 발굴조사를 통해 처음 세상에 알려지게 되었다.

올림픽공원 안에 토성터와 유물들을 보존하기로 함에 따라 1986년 올림픽공원 개장 때 공원 안에 존치해 있는 유적으로 바뀌게 되었다. 토성터의 둘레는 약 2.7㎞이며 높이는 6.7m지만, 몽촌토성은 외적의 침입이나 반란 시에 들어가 농성할 수 있는 일종의 대피성 개념으로 세웠던 것으로 추정하고 있다. 그러나 이는 극히 일부에 지나지 않기 때문에 추후 발굴조사 및 성벽 절개 조사를 통해 바뀔 가능성이 아주 크다.

풍납토성
백제의 위례성

풍납토성 지역에서는 대홍수 시 청동제초두, 허리띠장식 등 상류층에서만 사용한 중요 유물이 확인되면서 주목을 받아 왔다. 풍납토성과 함께 백제의 첫번째 수도였던 하남 위례성이었을 것으로 거의 확정된 상태다. 삼국사기 기록에 따르면 위례성에는 북성(北城)과 남성(南城)으로 나뉘어 있었는데, 학자들은 북성을 풍납토성으로 남성을 몽촌토성으로 추측하고 있다.

흙으로 쌓은 평지성으로 풍납동토성은 한강과 맞닿은 서쪽 성벽이 유실되어 지금은 약 2.7㎞만 남아있지만, 서벽이 존재했다면 총 둘레가 약 3.5㎞에 달할 것으로 추정된다. 처음 성벽이 건설되었을 때의 높이는 10.8m였고, 두 차례의 증축을 거치면서 최대 13.3m가 되는 거대한 성으로 확대되었음이 확인되었다. 1963년 국가지정문화재 사적 제11호로 지정된 후 1976년~1978년에 북쪽 성벽구간을 복원하는 등 보존·관리되어 오늘에 이르고 있다.

- 입장료 : 무료
- 관람 시간 : 연중무휴
- 주소 : 송파구 올림픽로 424
- 지하철 : 몽촌토성역 1번 출구 50m
- DISC 유형 : 주도형(D), 신중형(C)
- MBTI 유형 : ENTJ, ISTP, ISTJ

- 입장료 : 무료
- 관람 시간 : 연중무휴
- 주소 : 서울 송파구 풍납동 73-1
- 지하철 : 천호역 10번 출구에서 127m
- DISC 유형 : 주도형(D), 신중형(C)
- MBTI 유형 : ENTJ, ISTP, ISTJ

송파구 맛집

오향가
족발로 유명한 식당
서울특별시 송파구 송이로 106 02-401-6999
영업 시간 11:30~22:00
오향족발/ 냉채족발/ 오향장육

돌마리유황오리
오리구이가 끝내주는 식당
서울특별시 송파구 가락로 66 02-423-6231
영업 시간 11:30~22:00
생오리구이(500g)/ 양념오리구이(500g)

부일갈매기
갈매기살이 유명한 집
서울특별시 송파구 삼전로13길 4 02-412-1462
영업 시간 17:00~23:00
갈매기살/ 항정살/ 막창

생생아구
아구요리가 맛있기로 유명한 식당
서울특별시 송파구 백제고분로7길 8-37
영업 시간 10:00~22:00
아구코스/ 아구수육

옥돌현옥
냉면이 맛있기로 유명한 식당
서울특별시 송파구 오금로36길 26-1 02-404-4824
영업 시간 11:30~22:00
평양물냉면/ 평양비빔냉면/ 돼지곰탕

유원설렁탕
삼계탕이 맛있기로 유명한 식당
서울특별시 송파구 삼전로 90 02-414-2256
영업 시간 월~금: 08:00~21:00/ 토~일: 08:00~20:00
설렁탕/ 소머리설렁탕/ 도가니탕

제23장
성동구 여행

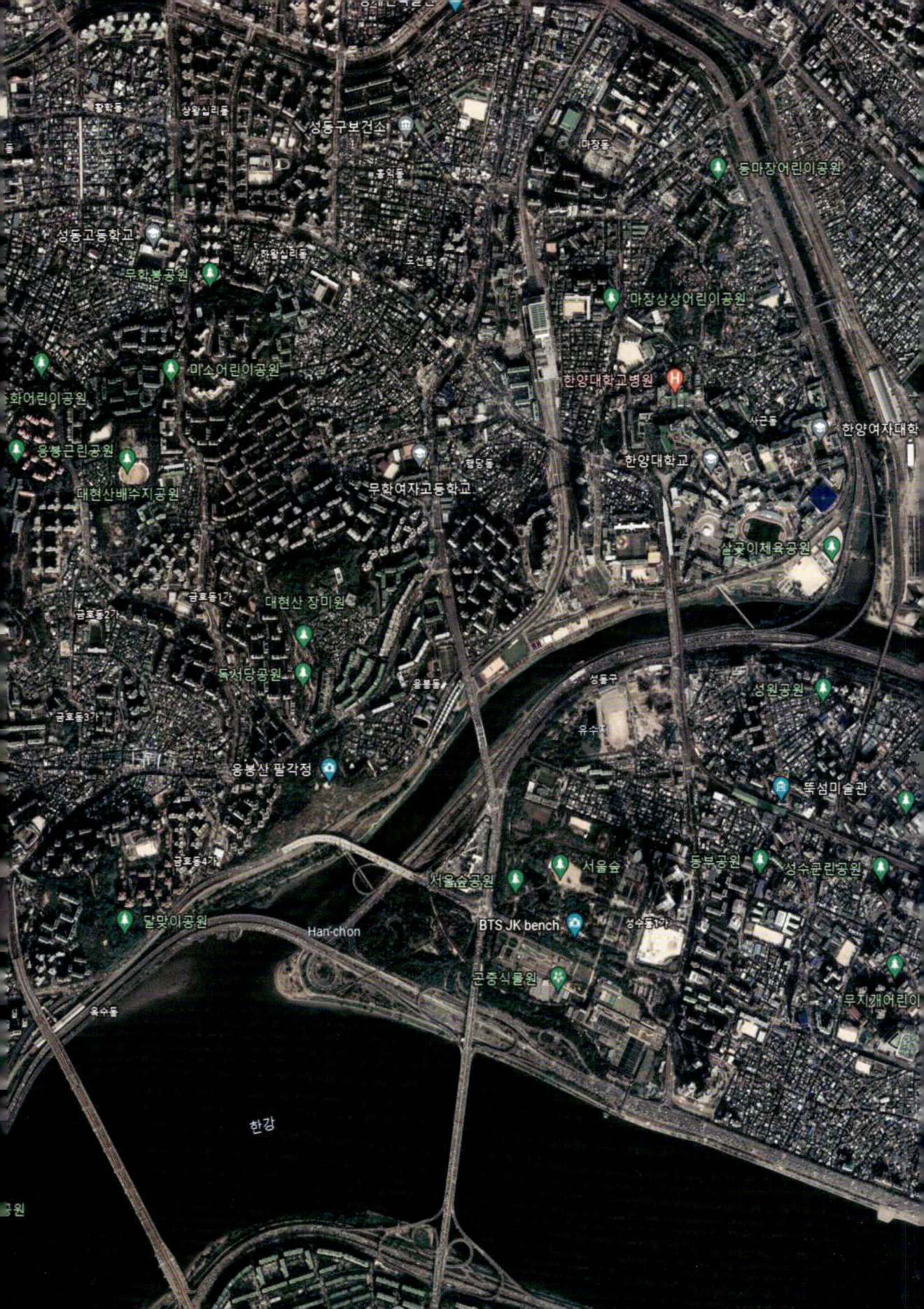

1. 성동구의 특징

서울특별시의 중동부에 위치하고 있으며, 북으로는 청계천과 천호대로를 끼고 동대문구, 동으로는 동일로를 경계로 광진구, 남으로는 한강을 끼고 강남구, 서로는 중구·용산구에 접한다. 구의 명칭은 한양도성의 동쪽(東)에 있다하여 붙여진 것이다.

디자인서울의 일환으로 옛 뚝섬 경마장 자리에 대규모 녹지공원인 서울숲이 만들어졌다. 분당선의 서울숲역을 통해 나오면 갤러리아 포레 빌딩 방향으로 가게 된다. 성동구의 중심 지역은 왕십리역 주변으로 인근 지역에는 이 지역 유일의 4년제 대학교인 한양대학교가 들어서 있으며, 현재와 과거를 교차해서 보여주는 지역이다.

성동구의 응봉산은 샛노란 개나리꽃이 아름답게 피어나 절경을 자랑하는 곳으로 응봉산 개나리 축제로 유명하다. 또한 응봉산 팔각정에서 보는 서울의 야경은 아름답고 황홀해 데이트하기 좋다. 서울숲 공원에서 지친 심신을 달래며 산책을 할 수 있고 피크닉, 자전거 타기 좋은 장소로도 제격이다. 과거 공장과 수제화 거리로 유명했던 성수동이 리뉴얼되어 과거와 현재가 공존하는 동네로 탈바꿈하고 있어 이곳의 카페들과 식당들을 찾는 사람들이 늘어나고 있다.

성동구에서 성격 유형별로 여행지를 추천하면 다음과 같다.

〈표〉 성격 유형별 성동구 여행(4)

여행지	DISC 유형	MBTI 유형
서울숲	주도형(D), 사교형(I)	ENTP, ISFJ, ISFP, ESTJ, ESTP
응봉산	주도형(D), 사교형(I)	ENTP, ISFJ, ISFP, ESTJ
수도박물관	주도형(D), 신중형(C)	ENTJ, ISTP, ISTJ
언더스탠드에비뉴	신중형(C), 안정형(S)	ESFJ, ISFP, ESTJ, INFP

서울숲
친환경적인 테마파크

2005년 6월 18일 서울숲이 개원하였다. 이전까지는 뚝섬은 생성과 변천을 거듭해 오면서 임금의 사냥터, 군검열장 등으로, 최초의 상수원수원지로, 골프장으로, 경마장, 체육공원 등으로 활용되어 왔다. 현재 서울숲은 18만 평 규모의 5개 테마공원이 있다.

문화예술공원은 문화예술 체험 등 다양한 활동이 가능한 가족 놀이 공원으로 서울숲광장, 바닥분수, 야외무대, 숲속놀이터가 있다. 생태숲에는 야생동물이 서식하는 우량한 자연생태 숲을 조성하고, 보행가교를 통하여 한강수변 공원까지 갈 수 있는 수려한 생태숲 공간으로 사슴우리, 바람의 언덕이 있다. 체험학습원은 자연식물을 학습하고 체험할 수 있는 이벤트 공간으로 곤충식물원, 갤러리정원, 나비정원, 체험마당등이 있다. 습지생태원은 습지생태원 주요기능 내용 삽입 유수지 기능을 유지하면서 조류 관찰 및 식물들의 자연학습, 관찰이 가능한 생태공원으로 생태학습장, 습지생태원, 조류관찰대, 유아숲체험장 등이 있다.

응봉산
개나리가 만개하는 곳

서울특별시 성동구 응봉동에 있는 바위산. 작은 매봉이라는 이칭이 있고, 독서당로를 사이에 두고 북쪽으로 마주 보고 있는 행당동의 대현산이 큰매봉이라는 이름으로 짝을 이루고 있다. 조선시대 때 태종이나 성종을 비롯한 왕들이 매 사냥을 즐겼던 곳이 이곳이라고 전해지므로 매 응(鷹) 자를 써서 응봉산이라는 이름이 붙었다. 이칭으로 불리는 매봉이라는 이름은 매 응 자를 그냥 한글로 풀어서 쓴 것이다. 도시화 과정에서 응봉산이 여러 갈래로 찢겨져 나가고 현재는 독서당로 이남, 금호동 이동의 지역에 있는 봉우리만을 응봉산이라고 부른다. 응봉산(해발 94m)에서 바라보는 일출은 한강과 서울숲, 잠실운동장 등 서울 동부권의 모습을 한눈에 볼 수 있다.

한강 조망명소로 사진 작가 및 많은 이들이 찾고 있으며, 매년 1월 1일 해맞이 행사를 실시한다. 또한, 개나리꽃의 명소이기도 한 응봉산에서는 4월경 개나리 축제를 열고 있다.

- 입장료 : 무료
- 관람 시간 : 연중무휴
- 주소 : 서울 성동구 뚝섬로 273
- 지하철 : 서울숲역 3번 출구에서 163m
- DISC 유형 : 주도형(D), 사교형(I)
- MBTI 유형 : ENTP, ISFJ, ISFP, ESTJ, ESTP

- 입장료 : 무료
- 관람 시간 : 연중무휴
- 주소 : 서울 성동구 금호동4가 1540
- 지하철 : 응봉역 1번 출구에서 909m
- DISC 유형 : 주도형(D), 사교형(I)
- MBTI 유형 : ENTP, ISFJ, ISFP, ESTJ

수도박물관
수의 역사와 생산과정을 보는 곳

뚝섬수원지 제1정수장은 1908년 9월부터 한국 최초로 수돗물을 생산, 공급한 곳이다. 1908년 9월 1일부터 완속 여과 방식으로 생산한 12,500㎡의 수돗물을 사대문 안과 용산 일대의 주민 125,000명에게 공급했던 것이 우리나라 근대 상수도 역사의 첫 출발이었다. 이를 2008년 복원, 정비하여 개관하였다.

1908년 최초의 정수장이 세워진 이후부터 현재까지 깨끗하고 안전하게 공급되고 있는 서울시 수돗물에 대한 많은 이야기들을 소개하고 있다. 상수도 관련 기술이 어떻게 성장하고 발전되어 왔는지를 전달하고, 물과 환경을 주제로 한 다양한 체험학습 프로그램을 함께 운영하고 있다. 제1관람코스(뚝도아리수정수센터+수도박물관 관람)와 제2관람코스(수도박물관 관람)로 구분된다. 이곳에서 상수도의 역사와 가치를 이해하고 서울시 수돗물 '아리수' 생산과정도 살펴 볼 수 있다. 박물관 건물은 근대식 건축물의 특징이 잘 나타나 서울시 유형문화재 제 72호로 지정되었다.

언더스탠드에비뉴
든든한 버팀목이 되는 곳

2016년 4월 13일 개관한 언더스탠드에비뉴는 민·관·기업간 상생협력 사회공헌 프로젝트로 탄생한 창조적 공익문화공간이다. 서울숲 진입로에 100여 개의 컨테이너로 조성된 공간으로 언더스탠드 에비뉴는 낮은 자세(Under)로 삶의 각 영역에서 사회적 약자가 자립(Stand)하는데 든든한 버팀목이 되는 공간이라는 의미를 담고 있다. 대지면적 4,126(약 1,250평) 부지에 설치된 116개의 컨테이너 박스에서는 사회적 가치를 추구하는 청년 창업가와 함께 어르신 일자리 마련 및 취약계층 고용도 지속하고 있다. 이로써 언더스탠드에비뉴는 따뜻한 성장을 대표하는 일자리 창출 플랫폼으로서의 역할을 수행한다.

기업으로부터 사회공헌 기금을 지원받아 사회적 약자의 성장과 자립을 돕는 혁신적 창조공간인 동시에 누구나 자유롭게 이용 가능한 복합 문화공간이다. 개관 이후 현재까지 약 800만 명이 누적 방문하였고, 연간 130만명 이상이 꾸준히 찾는 성동구의 대표 핫플레이스로 꼽힌다.

- 입장료 : 무료
- 관람 시간 : 10:00~18:00
- 주소 : 서울 성동구 성수동1가 642-1
- 지하철 : 서울숲역 3번 출구에서 324m
- DISC 유형 : 주도형(D), 신중형(C)
- MBTI 유형 : ENTJ, ISTP, ISTJ

- 입장료 : 무료
- 관람 시간 : 연중무휴
- 주소 : 서울 성동구 왕십리로 63
- 지하철 : 서울숲역 3번 출구에서 152m
- DISC 유형 : 신중형(C), 안정형(S)
- MBTI 유형 : ESFJ, ISFP, ESTJ, INFP

성동구 맛집

우동가조쿠
우동으로 유명한 식당
서울특별시 성동구 왕십리로 215-1 02-762-2177
영업 시간 11:00~20:30
붓가케우동/ 가조쿠우동/ 기츠네우동

누메로뜨레쓰
피자가 끝내주는 식당
서울특별시 성동구 성수일로 21 1F 02-465-7943
영업 시간 11:00~22:00
카프레제/ 시저샐러드/ 마스카포네피자

원기옥
곰탕이 유명한 집
서울특별시 아차산로17길 48 성수SK1센터 109호 02-468-2999
영업 시간 11:30~22:00
홍탕/ 곰탕/ 고기국수

목포산꽃게아구찜탕
아구찜이 맛있기로 유명한 식당
서울특별시 성동구 마장로 331 02-2292-1270
영업 시간 10:00~22:00
아구찜,탕/ 간장게장

김경자원조손칼국수보쌈
칼국수와 보쌈이 맛있는 식당
서울특별시 성동구 금호산2길 20-1 02-2233-7001
영업 시간 10:00~21:00
손칼국수-/ 보쌈

제일곱창
삼계탕이 맛있기로 유명한 식당
서울특별시 성동구 고산자로 281 010-8690-9792
영업 시간 12:00~22:00
한우곱창/ 한우대창/ 양깃머리

제24장
강동구 여행

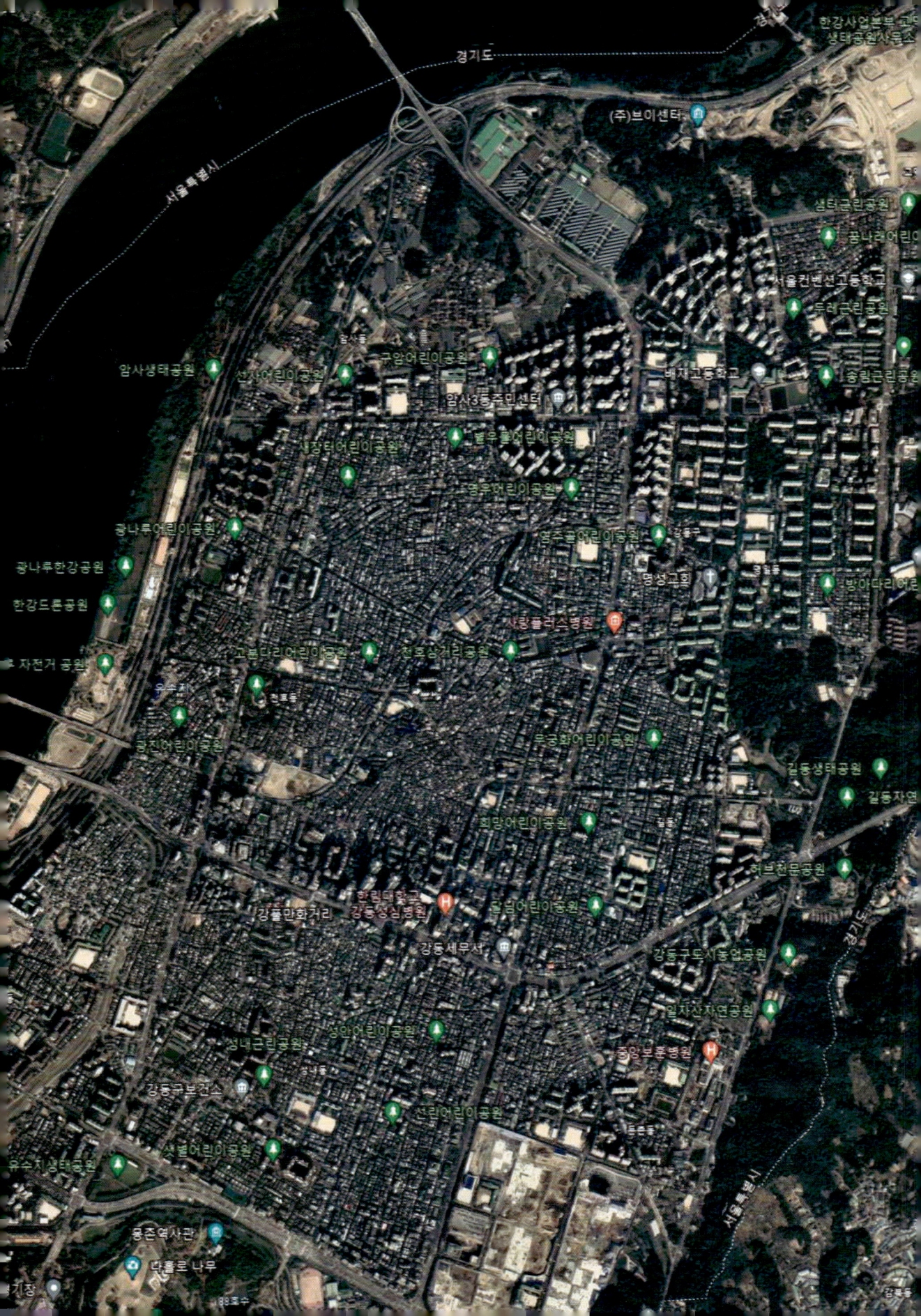

1. 강동구의 특징

서울특별시의 동부에 위치하여 동쪽으로는 경기도 하남시, 남쪽으로는 서울특별시 송파구, 서쪽로는 한강을 맞대고 서울특별시 광진구, 북쪽으로는 경기도 구리시와 접한다.

강동구에서는 지속 발전가능한 환경친화적 Eco City 강동을 목표로 현재 계획도시화 사업이 진행되고 있어 친환경 공원이 지어지고 있다. 그래서 강동구에 있는 대부분의 아파트에는 중간 중간 뒷동산과 공원이 눈에 띄어 힐링하기 좋다. 최근에 지어진 강일2지구 택지개발사업에도 수목원이 조성되어 Eco City 강동을 만들어 가는데 한몫하고 있다.

강동구에는 신석기 시대의 흔적이 고스란히 남아 있는 암사동 유적지가 유명하며, 매년 가을 여기에서 열리는 선사문화축제는 관광객들에게 다양한 체험 프로그램을 운영하고 있어 신석기 문화에 대해 즐겁게 체험하고 배울 수 있는 기회를 제공하고 있다. 그리고 인구 감소로 고민이 많던 곳에 강풀 만화거리를 조성하여 만화 속 세상을 예쁜 색감의 벽화를 통해 재미있게 여행할 수 있도록 하였으며, 사진 촬영지로 유명하여 많은 여행객이 찾고 있다. 또한 강동 그린웨이 가족캠핑장은 자연훼손을 최소화한 덕분에 가족 단위로 멀리 가지 않고도 도심 속에서 캠핑을 즐길 수 있는 자연친화적 캠핑이 가능하다.

강동구에서 성격 유형별로 여행지를 추천하면 다음과 같다.

〈표〉 성격 유형별 강동구 여행(4)

여행지	DISC 유형	MBTI 유형
강풀만화거리	신중형(C), 안정형(S)	ESFJ, ISFP, ESTJ, INFP
일자산 근린공원	주도형(D), 사교형(I)	ENTP, ISFJ, ISFP, ESTJ
광나루한강시민공원	주도형(D), 사교형(I)	ENTP, ISFJ, ISFP, ESTJ, INFJ
천호근린공원	주도형(D), 사교형(I)	ENTP, ISFJ, ISFP, ESTJ, INFJ

강풀만화거리
강동구를 배경으로한 강풀의 만화 거리

강풀만화거리는 2013년 골목에 활력을 불어 넣기 위한 '따뜻한 마을 만들기' 사업의 일환으로 조성됐다. 강풀의 만화 배경은 실사를 바탕으로 하는 경우가 많은데, 그게 대부분 이곳 강동구였다. '그대를 사랑합니다'에서 리어카가 올라가는 언덕도, '순정만화'에서 총각과 여고생이 만나는 아파트 엘리베이터도 모두 이 지역을 배경으로 하고 있다.

원래 이 동네는 굉장히 조용한 곳이며, 독거노인도 많고 계속되는 경기 불황으로 인해 골목상권도 가라앉아 있었다. 이러한 지역을 살리기 위하여 작가들과 선사고등학교 미술부학생들은 강풀의 그림을 하나하나 그려 넣기 시작했고, 이제는 서울에서 인기 있는 벽화 마을 중 하나가 됐다. 강동구를 작품의 주요 배경으로 웹툰을 그리고 있는 강풀 작가의 순정만화 시리즈 「순정만화」, 「바보」, 「당신의 모든 순간」, 「그대를 사랑합니다」 4편을 마을 이야기와 엮어 2013년 9월 탄생시킨 지역으로서 골목마다 풍성한 볼거리와 이야기를 담고 있다.

- 입장료 : 무료
- 관람 시간 : 연중무휴
- 주소 : 강동구 천호대로 168가길 일대
- 지하철 : 강동역 4번 출구에서 243m
- DISC 유형 : 신중형(C), 안정형(S)
- MBTI 유형 : ESFJ, ISFP, ESTJ, INFP

일자산 근린공원
볼거리가 많은 공원

일자산은 위에서 보면 일(一)자 양으로 생겼다고 해서 붙여진 이름이다. 강동구와 경기도 하남시 서부 등을 경계로 뻗어 있으며, 강동구의 최고봉으로 강동에서 가장 먼저 해가 뜨는 곳이다.

강동구의 대표적인 명소인 일자산 근린공원에는 일자산 허브천문공원, 한진섭 조각정원, 강동 그린웨이 가족캠핑장이 있다. 일자산 허브천문공원은 인근의 일자산 자연공원과 더불어 조깅코스, 산책로, 전망데크 등 어린이부터 청년, 어르신에 이르기까지 다양한 연령의 시민들이 이용할 수 있는 공간이다. 한진섭 조각정원은 도심 속 자연에서 예술 작품과 함께 쉬어갈 수 있는 문화힐링 공간이다. 조각과 허브라는 서로 다른 테마가 조화를 이룰 수 있도록, 자연에서 비롯되어 자연과 가장 잘 어우러지는 재료인 돌로 제작된 작품들로 공간을 채웠다.

강동 그린웨이 가족캠핑장은 일자산자연공원 숲 속에 위치하여 자연훼손을 최소화하고 지리적 특성을 그대로 살린 자연친화적 가족캠핑장이다.

- 입장료 : 무료
- 관람 시간 : 연중무휴
- 주소 : 서울 강동구 둔촌동 산86
- 지하철 : 길동역 2번출구에서 1.5km
- DISC 유형 : 주도형(D), 사교형(I)
- MBTI 유형 : ENTP, ISFJ, ISFP, ESTJ

광나루한강시민공원
자연 그대로 유지되는 공원

강동대교에서 잠실철교 사이에 있는 광나루 한강시민공원은 면적은 1,554,810㎡이며, 길이는 12km에 달한다. 공원이 있는 지역은 서울시의 유일한 상수원보호구역으로 뱃놀이와 각종 수상레저 활동이 금지되어 있어 물이 맑고 다른 지역에 비해 매우 깨끗한 지역이다. 또한 한강 상류로부터 유입된 토사가 퇴적되어 자연스럽게 형성된 모래톱과 대규모 갈대군락지로 자연 그대로의 한강의 모습을 가장 잘 유지하고 있는 곳이다. 북쪽의 아차산 푸르름과 2km에 이르는 한강가의 갈대밭이 어우러져 아름다운 경관을 자랑한다. 더욱이 근처에는 암사선사주거지 등 많은 문화유적지가 곳곳에 산재해 있다. 광나루 한강시민공원은 철새들의 서식처이기도 하며, 근처에는 서울 암사동 유적이 위치하여 자연과 문화가 잘 조화를 이루는 곳이기도 하다. 공원 안에는 레일바이크, 자전거공원 등이 조성되어있어 가족단위 나들이 뿐 아니라 연인들의 데이트 장소로도 재미를 느낄 수 있다.

천호근린공원
지역주민의 건강을 위한 공원

천호공원은 과거 만년필로 유명한 파이롯트 회사의 공장부지를 서울시가 매입하여 조성한 공원이다. 천호공원은 새벽에는 지역주민들의 건강을 위한 에어로빅장으로, 한낮에는 어르신들이 바둑과 장기를 두며 담소장소로, 청소년들에게는 농구장으로 아이에게는 놀이터로 활용되는 인기 공원이 되었다. 2009년 재단장한 야외무대에서는 영화 상영과 문화행사가 다양하게 진행되며, 음악과 함께 춤을 추는 음악분수는 천호공원의 대표 볼거리다. 천호공원 내 음악분수 주변과 녹지대에는 철쭉이 많이 심어져 있어 봄이 오면 철쭉이 아름답게 피어 장관을 이룬다.

철쭉이 만발할 때 천호공원에는 철쭉축제가 진행 된다. 철쭉축제는 천호공원을 사랑하는 지역주민들이 축제 기획부터 운영 전반에 참여하는 주민과의 소통이 중요한 축제다. 공원 내에는 강동구립 해공도서관이 있으며, 해공이라는 이름은 인근에서 태어난 독립운동가 해공 신익희 선생의 호에서 유래되었다.

- 입장료 : 무료
- 관람 시간 : 연중무휴
- 주소 : 서울특별시 강동구 선사로 83~66
- 지하철 : 천호역 1번 출구에서 300m
- DISC 유형 : 주도형(D), 사교형(I)
- MBTI 유형 : ENTP, ISFJ, ISFP, ESTJ, INFJ

- 입장료 : 무료
- 관람 시간 : 연중무휴
- 주소 : 서울 강동구 올림픽로 702 해공도서관
- 지하철 : 암사역 2번 출구에서 549m
- DISC 유형 : 주도형(D), 사교형(I)
- MBTI 유형 : ENTP, ISFJ, ISFP, ESTJ, INFJ

강동구 맛집

얌얌카츠
돈가스가 유명한 식당
서울특별시 강동구 천호옛14길 22 02-474-0130
영업 시간 11:30~21:30
로스카츠 정식/ 히레카츠 정식/ 가라아게 정식

진미한우곱창
곱창이 끝내주는 식당
서울특별시 강동구 천중로40길 50 02-488-7734
영업 시간 17:00~23:00
황소곱창/ 토시살/ 소막창

보타이
태국음식이 유명한 집
서울특별시 강동구 풍성로 90 한스빌딩 1F 02-474-3520
영업 시간 11:30~22:00
팟타이/ 뿌팟퐁커리/ 똠양꿍

우리동네막국수국밥
한식이 맛있기로 유명한 식당
서울특별시 강동구 상암로4길 9 1F 02-428-0401
영업 시간 11:00~22:00
한우 시래기국밥/ 굴국밥/ 따뜻한 막국수

쭈꾸쭈꾸쭈꾸미
쭈꾸미가 맛있는 식당
서울특별시 강동구 천호옛길 98 02-484-1472
영업 시간 12:00~24:00
쭈꾸미/ 쭈삼/ 쭈새

봉래면옥
삼계탕이 맛있기로 유명한 식당
서울특별시 강동구 명일로 200-16 02-6081-2500
영업 시간 11:00~22:00
평양냉면/ 순면/ 갈비탕

제25장
광진구 여행

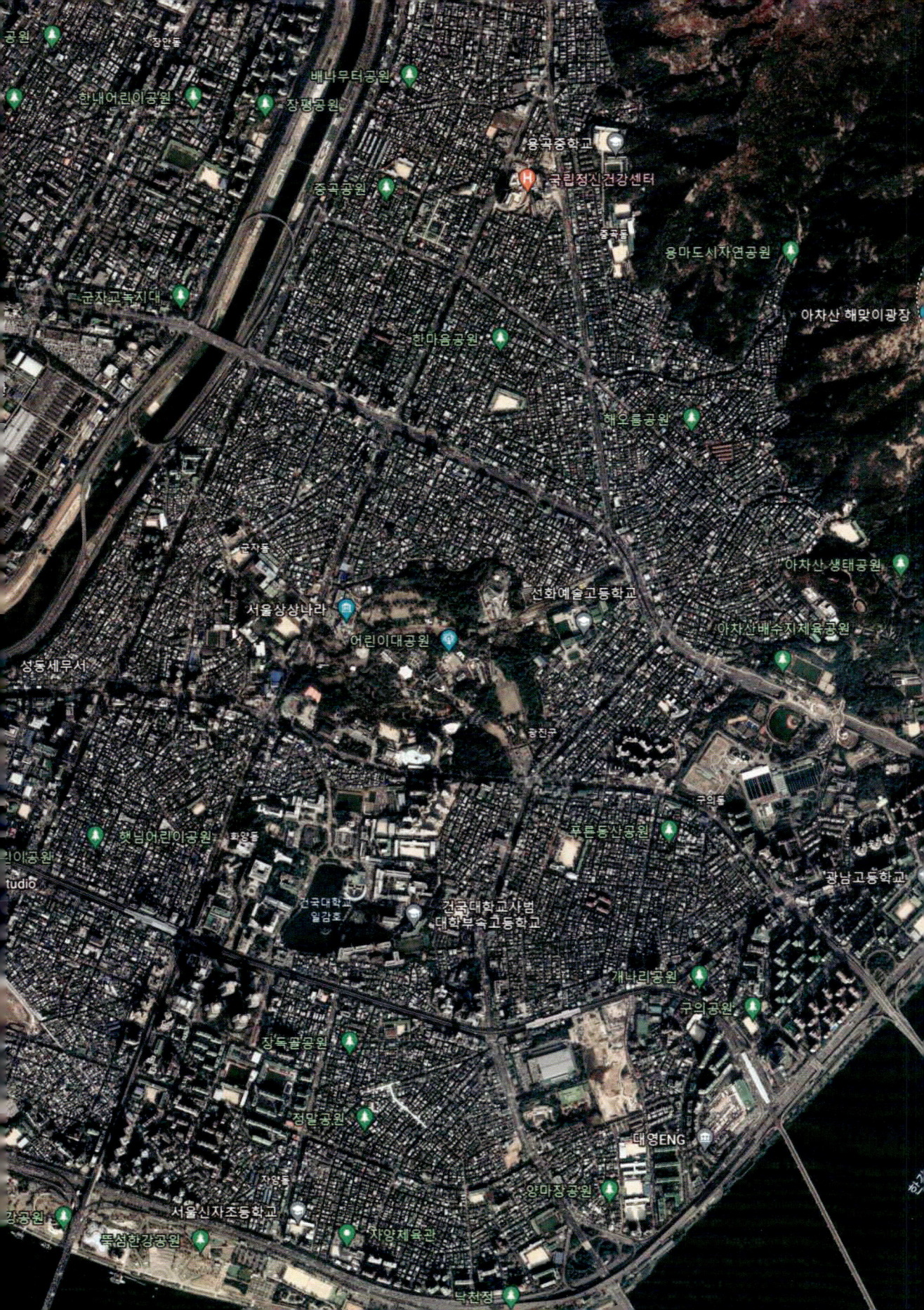

1. 광진구의 특징

서울특별시의 동부에 자리하고 있어 북쪽으로 중랑구와 북서쪽으로는 동대문구와 서쪽으로 동일로를 사이에 두고 성동구와 남쪽으로 한강을 끼고 강남구, 송파구, 강동구와 그리고 북동쪽으로 용마산과 아차산을 끼고 경기도 구리시와 접하고 있다.

광진구의 강변역 주변에는 동서울터미널과 테크노마트가 있어 강원도 여행을 출발하는 장소로 유명하다. 그리고 광진구의 최동단이자 강북의 최동단인 광장동 일대에는 특급호텔인 그랜드 워커힐 서울 호텔이 있어서 한국을 찾는 외국인들이 많이 사용하고 있다. 광진구의 남쪽 한강변으로는 청담대교 및 뚝섬유원지역을 중심으로 뚝섬한강공원이 있어 가벼운 산책으로 지친 심신을 달랠 수 있을 뿐만 아니라 자전거 라이딩, 오리배 등을 즐길 수 있다. 그리고 광진구의 자랑거리였던 어린이대공원이 있어 도심 속의 아름다운 도심녹지 공원을 제공하고 있으며, 놀이 공원을 제공하여 있어 어른들에게는 향수를 주며, 아이들에게는 꿈을 주는 역할을 하고 있다. 또한 젊음의 열기가 느껴지는 건대 앞 로데오거리 있으며, 국내 최초의 컨테이너를 활용한 복합 쇼핑몰을 만들어 젊은이들의 쇼핑과 취업을 돕는 커먼그라운드가 있어 젊은이들의 다양한 문화생활을 가능하게 하여 많은 여행객에게 인기있는 여행지가 되고 있다.

성동구에서 성격 유형별로 여행지를 추천하면 다음과 같다.

〈표〉 성격 유형별 성동구 여행(6)

여행지	DISC 유형	MBTI 유형
아차산	주도형(D), 사교형(I)	ENTP, ISFJ, ISFP, ESTJ, ESFP
아차산성	주도형(D), 신중형(C)	ENTJ, ISTP, ISTJ
아차산 생태공원	주도형(D), 사교형(I)	ENTP, ISFJ, ISFP, ESTJ, ESFP
영화사	신중형(C)	ISTP, ISTJ
서울어린이대공원	신중형(C), 주도형(D), 사교형(I)	ENTP, ISFJ, ISFP, ESTJ, INFP
뚝섬한강공원과 자벌레	신중형(C), 안정형(S)	ESFJ, ISFP, ESTJ, INFP

아차산
전설이 깃든 광진구의 대표 산

아차산(峨嵯山)은 서울특별시 광진구 및 중랑구와 경기도 구리시의 경계에 있는 해발 285m의 산이다. 1973년 5월 25일 자연공원으로 지정되었다. 또한 아차산의 최고봉인 용마산(龍馬山)을 끼고 중턱에 용마폭포공원(龍馬瀑布公園)이 조성되어 있다. 그래서 아차산을 용마산과 분리해서 보기도 한다. 삼국시대에는 고구려, 백제, 신라의 치열한 다툼이 있던 아차산은 현재는 많은 이들이 산책과 운동을 겸해 찾는 시민공원으로서 이용되고 있다.

특히 조선 중기까지도 이 일대는 목장으로만 개발되었을 뿐 인가가 드물고 수풀이 무성하였다. 이 시절에는 아차산, 용마산 일대에 호랑이, 늑대 같은 많은 야생동물이 살고 있었기 때문에 임금이 사냥할 때 주로 이용되기도 하였다.

또 아차산 앞쪽으로 자리잡고 있던 광나루에서 배를 타고 한강을 건너면서 아차산을 바라보던 광경은 한 폭의 그림과 같아서 많은 이들이 그 광경을 시로 읊기도 하였 다. 그러던 중 근현대 이후에 서울로 인구가 집중되면서 이곳까지 그 영향이 확대되자 아차산 기슭 중턱까지 주택이 들어서게 되었다.

1950년대까지도 한강변에서 가장 아름다운 명소로 존재하였던 아차산 자락에는 이승만 대통령의 별장이 있기도 하였다. 이렇게 아차산이 갖고 있는 매력과 워커힐 호텔이 지어지면서 점차 이 일대에는 고급주택가가 형성되어 주거환경이 각 시기마다 나름대로 변해왔다.

- 입장료 : 무료
- 관람 시간 : 연중무휴
- 주소 : 서울 광진구 워커힐로 127
- 지하철 : 광나루역 1번 출구에서 780m
- DISC 유형 : 주도형(D), 사교형(I)
- MBTI 유형 : ENTP, ISFJ, ISFP, ESTJ, ESFP

아차산성
백제에게 비극을 남긴 산성

아차산성(阿嵯山城/阿且山城)은 아차산에 고구려가 건축한 성으로 백제 개로왕이 고구려 장수왕의 공격을 받아 북쪽성(풍납토성)에서 버티다가 함락당하자, 남쪽성(몽촌토성)에서 포로로 잡혀 아차성에서 살해당한다. 그리고 백제는 수도 위례성(慰禮城)을 버리고 고구려에게 한강 유역을 빼앗기고 충청도 공주 땅으로 망명케 한 곳도 바로 아차산성이다. 사적 제234호로 지정된 문화재이다.

- 주소 : 서울 광진구 워커힐로 127
- 지하철 : 광나루역 1번 출구에서 780m
- 입장료 : 무료
- 관람 시간 : 연중무휴
- DISC 유형 : 주도형(D), 신중형(C)
- MBTI 유형 : ENTJ, ISTP, ISTJ

아차산 생태공원
녹지공간과 쉼터를 제공하는 공원

아차산 생태공원은 2,307,345㎡ 의 면적으로 조성된 자생식물원이다. 공원은 아차산 등산로 입구의 경사진 지형에 자리하고 있으며, 자생식물원, 나비정원, 습지원, 관상용 논, 생태관찰로와 자생관찰로, 생태자료실, 소나무숲, 550m의 황톳길과 지압보도, 약 1,400㎡의 만남의 광장, 약수터 등으로 이루어져 있다. 공원 곳곳에 초가정자・너와정자・벤치 등의 쉼터와 자연학습용 표지판 등을 설치하였고, 이용자 편의를 위해 입구에 화장실과 매점 등 편익시설도 갖추었다.

만남의 광장 한쪽에는 온달장군의 전설이 내려오는 아차산을 상징하는 온달장군과 평강공주상을 세웠고, 수생식물과 어류를 관찰하는 습지원에는 인어상을 설치하였다. 아차산 등산로와 함께 연결되어 있다. 공원내 생태 자료실에서는 생태해설자와 함께하는 다양한 생태체험프로그램을 무료로 운영하고 있으며, 유아숲체험원이 조성되었다. 아차산 생태공원에서 조금 더 내려오면 긴고랑 체육공원이 나오는데 긴고랑은 용마봉에서 내려오는 골짜기가 길다하여 긴골, 진골이라 불리었다.

- 입장료 : 무료
- 관람 시간 : 연중무휴
- 주소 : 서울 광진구 워커힐로 127
- 지하철 : 광나루역 1번 출구에서 780m
- DISC 유형 : 주도형(D), 사교형(I)
- MBTI 유형 : ENTP, ISFJ, ISFP, ESTJ, ESFP

영화사
아차산의 명당 자리에 있는 사찰

영화사는 광진구 구의동 아차산의 명당 자리에 위치한 대한불교조계종 직할교구 본사인 조계사(曹溪寺)의 관리를 받는 작은 절이다. 672년(문무왕 12) 의상(義湘)이 용마봉(龍馬峰) 아래 창건하고 화양사(華陽寺)라 하였으며, 1395년(태조 4)에는 태조가 이 절의 등불이 궁성(宮城)에까지 비친다고 하여 산 아래의 군자동으로 옮겨 짓게 하여 현재 위치로 이전하게 되었다.

현존하는 당우로는 극락보전(極樂寶殿)을 중심으로 삼성각(三聖閣)・미륵전・선불장(選佛場)・요사채 등이 있다. 미륵전 안에는 높이 약 3.5m의 미륵석불입상이 있는데, 세조가 이 불상 앞에서 기도하였다고 한다. 영화사의 절터가 다른 절에 비하여 상당히 넓은 편이며, 경내에 있는 느티나무 등의 고목과 우물・약수 등이 있어 산책객이 즐겨 찾는 곳이기도 하며, 신도가 많고 방문객이 많으며, 특히 불교를 배우려는 학생들의 법회 활동이 활발한 사찰이다.

- 입장료 : 무료
- 관람 시간 : 연중무휴
- 주소 : 서울특별시 광진구 영화사로 107
- 지하철 : 아차산역 2번 출구에서 859m
- DISC 유형 : 신중형(C)
- MBTI 유형 : ISTP, ISTJ

서울어린이대공원
추억의 서울에서 가장 컸던 테마공원

서울특별시 광진구 능동에 있는 시립공원으로 서울시설공단에서 운영하고 있지만 놀이동산은 경상북도 구미시에서 금오랜드를 운영하고 있는 민간기업 구미산업개발이 위탁운영 중이다.

원래 골프장 부지를 서울특별시가 인수하여 어린이 놀이공원을 조성하고 1973년 5월 5일 어린이날에 맞춰 개장했으며, 하이랜드(주)가 놀이동산 위탁운영을 맡았다.

순종황제의 첫번째 아내로 황태자비일 때 세상을 떠난 순명효황후 민씨가 안장된 유강원(裕康園)이 있던 곳이기에 공원 내부에는 당시의 석물들이 남아 있으며, 능동(陵洞)이라는 지명도 여기서 유래되었다. 지금과 같이 테마공원이 많이 없었던 시절에 개장했기 때문에 당시 어린 시절을 보낸 세대들에게는 창경원(현 창경궁)과 함께 잊지 못할 추억의 장소로 기억되기도 한다. 롯데월드 어드벤처가 생기기 전까지는 서울에서 가장 큰 규모의 테마공원이었다.

자연 환경을 그대로 살려 동식물원, 어린이종합유희장, 분수대, 야외수영장, 야외 음악당, 식당 등을 갖추었다. 1988년부터 사직공원에 있던 금동 김동인의 흉상과 문학비가 이곳에 이전되기도 했다. 1983년 창경원을 창경궁으로 복원하는 것이 결정되고 이듬해인 1984년 경기도 과천(당시 시흥군 과천면)에서 같은 시립대공원인 서울대공원이 개장하게 됨에 따라 서울대공원과 함께 서울특별시의 대표 유원지로 거듭나게 되었다. 에버랜드와 과천 서울랜드, 롯데월드 어드벤처 등이 잇따라 개장하게 되면서 한때 방문객 수요가 감소되기도 했다.

2006년 9월까지만 해도 경로, 국가유공자, 장애인을 제외하면 오로지 유료로만 입장하는 공원이었지만, 2006년 10월부터 돔아트홀이나 놀이공원 등 영리 시설을 제외한 공원 전역(동물원 포함)을 무료로 개방했다. 공원의 무료화와 함께 주변 구의동, 능동, 중곡동 주민의 동네 공원으로서의 역할로도 활용되게 되었다.

- 입장료 : 무료
- 관람 시간 : 05:00~22:00
◆ 주소 : 서울특별시 광진구 능동로 216
◆ 지하철 : 어린이대공원역, 아차산역
◆ 주차비 5분당 승용차 150원, 중형차 300원
- DISC 유형 : 신중형(C), 주도형(D), 사교형(I)
- MBTI 유형 : ENTP, ISFJ, ISFP, ESTJ, INFP

뚝섬한강공원과 자벌레
지역주민의 건강을 위한 공원

잠실대교와 영동대교 사이의 강변 북단에 있는 광진구의 한강공원으로, 1982~1987년에 뚝섬 유원지를 개편하여 설립된 공원이다. 서울특별시 한강사업본부에서 운영 및 관리를 맡고 있으며, 서울 지하철 7호선 뚝섬유원지역에서 입구인 자벌레 건물과 바로 연계된다.

1940년대까지 이곳에는 큰 둑이 있었는데, 큰 장마에 휩쓸려 둑이 흔적도 없이 사라진 적이 있었다. 당시 일제강점기 치하에서 독립운동가들은 둑을 복원하여 민족의 상징을 부활시키려고 했지만, 일본인들의 저지로 대신 뚝섬에 유원지가 지어지게 된다. 당시 사람들은 해수욕장처럼 강에 자유롭게 들어가서 보트를 타거나 수영하면서 놀곤 했다.

공원에는 자벌레(뚝섬전망문화콤플렉스)가 있어 뚝섬한강공원의 입구 역할과 동시에 문화예술공간을 겸하고 있다. 7호선 뚝섬유원지역 3번 출구

옆 통로와 연결되어 있다. 길이 240m, 면적 1,931㎡ 규모의 자벌레를 닮은 긴 통로형 건물로, J모양의 건물 구조의 특이성 때문에 건물 구분을 머리, 몸통, 꼬리로 해놓고 다시 몸통을 1층~3층으로 구분해 놓았다. 1층은 문화·편의시설로 움직이는 이야기관(영상관), 다목적공간, 시민 휴게공관, 전망데크가 있으며, 머리 부분은 공연 활용구역으로 이용되고 있다. 2층은 책읽는 벌레로 환경, 자연, 생태, 어린이 등과 관련된 도서 약 3,000여권이 구비되어 있는 작은 영유아 전용 무료 도서관이다. 3층은 놀이벌레로 자연물 활용 작품과 수족관이 전시되어 있으며, 한강생태 프로그램이 운영되고 있다. 한강생태 프로그램은 이곳에서 신청할 수 있다.

또한 공원에는 자연학습장 바로 왼쪽에 장미로 만든 정원인 장미원이 6,040㎡의 면적으로 조성되어 있어 뚝섬한강공원을 찾는 관광객들에게 인기를 얻고 있다.

- 입장료 : 무료
- 관람 시간 : 4월~10월 09:00~다음날 02:00
  　　　　　　11월~3월 09:00~23:00
- 주소 : 서울 광진구 강변북로 139
- 지하철 : 뚝섬유원지역 3번 출구에서 43m
- DISC 유형 : 신중형(C), 안정형(S)
- MBTI 유형 : ESFJ, ISFP, ESTJ, INFP

광진구 맛집

남한강민물매운탕
매운탕으로 유명한 식당
서울특별시 광진구 동일로 150 02-464-7568
영업 시간 11:30~22:30
민물참게매운탕/ 메기매운탕/ 잡고기매운탕

소바쿠
일본요리가 끝내주는 식당
서울특별시 광진구 천호대로 650 02-447-1470
영업 시간 11:30~21:00
냉소바/ 자루소바/ 토리카라

태천면옥
냉면이 유명한 집
서울특별시 광진구 광장로 49 02-466-7224
영업 시간 11:00~21:00
평양냉면/ 비빔냉면/ 접시만두

계탄집
닭갈비가 맛있기로 유명한 식당
서울특별시 광진구 능동로 31 02-464-6804
영업 시간 17:00~00:30
마늘소금/ 간장양념/ 매운양념

쭈꾸미킹
쭈꾸미가 맛있는 식당
서울특별시 광진구 능동로13길 39 한아름쇼핑센터 02-462-7191
영업 시간 11:00~22:30
쭈꾸미볶음-/ 철판쭈꾸미/ 철판삼겹쭈꾸미

깍뚝
삼겹살이 맛있기로 유명한 식당
서울특별시 광진구 능동로19길 36 02-466-0106
영업 시간 16:00~02:00
숙성삼겹살

제26장
중랑구 여행

1. 중랑구의 특징

서울특별시의 동북부에 위치하고 있으며, 서쪽으로 중랑천을 끼고 서울특별시 동대문구와 남쪽으로 용마산을 끼고 서울특별시 광진구와 북쪽으로 묵등천을 끼고 서울특별시 노원구와 동쪽으로 용마산을 끼고 경기도 구리시와 접한다. 중랑구라는 이름은 구에 흐르는 중랑천에서 유래했다.

중랑구의 동쪽에는 불암산에서 뻗어 내린 구릉산(검암산), 망우산, 용마산 등의 산 줄기가 발달해 있으며, 북쪽은 봉화산 일대의 구릉지가 있다. 서쪽으로 묵동천과 면목천이 계곡 사이를 흘러 중랑천에 합류되었으며, 다시 한강으로 유입된다. 그리고 면목천과 중랑천이 만나는 지역은 상습 침수 지역이었으나 지금은 거의 대부분 복개되어 있다.

문화체육시설로는 중랑구민체육센터, 중랑청소년수련관, 중랑천체육공원, 용마폭포공원 등 각종 근린공원과 자연공원에 산책로와 더불어 체육시설이 설치되어 있다. 중랑구의 관광 코스로는 능행길 코스, 아차산 코스, 중랑천변 코스가 개발되어 있어 지역주민에게 인기있는 장소가 되었다. 중랑구에서 성격 유형별로 여행지를 추천하면 다음과 같다.

〈표〉 성격 유형별 중랑구 여행(6)

여행지	DISC 유형	MBTI 유형
용마폭포공원	주도형(D), 사교형(I)	ENTP, ISFJ, ISFP, ESTJ
용마산	주도형(D), 사교형(I)	ENTP, ISFJ, ISFP, ESTJ
망우산	신중형(C)	ISTP, ISTJ
봉화산	주도형(D), 사교형(I)	ENTP, ISFJ, ISFP, ESTJ
사가정공원	주도형(D), 사교형(I)	ENTP, ISFJ, ISFP, ESTJ
봉화산근린공원	주도형(D), 사교형(I)	ENTP, ISFJ, ISFP, ESTJ

용마폭포공원
인공으로 만든 폭포

용마산을 올라가다 보면 용마산 기슭에 위치한 용마폭포공원은 중랑구의 구립공원으로 1991년에 개장하였으며 초창기에는 용마산공원 또는 용마공원으로 불리다가 현재의 용마폭포공원으로 변경되었다.

암반채석으로 생긴 높은 바위절벽을 최대한 이용하여 만든 3개의 인공폭포로 주 폭포인 용마폭포는 51.4m이고 용마폭포 좌측에는 21.4m의 청룡폭포가, 우측에는 21m의 백마폭포가 자리하며, 그 밑에 7백여 평의 연못이 설치되어 새로운 용마폭포공원으로 조성되어 있다.

폭포수의 장관도 멋지거니와 이곳에는 인공폭포 3개를 비롯하여 연못, 4개의 수영장, 축구장 배드민턴장 등 여러 시설물이 있다. 수석정원과 하늘공원, 야외음악당 등도 이용할 수 있다. 시민광장, 잔디광장이 마련되어 있고 조형전시벽이 설치됨으로써 시민의 휴식공간은 물론 각종 문화행사가 계절별로 다채롭게 펼쳐지고 있다.

- 입장료 : 무료
- 관람 시간 : 연중무휴
- 주소 : 서울특별시 중랑구 용마산로 250-12
- 지하철 : 용마산역 1번 출구에서 327m
- DISC 유형 : 주도형(D), 사교형(I)
- MBTI 유형 : ENTP, ISFJ, ISFP, ESTJ

용마산
서울이 한눈에 보이는 산

용마산은 서울특별시 광진구 구의동과 중곡동, 중랑구 면목4동 사이에 있는 산으로 별칭 장군봉(將軍峰) 또는 용마봉(龍馬峰)이라고도 부른다. 해발 348m의 용마산은 아차산의 최고봉으로 면목동 동현에 위치하고 있으며, 망우리공원, 중곡동 간의 산능선을 따라 이어지는 등산로를 통해 망우리에서 아차산성을 거쳐 어린이대공원 후문 근처까지 이어진다.

정상의 고도는 해발 348m. 산세가 험하지 않고 능선에는 길이 나 있어서 80년대 이후에는 공원화되어 주민들이 산책로로 쓰이고 있다. 그러나 용마봉의 동쪽 사면은 상당히 경사가 급하고, 정상까지는 길이 거의 없어 위험하다.

용마산은 도심 속에서 등산하기 좋은 산으로 각종 야생동물이 많으며, 정상에 올라서면 서울이 한눈에 보인다.

용마산에는 용마폭포 공원과 사가정 공원이 있어서 등산을 하지 않더라도 산책할 수 있는 곳이 있어서 취향에 맞게 여행할 수 있다.

- 입장료 : 무료
- 관람 시간 : 연중무휴
- 주소 : 서울특별시 중랑구 용마산로62길 53
- 지하철 : 중곡역 4번 출구에서 636m
- DISC 유형 : 주도형(D), 사교형(I)
- MBTI 유형 : ENTP, ISFJ, ISFP, ESTJ

망우산
삶과 죽음이 교차하는 곳

구리시와 경계를 이룬 망우리 고개에는 조선 태조 이성계와 관련된 일화가 전해진다. 이성계는 조선 창업 후 구리시의 동구릉 자리에서 묘터를 찾고 돌아온다. 잠시 한 고개에 멈춰서서 산천을 돌아보며 근심 걱정을 잊었다고 하여 망우(忘憂) 고개라고 하였다. 망우산은 해발 281.7m이며, 서울시립장묘사업소 망우묘지가 있다. 1933년에 공동묘지로 지정되었으며, 아동문학가인 소파 방정환과 민족대표 33인의 한 분인 독립운동가인 오세창, 한용운, 지석영 등이 안장되어 있다.

문화재로는 거북비로 불려오던 조선중기의 문신인 신경진의 신도비(서울 유형문화재 제 95호)가 있다. 또한 망우리 공원 내의 순환도로 5.2km를 아스콘 포장하여 산책로를 만들었으며 산책로의 이름을 공모하여 98년 5월 '사색의 길'로 정하여 불리고 있다. 도시환경과 자연관찰로, 나무정자, 약수터 등의 시설이 있으며, 수목 관리가 잘 되어 있고, 공기가 맑아 휴식 및 자연공원으로 많은 시민들이 찾고 있다.

- 입장료 : 무료
- 관람 시간 : 연중무휴
- 주소 : 서울특별시 중랑구 망우동 산 69-1
- 지하철 : 양원역 2번 출구에서 1.1km
- DISC 유형 : 신중형(C)
- MBTI 유형 : ISTP, ISTJ

봉화산
지역주민의 건강을 위한 공원

봉화산은 서울의 동북부 외곽인 중랑구 상봉동, 중화동, 묵동, 신내동에 접하여 있고 정상까지 높이는 160.1m로 평지에 돌출되어 있는 구릉이다. 동쪽에 아차산 주능선이 있는 것을 제외하고는 북쪽으로 불암산, 도봉산과 양주 일대까지 보이며, 서쪽과 남쪽으로도 높은 산이 없어 남산과 이남 지역도 잘 보인다.

봉화산은 아차산 봉수대가 있던 곳으로 지난 1994년 11월 7일 봉수대를 복원하였다.

한편 봉화산 정상에서 약간 남쪽에 봉화산 도당인 산신각이 있으며, 이곳은 약 400년 전에 주민들이 도당굿과 산신제를 지내던 곳이기도 하다. 현재 산신각은 1992년 여름에 일어난 화재로 소실되어 새 건물이 들어서 있다.

해마다 음력 3월 3일에 산 정상 부근에 있는 산신각(도당)에서 서울시 무형문화재 제34호로 지정된 봉화산 도당제가 열린다.

- 입장료 : 쿠료
- 관람 시간 : 연중무휴
- 주소 : 서울특별시 중랑구 신내로21길
- 지하철 : 봉화산역 5번 출구에서 384m
- DISC 유형 : 주도형(D), 사교형(I)
- MBTI 유형 : ENTP, ISFJ, ISFP, ESTJ

사가정공원
서거정의 호를 딴 공원

2005년 4월 13일 개장한 사가정공원은 면목동 용마산 자락의 면목약수터지구 입구에 약 10만 9,635㎡ 규모로 조성되었다. 공원의 명칭은 용마산 부근에서 거주했던 조선 전기의 문인인 서거정 선생의 정취를 느낄 수 있도록 그의 호를 따서 지어졌다.

공원에는 서거정 선생의 대표적인 시 4편을 골라 시비를 만들어 설치함으로써 공원 이용객들이 산책과 함께 명시를 감상할 수 있는 기회를 제공하고 있다.

이곳에는 피크닉장, 어린이놀이터, 체력단련시설, 자연형 계류, 사가정(전통 정자), 다목적 광장, 건강 지압로, 냇가 휴게소 등 다양한 휴게 시설과 운동시설, 조경시설이 갖춰져 있어 주민들의 수준 높고 쾌적한 휴식 공간이자 중랑구의 명소로 자리 잡고 있다.

- 입장료 : 무료
- 관람 시간 : 연중무휴
- 주소 : 서울 중랑구 면목동 산50-26
- 지하철 : 사가정역 4번 출구에서 516m
- DISC 유형 : 주도형(D), 사교형(I)
- MBTI 유형 : ENTP, ISFJ, ISFP, ESTJ

봉화산근린공원
지역주민의 건강을 위한 공원

봉화산근린공원은 중랑구청 뒤편 봉화산(烽火山, 높이 160.1m) 자락에 밀집해 있던 무허가 건물들을 정비하여 공원으로 꾸미고 2006년 3월 개원하였다. 공원은 점토벽돌로 포장된 110평 규모의 진입광장을 비롯해 어린이 놀이터, 전통놀이마당, 주민건강마당, 야외무대 및 주민 쉼터 등으로 꾸며져 있다.

그리고 630m의 외곽순환산책로와 공원 정상부에 800평 규모의 잔디마당, 장애인을 위한 전용 체력단력장 등으로 조성되었다. 이 밖에도 중랑구청을 찾아온 민원인들을 위해 구청 정문에서 한눈에 바라다 볼 수 있는 위치에 인공폭포를 조성하여 휴식처를 제공하며, 구청의 다양한 야외 문화예술 공연 장소로 활용하기 위해 이벤트 광장을 인공폭포와 연계해 조성했다. 봉화산근린공원 뒤 등산로를 따라 20~30분 정도 걸으면 봉화산 정상에 오를 수도 있다.

- 입장료 : 무료
- 관람 시간 : 연중무휴
- 주소 : 서울 중랑구 신내동 산136-1
- 지하철 : 봉화산역 3번 출구에서 484m
- DISC 유형 : 주도형(D), 사교형(I)
- MBTI 유형 : ENTP, ISFJ, ISFP, ESTJ

중랑구 맛집

용마해장국
해장국으로 유명한 식당
서울특별시 중랑구 용마공원로5길 8 02-2209-5938
영업 시간 11:00~20:30
해장국/ 고추장아찌

면동떡볶이
떡볶이가 끝내주는 식당
서울특별시 중랑구 면목로57길 33 1F 0507-1319-8366
영업 시간 11:00~22:00
쫄볶이/ 라뽁이/ 라쫄면/ 떡볶이

부대닭
닭요리가 맛있는 집
서울특별시 중랑구 봉화산로 94 오선빌딩 02-2209-2890
영업 시간 11:00~22:00
부대찌개/ 돼지국밥/ 닭요리

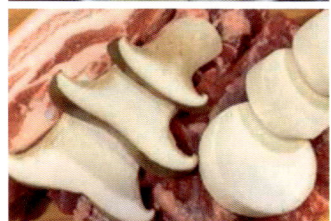

한도니
아구찜이 맛있기로 유명한 식당
서울특별시 중랑구 봉화산로54길 32 02-436-2292
영업 시간 11:00~24:00
통갈매기살/ 생삼겹살/ 생목살

만두만
만두가 맛있는 식당
서울특별시 중랑구 면목로44길 57 02-491-9624
영업 시간 10:00~21:00
만둣국/ 만두

가나점보돈까스
돈까스가 맛있기로 유명한 식당
서울특별시 중랑구 용마산로94가길 24 02-435-8587
영업 시간 11:00~21:30
점보돈까스/ 치즈돈까스

제27장
동대문구 여행

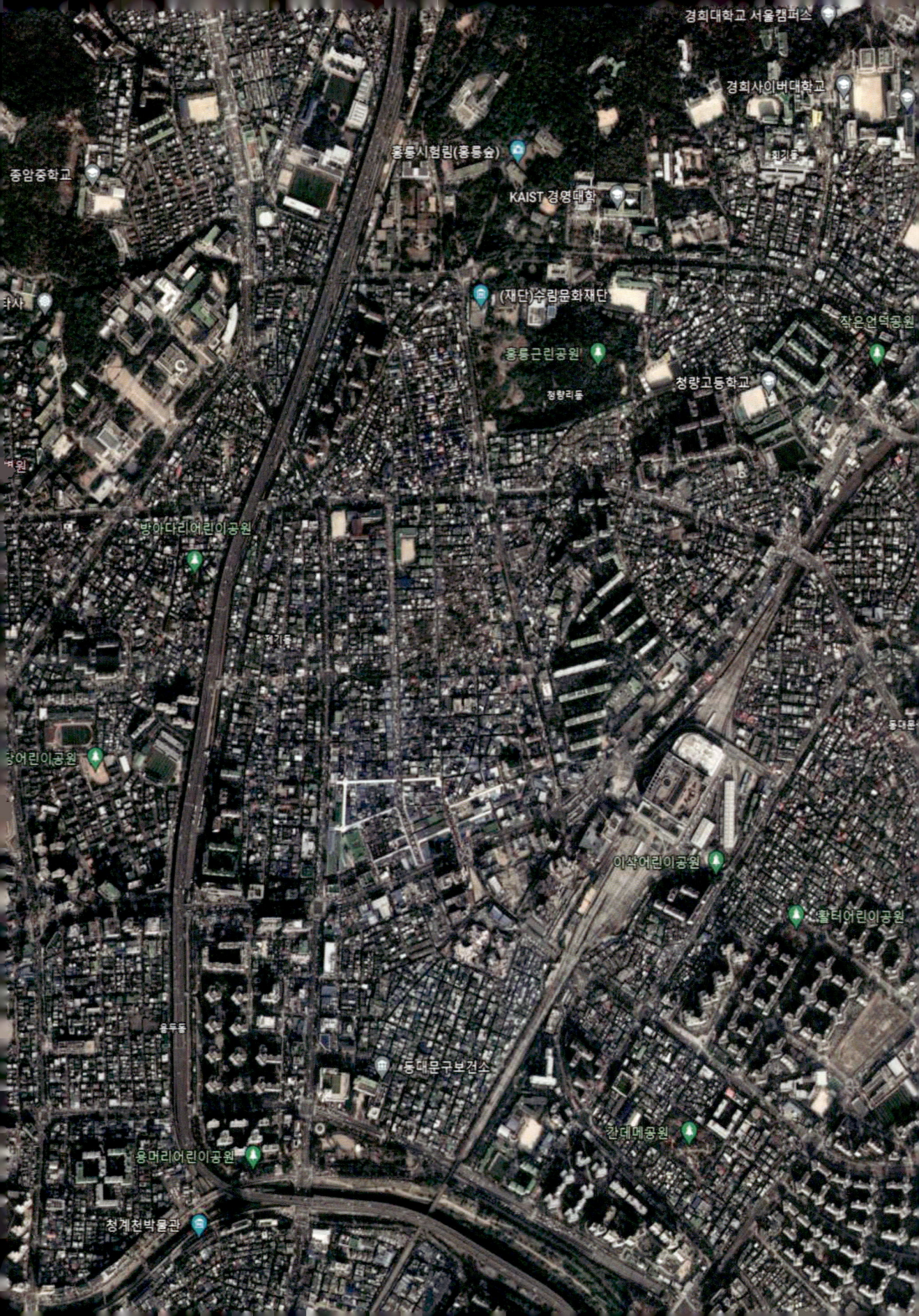

1. 동대문구의 특징

서울특별시의 동부에 위치하고 있으며, 동쪽으로 중랑천을 경계로 중랑구, 광진구와 접하며, 서쪽으로 신설동 로터리를 경계로 종로구와 접한다. 남쪽으로는 성동구와 접하고, 북쪽으로는 성북구와 접한다.

동대문구에서 가장 자랑하는 관광지는 서울 약령시는 전국 최대 규모의 한약재 전문 시장으로 수천 년의 역사를 가지고 있으며 한의원, 한약방, 탕제원 등 다양한 업종이 함께 어우러져 있다. 그리고 한의학과 관련된 다양한 체험과 견학이 가능한 곳이다. 그리고 한국 최초의 수목원인 홍릉수목원은 국내외의 여러 식물을 수집 및 관리하며, 매주 토요일과 일요일에 개방한다. 서울풍물시장을 방문하면 우리의 멋과 정서가 담긴 전통 고가구, 골동품 등을 볼 수 있어 잠시나마 추억을 선물 받을 수 있다.

동대문구에서 성격 유형별로 여행지를 추천하면 다음과 같다.

〈표〉 성격 유형별 동대문구 여행(7)

여행지	DISC 유형	MBTI 유형
서울 약령시	신중형(C), 안정형(S)	ESFJ, ISFP, ESTJ, INFP
선농단	주도형(D), 신중형(C)	ENTJ, ISTP, ISTJ
영휘원·숭인원	주도형(D), 신중형(C)	ENTJ, ISTP, ISTJ
세종대왕박물관	주도형(D), 신중형(C)	ENTJ, ENFP, ISTP, ISTJ, ESFP
배봉산근린공원	주도형(D), 사교형(I)	ENTP, ISFJ, ISFP, ESTJ, INTP
홍릉숲	주도형(D), 사교형(I)	ENTP, ISFJ, ISFP, ESTJ
용두근린공원	주도형(D), 사교형(I)	ENTP, ISFJ, ISFP, ESTJ

서울 약령시
전국 최대의 한약재 유통시장

전국최대규모의 한약재 유통시장 서울 약령시는 1960년대부터 형성되어 현재에 이르고 있다. 동대문구 제기동과 용두동 일대 약 8만여 평의 부지에 한의원, 약국, 한약국, 한약방, 한약재 수출입 및 도·소매상 등 1,000여 개의 한의약 관련 전문 업소가 모여 있는 세계 최대의 한약재 전문시장이다. 상황, 차가, 영지버섯, 구기자, 오미자, 황기, 백하수오 등 전국의 모든 약재가 모여 다른 곳에서는 구하기 힘든 약재도 쉽게 구입할 수 있다. 한약재에 관련하여 모든 업종이 집약해 있어서 쇼핑, 의료서비스, 건강상담도 가능하다. 전국 3대 약령시장으로 손에 꼽히는 곳이다. 우리나라 한약유통 중심지로 한약 도매상, 한의원이 밀집해 있다.

서울한방진흥센터에는 서울 약령시 한의약박물관과 보제원 이동진료실, 한방체험실, 족욕 체험장 등이 갖춰져 있으며 이밖에도 한방 뷰티숍과 한방상품홍보관, 한방카페 등이 있어 관람객들의 편의를 도모하고 있다.

- 입장료 : 무료
- 관람 시간 : 09:00 ~ 18:00/ 휴무 일요일
- 주소 : 서울특별시 동대문구 약령중앙로 26
- 지하철 : 제기동역 2번 출구에서 14m
- DISC 유형 : 신중형(C), 안정형(S)
- MBTI 유형 : ESFJ, ISFP, ESTJ, INFP

선농단
풍년을 기원하던 제단

서울시 유형문화재 제15호로 선농은 고려시대부터 조선시대 역대 임금들이 풍년이 들기를 기원하며 제를 지내던 장소로, 제를 올린 후 왕이 친히 밭을 갈아 백성들에게 농사의 소중함을 알렸다. 조선 때 태조 이성계가 흥인지문 밖 전농동 일대에 제사를 지낸 뒤 임금이 직접 이곳에서 고대 중국의 제왕인 신농씨와 후직씨에게 백성들에게 농사를 짓는 시범을 보인 기록이 있다. 성종때 이곳에 관경대를 쌓아 만든 것이 지금의 선농단이다.

당시 행사 및 제사가 끝나고 나서 참여했던 사람들의 허기와 공복(空腹)을 채우기 위해 우골(牛骨)을 고아서 만든 뽀얀 국물에 밥을 말아서 나눠 주었는데, 사람들이 선농단 제사에서 먹었던 탕(湯)이라 하여 선농탕(先農湯)이라고 불렸고 후에 설렁탕으로 바뀌었다는 설이 있다. 2015년 서울 동대문구에서 선농단의 역사와 의의를 전시하는 선농단역사문화관을 개관하였다.

- 입장료 : 무료
- 관람 시간 : 10:00 ~ 17:00
- 주소 : 서울특별시 동대문구 무학로44길 38
- 지하철 : 제기동역 1번 출구에서 354m
- DISC 유형 : 주도형(D), 신중형(C)
- MBTI 유형 : ENTJ, ISTP, ISTJ

영휘원·숭인원
영친왕의 모친인 엄귀비와 이진의 묘역

사적 제361호로 지정된 묘역으로 영휘원 1911년에 고종황제의 계비인 순헌귀비가 세상을 떠나자, 명성황후의 홍릉(구 홍릉) 경내인 현재의 자리에 원소를 조성하였다. 엄귀비는 1897년 대한제국이 선포 된 후에 황태자(영친왕)를 낳았으며, 특히 여성의 신교육을 위해 진명여학교와 명신(숙명)여학교를 설립하였고, 양정의숙(양정중고교)이 재정난에 허덕이자 땅 200만 평과 내탕금을 기증하는 등 나라를 짊어지고 나갈 인재를 키우는데 큰 역할을 하였다. 숭인원은 영친왕과 이방자의 맏아들인 이진(1921~1922)의 묘역이다.

영휘원 입구에는 재실이 있고, 홍살문, 향로와 어로, 정자각, 비각 등이 배치되어 있다. 비각안에는 원표석 1기가 있는데 '순헌귀비 영휘원'이라고 새겨져 있다. 비각 뒤에는 어정이 남아 있다. 원침에는 병풍석과 난간석을 생략하고 호석만을 둘렀으며, 문석인, 석마, 장명등, 혼유석, 망주석을 배치하였다. 원의 형식으로 석양과 석호는 각 1쌍씩 배치하였고 무석인은 생략하였다.

- 입장료 : 무료
- 관람 시간 : 연중무휴
- 주소 : 서울특별시 동대문구 홍릉로 90
- 지하철 : 청량리역 2번 출구에서 887m
- DISC 유형 : 주도형(D), 신중형(C)
- MBTI 유형 : ENTJ, ISTP, ISTJ

세종대왕박물관
세종대왕의 업적을 기리는 기념관

세종대왕기념관(世宗大王紀念館)은 서울특별시 동대문구 청량리동에 위치한 기념관으로, 조선 세종의 성덕과 위업을 추모하여 이를 길이 보존하기 위해 지어졌다. 세종대왕기념사업회에서 1968년 10월 9일에 기공하여 1970년 11월 준공, 1973년 10월 9일 개관하였다.

지하 1층, 지상 2층의 현대식 건물로, 전시실, 강당, 연구실, 자료준비실 등이 갖추어져 있으며, 전시관은 한글실, 과학실, 국악실, 일대기실, 옥외 전시로 구성된다. 한글실은 세종 당시 펴낸 도서류를, 과학실은 조선시대의 금속활자 판자기, 측우기, 천문도 등을 전시하고 있으며, 국악실은 각종 국악 악기류를 전시하고 있다. 일대기실은 세종대왕의 어진과 김학수가 수년 동안 그린 세종대왕 일대기 그림이 전시되어 있어 세종의 치덕을 살펴볼 수 있다. 옥외에는 세종대왕 신도비와 구영릉석물, 수표 등이 전시되어 있다.

- 입장료 : 어른 3,000원/ 학생(유아포함) 1,500원
- 관람 시간 : 09:00~18:00/ 휴무 월
- 주소 : 서울특별시 동대문구 회기로 56
- 지하철 : 고려대역 3번 출구에서 714m
- DISC 유형 : 주도형(D), 신중형(C)
- MBTI 유형 : ENTJ, ENFP, ISTP, ISTJ, ESFP

배봉산근린공원
산과 중랑천 제방을 체험할 수 있는 공원

배봉산은 동대문구의 유일한 산지형 공원으로, 높이는 110m이며, 산 전체 면적은 265,582m2다. 1968년 김신조 사건을 계기로 1973년 정상부에 군부대가 설치되어 48년동안 정상부 출입이 통제되어왔으나, 2015년 군부대가 이전함에 따라 공원으로 복원하면서 정상부에 고구려 관방유적이 발견되어 서울시기념물 제42호로 지정되었다. 사도세자의 묘소인 영우원이 수원으로 옮겨지기 전에 배봉산에 있었다. 순조의 생모 수빈 박씨의 묘소인 휘경원도 남양주로 옮겨지기 전에 배봉산에 있었다.

2013년부터 2018년까지 4.5km의 배봉산 둘레길이 완성되어 남녀노소 보행 약자 누구나 이용할 수 있으며, 정상에서 둘레길을 따라 중랑천 제방과 연결되어 산과 강을 자연스럽게 체험할 수 있게 되었으며, 숲속도서관, 인공암벽장, X게임장, 황톳길 등 다양한 문화체육시설도 이용할 수 있어 동대문의 명소로 자리매김하고 있다.

- 입장료 : 무료
- 관람 시간 : 연중무휴
- 주소 : 서울특별시 동대문구 한천로43길 12-14
- 지하철 : 회기역 2번 출구에서 720m
- DISC 유형 : 주도형(D), 사교형(I)
- MBTI 유형 : ENTP, ISFJ, ISFP, ESTJ, INTP

홍릉숲
고종의 명성왕후 민씨의 능

홍릉은 원래 홍릉(洪陵)은 대한제국의 초대황제 고종 광무제와 명성황후 민씨의 능을 말한다. 그러나 고종 사후 합장 및 현재의 남양주 금곡동으로 이장된 곳을 홍유릉이라고 한다.

홍릉숲은 원래 국립산림과학원 홍릉시험림으로 서울의 동쪽 천장산(天藏山, 141m)의 남서 자락에 위치하며 근대 임업시험 연구의 최초 시험지라는 역사적, 문화적, 학술적 가치가 높은 곳이다.

1922년 임업시험장을 창설하면서 우리나라 최초의 수목원을 조성한 곳으로서 국내외 다양한 식물유전자원 총 2,035종(목본 1,224종, 초본 811종)을 체계적으로 관리하고 있다. 평일에는 유치원생, 초·중·고 및 대학생의 생태학습 교육장으로서의 역할을 수행하고 있고, 1993년부터 매주 토요일과 일요일에 개방하여 도시민의 자연학습 및 환경교육을 위하여 개방하고 있다.

- 입장료 : 무료
- 관람 시간 : 하절기(3월~10월) : 09:00~18:00/ 동절기(11월~2월) : 09:00~17:00
- 주소 : 서울특별시 동대문구 회기로 57
- 지하철 : 고대역 3번 출구 500m
- DISC 유형 : 주도형(D), 사교형(I)
- MBTI 유형 : ENTP, ISFJ, ISFP, ESTJ

용두근린공원
폐기물 처리 시설 위에 만든 공원

동대문구청 앞에 있는 용두근린공원은 원래 폐기물 처리시설의 상부를 공원으로 활용, 주변 여건과 조화로운 친환경적인 공원을 조성하였다. 공원에는 지역주민을 위한 휴게, 문화, 운동 등 다양한 옥외 활동 및 정서 함양을 위한 장을 제공하고 있다. 공원은 크진 않지만, 야외 상설공연장을 갖추고 있으며 구민들의 휴식처이다. 공원 안에 서정주 시인의 「푸르른 날」, 도종환 시인의 「흔들리는 꽃」, 박경리 시인의 「사마천」, 이상교 시인의 「빗방울의 발」, 하청호 시인의 「어머니의 등」 시비(詩碑) 5개가 곳곳에 있어 아름다운 가을 산책에 낭만을 불어 넣어 준다.

- 입장료 : 무료
- 관람 시간 : 연중무휴
- 주소 : 서울특별시 동대문구 청계천로 563
- 지하철 : 용두역 4번 출구에서 77m
- DISC 유형 : 주도형(D), 사교형(I)
- MBTI 유형 : ENTP, ISFJ, ISFP, ESTJ

동대문구 맛집

시키카츠
돈까스가 유명한 식당
서울특별시 동대문구 회기로 110 02-6081-8753
영업 시간 11:00~21:00
로스카츠/ 히레카츠/ 모듬카츠

어머니대성집
해장국이 끝내주는 식당
서울특별시 동대문구 왕산로11길 4 02-923-1718
영업 시간 월: 휴무 화~토: 05:00~22:00
해장국/ 육회비빔밥/ 접시불고기

나정순할매쭈꾸미
쭈꾸미요리로 유명한 집
서울특별시 동대문구 무학로 144 02-928-0231
영업 시간 10:30~22:20
주꾸미

홍릉각
짬뽕이 맛있기로 유명한 식당
서울특별시 동대문구 약령시로 90 02-969-7787
영업 시간 12:00~17:00
육미짜장/ 굴짬뽕/ 짜장밥

와가리피순대
감자탕이 맛있기로 유명한 식당
서울특별시 동대문구 왕산로9길 22 02-927-5477
영업 시간 09:30~22:30
오소리 순대국/ 한우 소머리국/ 도가니탕

감초식당
돼지불갈비가 맛있기로 유명한 식당
서울특별시 동대문구 약령서길 28 1F 02-962-4570
돼지불갈비/ 삼치구이/ 고등어구이

참고 사이트

강남구청 : www.gangnam.go.kr
강동구청 : www.gangdong.go.kr
강서구청 : www.gangseo.seoul.kr
강북구청 : www.gangbuk.go.kr
강북구 문화관광 : www.gangbuk.go.kr/tour
관악구청 : www.gwanak.go.kr
광진구청 : www.gwangjin.go.kr
구로구청 : www.guro.go.kr
금천구청 : www.geumcheon.go.kr
노원구청 : www.nowon.kr
도봉구청 : www.dobong.go.kr
동대문구청 : www.ddm.go.kr
동작구청 : www.dongjak.go.kr
마포구청 : www.mapo.go.kr
서대문구청 : www.sdm.go.kr
서울의 공원 : https://parks.seoul.go.kr
서울특별시 : www.seoul.go.kr
서초구청 : www.seocho.go.kr
성동구청 : www.sd.go.kr
성북구청 : www.sb.go.kr
송파구청 : www.songpa.go.kr
양천구청 : www.yangcheon.go.kr
영등포구청 : www.ydp.go.kr
용산구청 : www.yongsan.go.kr
은평구청 : www.ep.go.kr
종로구청 : www.jongno.go.kr
중구청 : www.junggu.seoul.kr
중랑구청 : www.jungnang.go.kr
한국관광공사 대한민국 구석구석 https://korean.visitkorea.or.kr

저자 소개

이영섭

저자 이영섭은 인피니티컨설팅(주)의 대표이사로서 2001년부터 호텔 마케팅 컨설팅 서비스를 시작으로 회원 모집 및 관리의 전문성을 축적한 레저사업 컨설팅 전문회사를 운영하고 있다. 더 나은 서비스를 제공하기 위해 호텔 멤버십 회원과 소통하며 고객의 성향과 욕구를 치밀하게 분석해 왔다. 그리고 2018년 7월부터 UNGC 협회 회원사로서 ESG지원 기업부설 연구소를 운영하고 있다.

사람들이 관광과 여행을 즐기는 과정에서 정서적 위안을 얻는 모습에 주목, 이러한 효과에 대한 사회과학적 분석과 전파를 위해 2021년 한국여행치료협회를 설립했다. 이러한 노력의 일환으로 같은 해, 「여행치료의 이론과 실제」, 「힐링여행의 이론과 실제」, 「자존감 여행」, 「근로자지원 프로그램(EAP)의 도입과 적용」, 「심리상담 효과를 높이는 여행심리상담의 실제」, 「인생이 행복해지는 힐링여행」을 출간하여 여행을 통한 심리치료 방법의 기틀을 마련하였다. 아울러 여행심리상담사, 힐링지도사, 자존감 지도사 민간자격 과정을 개설하여 여행치료 프로그램의 보급에 매진하고 있다.

또한 ESG 경영을 도입하고 「ESG 경영의 이론과 실제」, 「ESG 경영과 세계의 대응」, 「기후온난화와 세계의 대응」을 출간하고 ESG 경영컨설팅을 하고 있다.

전도근

저자 전도근은 공주대학교 일반사회교육과를 졸업하고 경희대학교 교육대학원에서 교육공학을 공부하였으며, 홍익대학교에서 평생교육정책으로 박사학위를 받았다. 의정부고등학교와 의정부여고, 화수고등학교에서 16년간 교사로 학생들을 지도하였고, 2년간 경기도 교육청에서 경기지역 평생교육정보센터를 운영하였으며, 강남대학교에서 5년간 강의하였다. 지금까지 교육, 컴퓨터, 요리, 자동차, 서비스 등과 관련된 50개의 자격증을 취득하였으며, 각 대학교, 지자체, 교육청, 평생교육원, 국가전문행정연수원 및 각종 기업체 연수원 등에서 3,000여 회 이상 특강을 하였다. 제1회 평생학습대상 특별상을 수상하였으며 SBS 「순간포착 세상에 이런 일이」, KBS 「한국 톱텐」 등에 소개되었다. 지금까지 『엄마는 나의 코치』, 『아빠 대화법』, 『공부하는 부모가 공부 잘하는 자녀를 만든다』 『자기주도적 공부습관을 길러 주는 학습코칭』 『명강사를 위한 명강의 비법』, 『엄마표 초등 읽기·쓰기 길잡이』, 『엄마표 시험공략법』, 『인성교육 지도 방법론』, 『힐링여행 어디로 가면 좋을까?』, 『심리상담에 도움이 되는 여행심리상담』, 『스페인의 역사와 여행』, 등 300여 권의 저서를 집필하였다. 현재까지 전국의 226개의 지자체의 모든 관광지를 여행했으며, 100여국의 세계여행을 하였으며, 힐링여행 프로그램을 개발하여 보급하고 있으며, 여행을 컨설팅하고 있다.

현재 인피니티컨설팅에서 ESG 사업 이사를 맡고 있다.

성격 유형별 맞춤 서울권 여행지

초판1쇄 인쇄-2022년 7월 24일
초판1쇄 발행-2022년 7월 24일
지은이-이영섭·전도근
펴낸이-이영섭
출판사-인피니티컨설팅
서울 용산구 한강로2가 용성비즈텔. 1702호
전화 02-794-0982
e-mail-bangkok3@naver.com
등록번호-제2022-000003호
※ 잘못된 책은 바꾸어 드립니다.
※ 무단복제를 금합니다.
　　　9791192362243
ISBN 979-11-92362-24-3 (13980)

값 20,000